U0518162

　　本书系国家社科基金项目"'一带一路'背景下中国—尼泊尔族际互动机制研究"（项目批准号：17CMZ034）的阶段性成果，受到四川大学一流学科"区域历史与边疆学"学科群及中国博士后科学基金面上项目（资助编号：2017M623014）资助。

★ 中国边疆学学科建设丛书

市场中的民族与国家

论加德满都游客区的族性动力机制

李静玮◎著

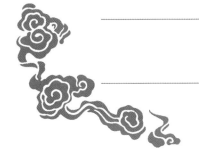

中国社会科学出版社

图书在版编目（CIP）数据

市场中的民族与国家：论加德满都游客区的族性动力机制／李静玮著.
—北京：中国社会科学出版社，2018.12
　（中国边疆学学科建设丛书）
　ISBN 978 - 7 - 5203 - 3255 - 2

　Ⅰ.①市…　Ⅱ.①李…　Ⅲ.①民族性—研究—
加德满都　Ⅳ.①C955.355

　中国版本图书馆 CIP 数据核字（2018）第 223444 号

出 版 人	赵剑英
责任编辑	王 茵 马 明
责任校对	张依婧
责任印制	王 超

出　　版	中国社会科学出版社
社　　址	北京鼓楼西大街甲 158 号
邮　　编	100720
网　　址	http://www.csspw.cn
发 行 部	010 - 84083685
门 市 部	010 - 84029450
经　　销	新华书店及其他书店

印　　刷	北京明恒达印务有限公司
装　　订	廊坊市广阳区广增装订厂
版　　次	2018 年 12 月第 1 版
印　　次	2018 年 12 月第 1 次印刷

开　　本	710×1000　1/16
印　　张	15.25
字　　数	244 千字
定　　价	66.00 元

丛书编委会

主　编　罗中枢

编　委　(以姓氏笔画为序)

王　卓　　左卫民　石　硕　卢光盛

次旦扎西　李　涛　周　平　周　伟

姜晓萍　　姚乐野　徐玖平　盖建民

傅其林　　樊高月　霍　巍

总　序

　　边疆是一个十分复杂的概念，包含历史、地理、政治、民族、社会、文化、军事等诸多因素，涉及国家形态、历史演变、族群关系、文化形貌、治国方略、地缘政治、国际关系等诸多方面。在"一带一路"建设的背景下，中国边疆地区成为国家对外开放的前沿和"一带一路"建设的战略通道，是国内与国际两种风险叠加地带，也是构建周边命运共同体的重要依托。

　　边疆研究涵盖现实与历史交汇的宏大领域，中国边疆研究关系到国家主权、安全和利益，关系到统一多民族国家和多元一体中华民族建设，关系到国家治理体系与治理能力现代化，关系到周边命运共同体构建。中国西部边疆地域辽阔，边界漫长，民族众多，生存安全问题和发展安全问题、传统安全威胁和非传统安全威胁相互交织，情况特殊而复杂，从精准扶贫到民生改善，从资源开发到生态保护，从民族团结到反分裂斗争，从边界争端到周边经略，从加快发展到"一带一路"建设，一系列问题都是涉及国家核心利益的重大问题。

　　边疆学是一门新兴交叉学科，其建设任重而道远。边疆是什么？边疆是如何形成的？边疆的生成和变动机理是怎样的？边疆有哪些形态、特征和演变规律？边疆与国家、主权、边界、边境、疆域是什么关系？边疆与历史、地理、政治、民族、人口、资源、文化有什么关联？边疆在当代治国理政、民族统合和地缘政治中扮演什么角色？边疆在国家安全和发展中有何作用？边疆学有哪些基本概念、范畴、原理和方法？边疆学与历史学、地理学、政治学、人类学、民族学、社会学、法学、管理学等学科有什么关联和区别？这些都是边疆学应当研究和回答的问题。

近年来，"治国必治边"渐成共识，中国边疆研究方兴未艾，国内多家高校和研究机构建立了边疆研究的专门机构，一批中青年学者成长起来，相关成果在服务国家安全、发展和治理方面发挥了积极的作用。但是从总体上看，中国边疆研究和边疆学学科建设还存在诸多不足。譬如，尚未实现边疆学学科体系的独立设置；问题导向的政策引导力度不够；单一、封闭、分割的科研管理机制束缚较大；多学科、多部门、多地区协同研究不够；与边疆密切相关的边疆理论、国家安全、民族宗教、地缘政治、周边国别与区域等方面的研究相对薄弱；研究成果转化机制还不健全；评价上重数量轻质量、重学术轻应用；边疆研究和边疆治理人才的培养滞后；理解国家战略、熟悉边疆实务和了解边疆社情民意的人才紧缺；边疆研究的国际交流合作不多；等等。这些不足，致使学界和实务部门难以就边疆重大突出事件、反恐与维稳、安全与发展提供及时有效的综合应对之策。

国际政治史表明，大国崛起必须要有充分的智力支持。西方国家在确立大国地位的过程中，都曾提出过与各自国家战略相适应的边疆理论和方略。在全球化、信息化时代，传统的边疆概念不断拓展，次生和衍生的边疆概念不断呈现，边疆研究的视域、范式和意义发生了根本性变化。中国近年来取得的"天宫""蛟龙""天眼""悟空""墨子"等重大科技成果，不仅拓宽了人类的视野，而且拓展了我们对边疆的认识。当今的边疆，不仅包括陆疆、海疆、空疆、底土等领土边疆，而且包括利益边疆、信息边疆、文化边疆、太空边疆等战略边疆；边疆不仅与边界、边境及陆域、水域、空域相关，而且与海洋毗连区、专属经济区、大陆架、防控识别区以及大洋洋底、极地、外太空、电磁空间、网络空间等相关；边疆不仅与国家主权、领土、利益密切联系，而且与地缘政治、周边环境、国际政治、国际关系交错关联。"随着中国的崛起与国家利益的外溢，中国迫切需要用传统与新生的边疆理论来阐释中国的和平崛起，解读并维护国家利益。"①

2012 年 12 月，四川大学联合云南大学、西藏大学、新疆大学、国

---

①　朱碧波：《论我国边疆理论的言说困境与创制逻辑》，《云南师范大学学报》（哲学社会科学版）2015 年第 1 期。

家民委民族理论政策研究室等单位，在北京成立了中国西部边疆安全与发展协同创新中心。该中心以兴边富民、强国睦邻和国家长治久安为目标，以现实问题为重点，兼顾周边区域和国际关系，开展多学科的边疆研究，积极推进边疆学理论建设和边疆政治学、边疆社会学、边疆史地学、边疆人类学、边疆安全学、边疆经济学、边疆管理学的发展，努力发挥在理论创新、资政建言、人才培养、舆论引导、社会服务、公共外交等方面的功能，服务于边疆稳定与发展，服务于国家安全战略，服务于周边睦邻友好，服务于"一带一路"建设。

2017 年，四川大学已经把"区域历史与边疆学"学科群建设纳入国家"双一流"建设的总体布局之中，中国西部边疆安全与发展协同创新中心将聚焦边疆安全与发展，瞄准世界学术前沿，促进学科交叉融合，把历史研究与现实研究、田野调查与文献研究、国内研究与国际研究紧密结合起来，把理论研究、应用研究、决策咨询与数据库建设、人才培养和学科建设紧密结合起来，积极推进边疆学学科建设，努力将中国边疆研究的独特视角、理论和方法转化为国际影响力。

为此，中国西部边疆安全与发展协同创新中心与中国社会科学出版社共同策划了这套《中国边疆学学科建设丛书》，丛书将不拘形式，重在创新，成熟一批，推出一批。由于时间仓促，水平有限，我们对很多问题的认识尚处于探索阶段，希望读者批评指正。

罗中枢

2017 年 11 月 15 日

对于初访尼泊尔加德满都的游客而言，泰美尔区是他们的必经之地。这里位于古老旧城的边缘，却犹如一幅喜马拉雅地区全球化的缩影——狭窄的街巷里，来自世界各地的旅人正左顾右盼，四周的店铺中，尼泊尔、印度、巴基斯坦、中国、不丹的商人与伙计都在为生计忙碌。除了采购菩提佛珠、手绘唐卡和青铜佛像，人们可以在街角的餐厅吃上一顿地道的印度东北菜，住进藏式风格浓郁的家庭旅馆，或者为前往珠峰预定机票及夏尔巴向导。在万花筒一般纷繁复杂的景象之下，流动的人群与商品并非泰美尔区的全部，区内的东道主——纽瓦尔人的传统文化依然鲜活生动，而作为统合各民族差异的整体概念，"尼泊尔人"的身份认同也以别样的方式于此呈现。

摘　要

在现今的民族学理论中，族性（ethnicity）是一个使用频率很高的词。在不同的学术语境中，族性被理解为共同体、共同体的特点及共同体的认同。同时，这一概念所涉及的共同体也在不同的研究中被划入民族、族群的范畴。从其概念的模糊边界和伸缩属性可知，族性本身具有动态的特点。在都市化与全球化的背景之下，这一特点表现得尤为明显。

本书研究的中心问题为，市场中的族性如何变化？为回答这一中心问题，笔者在研究地——尼泊尔加德满都的游客纪念品市场，同时也是游客住宿区的泰美尔区进行了为期12个月的田野调查，并在此期间完成了两项分别以商户和游客为研究对象的问卷调查。基于前一阶段的人类学实地调研资料，本书结合民族学、社会学、心理学的相关理论，使用历史文献方法，对前一阶段的问卷数据和访谈资料进行了验证、总结和补充。通过共时性和历时性、主位与客位、微观与宏观的反复对比转换，对族性的变化规律进行族群、种姓、民族及国家向度的探索。

本书认为，在市场语境下，族性的变化主要因循原生性、现代性和流动性三方面的动力因素。在三动力中，原生性来自多元人群在其成长环境中所接受的文化传统，是族性及其认同变化的初始依据；现代性产生于时间与空间的相互分离，引入了内部差异性极大的民族变量，并通过具有民族理性的日常实践，反映着民族—国家之间的政治关联；区别于原生性的相对静止和现代性对发展的追求，流动性则是模糊、不稳定的，通过文化、生计和生活向度上的流动，它建构着族性中跨结构和新旧交替的一面。

在本书讨论的案例中，现代性和流动性是区内族性变化的主要方面。为集中笔墨探讨前述中心问题，书中主要论述以下两个方面的影响。首先，在对泰美尔族性现代性的研究中，本书从时间和空间两章对其做了描写、分类及意义阐释，并在第五章进行了基于问卷数据的具体分析，认为区内的现代性引导了东道主民族主义的产生，使民族的边界向国家延伸。其次，对于泰美尔族性的流动性，本书认为，一方面，基于第三章和第四章对区内人与物流动性的研究可知，族性的流动性是建立在区域商品及民族流动模式的特点之上的；另一方面，通过前面的数据，在第五章中，本书进一步解读了流动性作为一个重要的解析概念，在尼泊尔民族问题中所引起的内部矛盾。

目　录

绪　　论

第一节　摩登的族性

一　定义族性

族性是什么？该词源于英语中的 ethnicity，但 1933 年版的牛津英语字典尚未收录该词，直至 1972 年版才见于附录。1953 年，大卫·理斯曼（David Riesman）的作品首次使用了族性一词，20 世纪 70 年代，在对美国民族熔炉政策的讨论中，这一概念得以普及。[①] 1962 年，哈佛大学社会学系教授格拉泽（Nathan Glazer）与学者兼政治家莫伊尼汉（Daniel Patrick Moynihan）合作，对纽约市的各少数族裔进行研究。研究结果证明，来自世界各地的族群并未形成以国家为单位的共同体概念，而是保留了原先的族群归属感和认同意识。[②] 这一研究正式使用了学术意义上的 ethnicity 一词，并推动了美国人类学、社会学和政治学对相关问题的研究。其后，出于对族性问题的敏感，莫氏还于 70 年代末公开预言了苏联的解体。[③]

在英文学术界，族性缺少一个明确的经典定义。在该概念产生早期，族性被简单而模糊地定义为"族群归属的状态""民族自豪感"，或者将族性与族群、种族等概念混同。[④] 不过，随着国家治理的渗透，

[①] Nathan Glazer, Daniel P. Moynihan ed. , *Ethnicity*: *Theory and Experience*, Harvard University Press, 1975, p. 1.

[②] Nathan Glazer and Daniel P. Moynihan, *Beyond the Melting Pot*, Cambridge: MIT Press, 1963, 1970, p. 22.

[③] 东来:《Ethnicity（族性）: 从国内政治到国际政治》,《读书》1996 年第 8 期。

[④] Nathan Glazer and Daniel P. Moynihan, *Beyond the Melting Pot*, Cambridge: MIT Press, 1963, 1970.

族群之间、族群文化和国家主流文化之间的冲突增多，过去文化层面的抽象术语逐渐变得孤立而僵化，失去了原有的解释力。① 在这一背景下，族性成了一个可以得到广泛运用的重要概念。作为一个内涵丰富的民族研究术语，它所涵盖的时间可以追溯至原生特质产生和逐渐稳定的过去，也可以延伸至都市化和全球化的当下，既包括了内部认同，又牵涉跨族交往以及相关影响，可用来统合现有关于民族和族群的理论和案例研究，以帮助理解作为共同体的民族/族群及其与周边民族、国家、区域之间的关联及发展。

在 20 世纪 70 年代，我国学界也开始广泛关注和使用族性一词。② 对于族性的定义和旁涉范围，我国学界此前存在一些相关讨论，但依然未在概念上达成统一。在国内的前人研究中，对族性的解释极为丰富多样，包括族群实体、族群基本要素、民族/族群认同、某一民族的文化特点、民族本质等。③ 由此可知，族性所指涉的主体包括民族、族群等相关概念，旁涉概念则涵盖了特质、认同、本质等，具有相当的复杂性和可变性，在运用上也表现出极为模糊的特点。④ 如在我国的西南研究中，对于族性的认识形成了相互对立的两种观点：一种观点认为，族性体现在文化体系、社会组织及社会行为等方面，是理解研究对象的一个整体性概念；另一种观点则认为，族性分散于族类文化的各个方面，可通过对各个主题推进相关研究，因此没有必要对其进行专门讨论。⑤

族性概念是在学科的分叉与地域的交织中被碎片化的。首先，这种情况源于政治学、社会学、历史学、人类学、法学等不同领域在民族这一论题上出现的复杂交叉。不同学科的考察视角使其表现出的主要特征

---

① Nathan Glazer, Daniel P. Moynihan ed. , *Ethnicity*: *Theory and Experience*, Harvard University Press, 1975, pp. 1 - 4.

② 王希恩：《族性与族性认同》，《中国民族报》2003 年 6 月 3 日第 3 版。

③ 丁瑶：《"族性"一词在中国的运用》，《民族论坛》2013 年第 9 期。

④ 将族性作为民族性、族群性和二者共用的例子，可分别参见彭兆荣对瑶族叙歌的研究，巫达对上海人族群意识的研究，以及沈海梅对白族人族性的研究（彭兆荣：《族性中的音乐叙事——以瑶族的"叙歌"为例》，《音乐艺术》2001 年第 2 期；巫达：《论大都市人的族群意识——以上海人个案为例》，《思想战线》2010 年第 3 期；沈海梅：《白族人的族性与白族研究学术史》，《学术探索》2010 年第 1 期）。

⑤ 沈海梅：《白族人的族性与白族研究学术史》，《学术探索》2010 年第 1 期。

存在着较大差别。其次，在不同语言的翻译上，族性一词不断经历着语境转化，以致难以与此前的语义完全对应。其在新进入的语言系统中旁涉的近义词也往往与此前存在出入，故容易导致借义和语义泛化。最后，在各学科的研究中，族性也并非一个一开始就受到足够重视的关键概念，而是在概念生成的时间序列中，随着第二次世界大战后的现代性、全球化和群体认同而诞生的新问题。从英文词义演变的角度而言，族性是过去"部落"（tribal）一词的延伸，但在演化的过程中，它又成为一种具有广泛涵盖力的母题（the parent concept）。这一概念的泛用被认为来自后现代主义人类学中存在的解构主义，学者们长期关注于族性一题的各个子方面，如认同、文化政治、亲属关系、婚姻等经典命题，却没有对族性本身进行充分的重视。①

　　在对其变化进行讨论前，首先依然需要对族性进行明确的定义。且以绫部恒雄对族性的综合性定义和其关注的几个方面为例，进行初步的概念分析。绫部认为，族性是"二战后，在被称为人种、民族、国家、宗派等范畴的人类集团之间的急剧多样化、流动化和相互交往中所产生的，一般小于这些集团规模的，并且不属于共同来源而共有文化同一性的人们以及他们的意识"。这一概念包括了人群和人群特点两类基本的定义，而在分析族性的时候，绫部认为需主要关注其四个方面：其一，具有古典民族意义上的文化同一性的共同体族性；其二，针对个人的民族统一性做出规定的民族性；其三，对集团的边界做出规定的民族性；其四，作为利益集团而明显化的族性。②

　　这一概念提出之后，可见其在民族与民族主义研究领域里几大理论的影响。首先是时间点（第二次世界大战后）的问题。以本尼迪克特·安德森（Benedict Anderson）和欧内斯特·盖尔纳（Ernest Gellner）对现代民族的经典论述视之，第二次世界大战后是现代民族产生的重要时间点，也是现代性进入的关键时期。其次，"人类集团之间的急剧多

　　① Ronald Cohen, "Ethnicity: Problem and Focus in Anthropology", *Annual Review of Anthropology*, Vol. 7, 1978. Hal B. Levine, "Reconstructing Ethnicity", *The Journal of the Royal Anthropological Institute*, Vol. 5, No. 2, 1999.
　　② 朱伦、陈玉瑶编：《民族主义：当代西方学者的观点》，社会科学文献出版社2013年版，第24—25页。

样化、流动化和相互交往"是共同体产生的缘由，对此，弗雷德里克·巴特（Fredrik Barth）曾从族群边界的角度进行过论述。最后，在前述族性的四个方面，除了第一个方面与民族传统上的文化意义相连，其余都是现代性发生后的事件和属性，即从国家、政治生活、现代民族和语言使用问题等方面出发，对民族属性进行的强调。以语言为例，安德森认为，语言可以产生能内部沟通的精英阶级，通过印刷术和语言学家的工作，语言被标准化和确立下来，而那些精英阶级所使用的优势语言，则可以通过国民教育和其他途径，在近代国家中确立其作为国语的地位，并推动民族主义的产生。①

因此，即便现有理论中存在多样化的族性定义，但依然有几点可以确定。其一，与族性相关的主体不限于特定的族类概念，而是随着具体历史场景的变化进行转换的共同体。其二，族性的概念范畴包括其共同体本身、共同体意识和相对外化的共同体特征，在前述不同的学者笔下，这三者的关系呈现出差异化的逻辑结构，而对三者的侧重也各有不一。其三，文化与种族是判断族性的主要依据，同时，这一概念的具体内容还往往受到外部的政治、经济、地理等多方因素的影响。②

鉴于族性定义的多样性及其在不同语言中存在的差异，以下讨论的族性综合了前述对于族性的不同定义，并侧重中文语境中对其属性含义的强调。即将族性视作现代民族诞生后，构成族群、民族等族类共同体认同的基本属性，如血统、语言、传统文化、祖籍地、宗教、种族等。③

---

① ［美］本尼迪克特·安德森：《想象的共同体：民族主义的起源与散布》，吴叡人译，上海人民出版社 2005 年版。

② 也有学者将外部的政治、经济因素视作族性的一部分。例如，兰杰（Terence Ranger）认为，在非洲，族性相当于政治意义上的部落制，族性与血缘有着复杂的关系，但不一定相互重合。此外，格拉泽与莫伊尼汉早期也强调族性与政治的密切关联，但后期又对文化的重要性进行了调和。参见 ［英］爱德华·莫迪默、罗伯特·法恩主编《人民·民族·国家——族性与民族主义的含义》，刘泓、黄海慧译，中央民族大学出版社 2009 年版。［英］斯蒂夫·芬顿：《族性》，劳焕强等译，中央民族大学出版社 2009 年版。

③ 此处的定义主要参考了王希恩对中文语境下族性的定义，即所谓族性，应该是指能够构成各种族类群体的基本要素，包括血统、语言、传统文化、祖籍地、宗教、种族等。参见王希恩《族性及族性张扬——当代世界民族现象和民族过程试解》，《世界民族》2005 年第 4 期。严庆：《族性与族性政治动员——族类政治行为发生的内在机理管窥》，《黑龙江民族丛刊》2013 年第 6 期。

这些属性一方面来自共同体依靠代际传承、社群交往而沿袭下来的传统，具有一定稳定性；另一方面，在新的环境下，这些属性又是可变的，通过与国家、市场或周边族群的互动，它们得以延续、变化、创新及消亡。

二　族性如何变化

即便在流动性极强的都市中，带有原生性的族性也是容易从人们身上观察到的事象。原生性的普遍存在，成为原生论者（primordialist）将族性视为稳定不变的重要论据。按照斯大林对民族的定义，族性应包括共同地域、共同语言、共同经济方式及表现为共同文化特点的心理素质这四类特点。① 这一定义在我国的民族识别工作中起到了重要作用，和安德森"想象的共同体"相比，其概念强调原生性，具有较强的客观主义色彩，却没有体现族性本身的动态性和主观性。②

在族性普遍表现出原生性特征的同时，也具备了工具论的变化特点。一定程度上，静止的族性相当于实施严格内婚制的种族群体。但在第二次世界大战后，种族这一概念受到了普遍质疑，其生物学依据也被证明是不成立的。避开种族一题，随着现代民族的形成和民族主义在世界范围的觉醒，历史向度上，同一国家或地域内的民族文化及认同都存在着较大差异。在人口流动、跨族婚姻、跨国移民、政权更替等情况下，族性也显然不是静态的。③ 根据学界所关注的不同角度和方面，族性的变化规律可从以下四类理论进行讨论。

（一）认同理论

认同是当代社会科学中常用的术语之一，在社会学、心理学、政治学等领域都得到广泛运用，并衍生出社会认同、国家认同、民族认同、

---

① 《斯大林选集》上卷，人民出版社 1979 年版，第 61—66 页。

② 严庆：《族性与族性政治动员——族类政治行为发生的内在机理管窥》，《黑龙江民族丛刊》2013 年第 6 期。

③ 此外，族性的特征也具有情境性。依照芬顿的观点，族性包括"全方位族性""潜在族性""有限族性"三种。当族裔组织以及族裔特征包围着人们整个生活圈子时，第一种族性就会出现。"潜在族性"产生于人们对某些文化现象的接触，是无意识、毫无目的的。"有限族性"则是在偶然的情况下才会被激活。参见［英］斯蒂夫·芬顿《族性》，劳焕强等译，中央民族大学出版社 2009 年版，第 124 页。

自我认同等分属不同学科理论体系的子概念。在对族性的定义中，通过认同考察族性的变化，相关的理论可分为原生论、边界论和工具论三派。[①] 原生论注重在群体的内部寻找族性，且将与族性对应的认同视为相对稳定和与生俱来的。边界论则认为，认同的边界产生于群体和异族互动的过程中，而族性本身也是可以变化的。工具论将具体情境中的族群接触视为族性变化的决定因素，故也可视为接触理论下的一类观点。

第一类，以格尔茨（Clifford Geertz）和范登伯格（Pierre L. van den Berghe）为代表的原生论。原生论认为，群体认同是在语言、种族和宗教的基础上形成的原生纽带，族性具有与生俱来、非理性的特征。[②] 在这一观点之下，以格尔茨为代表的文化历史原生论者并没有将族性与社会事实中的其他方面孤立出来，而是将其视为与理性的公民纽带互通共存的另一重属性。因此，尽管家规、习俗、宗教等族性要素常使人做出符合小共同体利益的行为，但这种自我意识又常常为更宏大和理性的公民性所掩盖。[③] 相比之下，范登伯格的社会生物学派则是以生物表征为族性的论证基础，通过血缘构建的核心家庭—扩大家庭—世系群—氏族—方言群体—族群亚类—族群等概念，论证认同拆合的内部逻辑。[④] 在二者的论证中，族性本身是不变的，变化的是其所处的社会情境以及相应的个体行为。

第二类，即以弗雷德里克·巴特为代表的边界论。这一派认为，族性具有排他和内部归属的双重属性，通过对这些属性的观察与描述，可以确定族体之间的差异和共性，制造族群边界，并确定相应的认同。

[①] 在研究对象的设定上，认同理论主要以族群而非民族作为族类共同体的研究单位。相比之下，由于不具备政治意味和疆界化的诉求，族群的弹性和适用性比民族更广，就其广义而言，可以涵盖业已制度化和具有确定边界的民族一词。因此，认同理论既可以用来考察现代民族，如已识别民族的认同问题，还适用于各类场景中那些身份不明确的部落及族群的认同分析，如境内官方认定民族的支系，如客家人、疍民，或是生活在边境地区，作为跨境民族分属两国不同官方民族体系之下的达曼人、夏尔巴人等。此外，族群的定位还使分析可以跨越民族这一具有限定性的概念单位，在民族支系、具国家性的族性等概念上，进行跳跃式的认同动态分析。

[②] Ronald Cohen, "Ethnicity: Problem and Focus in Anthropology", *Annual Review of Anthropology*, Vol. 7, 1978. ［美］克利福德·格尔茨：《文化的解释》，纳日碧力戈译，上海人民出版社1999年版。

[③] ［美］克利福德·格尔茨：《文化的解释》，纳日碧力戈译，上海人民出版社1999年版。

[④] Pierre L. van den Berghe, *The Ethnic Phenomenon*, Amsterdam: Elsevier, 1981.

由于在场景中的灵活性和相应更宽泛的解释力，族群边界理论得到了较为广泛的运用。即便在多元文化的都市场景下，这种吸收了原生论和工具论优点，并规避了理性人陷阱的理论也得以普遍适用。① 在边界论中，族性的变化机制可以从表征和边界两方面考察：其一，那些处在表征范畴的族性，即成员文化、边界标志甚至群体内部的组织形式都是可以被替换的；其二，边界的维持机制、促使排他性和归属性发生变化的传统和外部条件则是相应变化的缘起与关键。② 沿巴特的理论回溯，其在巴基斯坦斯瓦特巴坦人中所做的研究可用于说明族性的具体变化机制。在斯瓦特的政治体系中，旁系亲属之间强烈的对立关系使血缘群体在政治上相互分离，并加入对立的集团。在派系力量的消长、群体归属的转化之间，人们的身份依然是可以变化的，即便是在国家的治理之下，族性变化的基本形式也保留着传统集团组织的相应特征。③

第三类，以科恩（Ronald Cohen）为代表的工具论。格拉泽和莫伊尼汉的观点被视作工具论的早期代表，在其作品中，族裔构成了利益集团的重要属性，而其存续又依赖于与政府的互动。④ 科恩基于巴特的边界论，对工具论进行了进一步的理论发展。在他看来，族性概念的广泛使用源于两方面因素，即族体涵盖范围的可变性及具体情境在意识形态及历史上的差异性。就其特征而言，族性是以起源为基础的文化识别符（cultural indentifier），是争夺社会资源时的一种手段和工具，也是决定个体社会地位的维度之一。族性本身由一系列包含排他性和包容性的二元特征（dichotomization）组成，在不同的场景中，人们会对族性进行选择，以判断应当进行内部团结，还是将一些情况下的他者也纳入自己

---

① ［英］埃里克·霍布斯鲍姆：《民族与民族主义》，李金梅译，上海人民出版社 2000 年版，第 59 页。

② ［挪］弗里德里克·巴特：《族群与边界》，高崇、周大鸣、李远龙译，《广西民族学院学报》（哲学社会科学版）1999 年第 1 期。

③ ［美］巴特：《斯瓦特巴坦人的政治过程：一个社会人类学研究的范例》，黄建生译，上海人民出版社 2005 年版，第 193—196 页。

④ Nathan Glazer, Daniel P. Moynihan ed. , *Ethnicity*：*Theory and Experience*, Harvard University Press, 1975.

的群体范围内。①

认同理论不以复杂多变的族性表征为切入点，而是从个体与群体的认同出发，在自我与他者、我族与他族的概念判断中，有效地探讨了人们的身份归属及实际发挥作用的族性要素。该理论对分析族类群体特征的动因、机制及历史变迁都有着较强的解释力。在族群认同理论进入中国后，中国学者运用相关理论对本土的问题进行了研究，并产生了许多成果。如在对羌族认同形成的研究中，王明珂用历史人类学方法，通过分析川西羌族的历史，认为其认同形成于其与汉族、藏族之间的互动过程。② 祁进玉基于其对分布在甘肃、青海、北京等地土族的田野调查，认为土族的认同转变受到全球化的影响，并使人们的身份认同变得混乱和模糊。③ 彭兆荣基于对贵州瑶族的研究，认为其民族认同在历史上呈现出差异较大的变迁，而历史与现实又存在复杂的互动关系等。④

（二）接触理论

接触理论主要通过对族类共同体/文化之间交往和接触的研究，探讨族性/文化变迁和相互关系的机制。⑤ 当各族群单位彼此隔离，人们往往不清楚相互之间的通性，在认同上存在彼此独立的情况，甚至也意识不到自己与其他群体之间相通的文化与历史。一旦交通变得方便，相互间的接触发生，许多小的族类群体是可能相互融合的。⑥ 可见，在现代民族形成之前，接触便对人们的认同与自我认同产生着重大影响，而在各族交往密切的当代，接触带来的影响更需加以重视。这一视角之下，对族性变化的论述主要有两类观点。其一是以族类个体为单位的社

---

① 科恩还认为，由于交换和贸易通常涉及群体之间的权力问题，而群体关系又会影响到贸易本身以及群体之间的权力，至少在部分程度上，贸易决定了族性的特点。Ronald Cohen, "Ethnicity: Problem and Focus in Anthropology", *Annual Review of Anthropology*, Vol. 7, 1978.

② 王明珂:《羌在汉藏之间》，中华书局 2008 年版。

③ 祁进玉:《历史记忆与认同重构：土族民族识别的历史人类学研究》，学苑出版社 2015 年版。

④ 彭兆荣:《民族认同的语境变迁与多极化发展——从一个瑶族个案说起》，《广西民族学院学报》（哲学社会科学版）1997 年第 1 期。

⑤ John F. Dovidio, Samuel L. Gaertner & Kerry Kawakami, "Intergroup Contact: The Past, Present, and the Future", *Group Processes & Intergroup Relations*, Vol. 6, No. 1, 2003, pp. 5 – 21.

⑥ 费孝通:《费孝通民族研究文集新编上卷（1951—1984）》，中央民族大学出版社 2006 年版，第 198 页。

会心理学观点，其二是以文化为单位的文化人类学观点。

社会心理学的族性研究源自第二次世界大战美国社会中存在的种族冲突问题，为了解决黑人和白人之间的矛盾，许多学者对其做出了深入的研究与讨论。心理学家奥尔波特（Gordon W. Allport）的代表作《偏见的本质》通常被视作这一理论形成的标志。"简单说来，偏见是在没有充足证据的情况下，把别人往坏处想（think ill of others）。"① 族性认同是偏见产生的前提。通过对族性特质的分类—认同—比较，出于自尊心理的驱使，人们常常会相信，自己所属的群体拥有高于其他群体的属性。因此他们对内部人员的主观评价常常要优于外部人。② 族际接触产生的问题在奥氏之前早已有之，早期的研究成果通常认为，群际接触能有效地减少族与族之间的偏见，并改善人们在种族或特定族性问题上的消极观点。从奥尔波特的偏见理论出发，围绕族际接触的效力、最优条件、作用机制等问题，社会心理学领域产生了各种分支理论。如将接触划分为扩展、想象、替代、模拟等类型，以及综合出地位平等、共同目标、群际合作、制度支持四个积极接触的指标等，以进一步解析群际关系和族性相关问题。③ 相比认同理论，群际接触并未将考察重点放在内部族性的认同及比较，而是更注重族类共同体对外部差异化族性的回应，以及这种回应的发生机制及改善路径。

文化接触理论的文化人类学观点主要来自19世纪末20世纪初博厄斯（Franz Boas）历史特殊论学派对文化变迁的讨论。在这一学派兴起之前，族性中的语言、宗教、文字被视作进化论中具有先后时间秩序的遗存，或是传播论中从发源地出发，向其他地域不断扩散的元素。从类型上划分，族性的变化与文化的变迁保持着一致，其主要类型包括创新、传播、涵化和进化等，相应类型的作用又与其同周边共同体的互动关系有着密切关联。和此前的人类学理论相比，博厄斯学派的理论建立在文化特质—文化系统的研究之上，且以格式塔心理学中的整体论为理

① Gordon W. Allport, "The Religious Context of Prejudice", *Journal for the Scientific Study of Religion*, Vol. 5, No. 3, 1966.
② Maykel Verkuyten, "Accounting for Ethnic Discrimination: Adiscursive Study among Minority and Majority Group Members", *Journal of Language and Social Psychology*, Vol. 24, No. 1, 2005.
③ 郝亚明：《西方群际接触理论及启示》，《民族研究》2015年第3期。

论基础。① 这一理论对具体族性研究的重视体现了弱小民族文化的价值，也与美国强调民族平等和多元文化主义的历史语境相符。

心理学层面的接触理论和文化层面的接触理论既有互通之处，又存在着明显的层次差异。对于群际接触理论的反对者而言，个人和群体层面上的接触效应并不存在一致。频繁的群际接触可能改善个人和他者之间的关系，减少族性差异带来的偏见和冲突，甚至减少族性差异本身。但个人心理状态的变化并不能与族性的变化等同，当问题上升到族性的层面，共同体将面临认同维持和同化危机等问题，继而使群体内部更注重族性差异的维持，并对外族产生恐惧。② 这种批评也解释了个人行为和群体决策之间呈现出的区别化，即在一些重大民族问题发生后，尽管一部分获得正面接触的族类共同体成员愿意接纳与问题相关联的族裔，但在群体的决策上，多数人依然倾向于反对移民，以减少文化同化的可能性。

（三）民族国家理论

在西方政治学界，民族国家（nation-state）是一个常用于分析现代国家的概念。该词最早出现于 17 世纪中叶的西方，又因世界各国在民族—国家关系和相关问题上的实践而得到广泛讨论。③ 在现代国家的语境中，族性的外延不仅涵盖了民族这一具有原生性的文化单元，也与国家关联甚密。由于采用自上而下的政治学分析视角，和前面两类理论所区别的是，在概念的使用上，民族国家理论更倾向于将族性与明确的民族身份等同，而非关注其认同的伸缩性。在这一理论视角下，族性的变化并非独立于国家之外，而是作为其拥有能动性的子单位，接受国民性的整合。在大量跨国民族和移民并存的背景下，族性的变化与国民性的关系更为复杂。个体与群体、群体与群体以及群体与国家的认同关系中，国家总是通过各种政治过程得以体现。④

---

① 庄孔韶：《人类学通论》，山西教育出版社 2002 年版，第 48—51 页。

② H. D. Forbes, *Ethnic Conflict: Commerce, Culture and the Contact Hypothesis*, New Haven, CT: Yale University Press, 1997.

③ 阮西湖：《关于术语"民族国家"》，《世界民族》1999 年第 2 期。

④ 陈志明：《民族认同与国家认同：以马来西亚为例》（上），罗左毅译，《广西民族学院学报》（哲学社会科学版）2002 年第 5 期，第 23—32 页。

在民族国家成型之前，地理环境对族性产生着重要影响。斯科特（James C. Scott）定义的佐米亚（Zomia）即是在此背景下形成的。斯科特认为，在这个以海拔 300 米为界，从越南中部到印度东北部的山地区域，人们多处在未被完全纳入民族国家中的状态。这种状态来自两千多年以来居民们对谷地国家压迫的逃避。在佐米亚区域的山地社会，由于地理环境、交通条件等因素的限制，逃离中心区域的人们开始学习方言，寻求地方头人的保护，或是与当地人缔结婚姻，以实现"自我蛮夷化"，逐渐形成多重且流动的族性认同。① 与此相反，生活在中心区域，或是低地的人们则更容易被中心政权的国家文化所同化，产生相对稳定的国家认同。第二次世界大战后，由于现代民族国家及其边界的形成，佐米亚区域内人们迁移的自主性大为降低，为了建设边疆，减少谷地的人口压力，新时期的人口迁移主要是由政府引导的，但依然遵循着从低地到高海拔地区的规律。②

在民族国家建立后，国民性的整合常会引起不同模式的族性变化。第一种是以一类主体或精英民族的族性为尊，通过各种政策对移民及少数民族进行族性同化的大统一模式，这种模式通常出现在世袭君主制的封建社会中，如沙皇俄国时期，少数民族被视为异族，受到主流社会的排挤，只有作为主体民族的俄罗斯人种获得特权。第二种是不直接通过政府使民间的族性相互融合的民间熔炉式，如在第二次世界大战时期，在南欧人、东欧人到来，及国民种族多元化程度加深的情况下，美国政府强调国内不同民族的美国特质，并试图淡化民族和人种属性在社会及政治生活中的作用。第三种是多元文化主义所倡导的，保留各族原生族性、主张族性多元平等的马赛克式，如 20 世纪 70 年代后在加拿大和澳大利亚推行，以保护境内所有民族权力及平等地位为目标的文化多元主义政策。③④

---

① ［美］詹姆士·斯科特：《逃避统治的艺术：东南亚高地的无政府主义历史》，王晓毅译，生活·读书·新知三联书店 2016 年版，第 122—151 页。

② 同上书，第 324—325 页。

③ 庞金友：《民族身份与国家认同：多元文化主义与自由主义的当代论争》，《浙江社会科学》2007 年第 4 期。

④ 胡兆义：《双重认同的整合：多民族国家认同建构的政策评析》，《广西民族研究》2015 年第 5 期。

这几种模式所体现出的民族—国家族性整合分属不同的关系模式，当这些关系发生变化时，不仅族性会发生相应变化，国内众多民族的关系也会受到广泛而深远的影响，使国族之间的关系经历剧烈变迁。如在1951年对外开放后，尼泊尔因其自君主制到共和国的政治转变，自一个传统、隔离、恐外且专制的印度教国家，成为一个拥有外贸渠道的民主制，及2008年之后的共和政权。而其内部国民性与族性的关系模式，也从大统一型逐渐向马赛克式转变。①

国家的类型决定了国族整合中族性变化的形式。格罗斯（Feliks Gross）认为，在国与族的整合上，公民国家的政治制度可以赋予不同的人群相同的社会纽带，使其从亲属意义上的血缘关系过渡到与民主制度相联系的领土区划制度。这种过渡是以公民权的出现为标志的，究其根本，公民权是以地缘为基础，其自下而上的政治参与却区别于邻居、乡亲等区域化的概念，连接了贯穿领土边缘和中心的部落、民族和国家，呈现出更高层次的特点。② 政治制度上的先进性具有前提条件，即主体民族和少数民族都接受国家制定的基本规则，并遵守国家的治理与对民族关系的调适。与此相反的情况出现于部族型国家，在这类国家中，国家权力往往掌握在以血缘和民族为基础的少数群体手中，其统治权力的转移也是由血统决定的。③

同时，从民族的角度反观国家，族性本身也具有一定的能动性。在现代民族国家形成前，佐米亚内居民对国家整合的逃避行为已反映了这一点。而在新兴的民主国家，尤其是那些政府动员能力弱、社会力量较强的发展中国家，族性作为不同利益集团的标志，不一定接受国家主流文化的整合，反而可能以政治运动的形式反对国家的治理，并提出相应的权利要求。④ 在这类国家中，作为族性不同的民族群体，相互间常存在着长期的竞争关系，并通过党派、社会组织等形式，表达其相应的政

---

① Gérard Toffin, *From Monarchy to Republic*: *Essays on Changing Nepal*, Kathmandu: Vajra Books, 2013.

② ［美］菲利克斯·格罗斯：《公民与国家——民族、部族与族属身份》，王建娥、魏强译，新华出版社2003年版，第19—21页。

③ 同上书，第36—37页。

④ 佟德志：《民主化进程中的族际冲突研究》，《民族研究》2015年第4期。

治诉求。第二次世界大战后，在世界范围内的许多国家，如伊拉克、南斯拉夫、印度、尼泊尔等国，随着民主政治的发展和平等主义思想的普及，国内长期存在的民族矛盾并未因相对的参政公平化而缓解，相反，民族主义变得越发激进，族际冲突频发，境内的族际关系陷入危机。

民族国家理论的优势在于，由于以国家作为单位，族性变化的广泛比较得以可能。在经历了数次民族主义浪潮之后，过去促成东帝汶、巴勒斯坦等国独立的外因已经趋弱，世界版图内的国家格局逐渐稳定，同时，国家的内部结构也在发生变化，移民及相应的民族矛盾将成为新时期内的重大论题。① 在这一背景下，对民族理论工作者而言，作为社会科学深入认识、辩证分析的重要途径，比较法是描述事象、解决问题的必要方法。马戎认为，中国民族问题的研究，有四个重要的参照系：一是中国自身的民族关系史，二是欧洲传统的民族观及其演变，三是马列主义民族理论及其在社会主义国家的实践，四是亚非拉其他发展中国家从民族到族群的发展和演变以及其他非西方殖民国家。在具体的历史场景中，俄罗斯、西欧工业化国家，美国等移民国家，印度、印尼等前殖民地，非洲的"部族社会"国家在民族政策上所采取的措施及相应的族性变化尤其值得参考。②

（四）现代性理论

现代性的概念起于 18 世纪欧洲的政治经济变革，其相关理论通常来自西方世界对现代化后果的批判和反思。③ 回到族性本身的定义上，其现代性的内涵常常被语言、宗教、教育等子论题分散，但对各子论题的论述也反证了族性变化。从进化论的角度看来，民族主义的出现本身便标志着族性从地方社会到现代国家的场景转换，因此，对民族主义产生背后现代性的阐释，亦可视为族性形成机制的一种解释，这一机制在盖尔纳和安德森的经典论著中得到了论证。

---

① 郝时远：《20 世纪世界民族问题的消长及其对新世纪的影响》，《世界民族》2000 年第 1 期。

② 马戎：《当前中国民族问题研究的选题与思路》，《中央民族大学学报》（哲学社会科学版）2007 年第 3 期。

③ Gurminder K. Bhambra, "Modernity: History of the Concept", in *International Encyclopedia of the Social & Behavioral Sciences* (*Second Edition*), Amsterdam: Elsevier, 2015, pp. 692 – 696.

其一，盖尔纳的族性变化机制主要来自对工业化社会中"熵"的探讨。在工业社会之前的农业社会，在国家醉心于侵略、醉心于讨伐的时代，多数庶民却对自身所应具有的特点并不明确。尼泊尔山区的农民会从地缘、阶级、血缘的角度考虑问题，但国家依然是一个模糊而遥远的抽象概念，和他们的具体生活并不相关。① 因此，尽管他们拥有相同的体貌特征、风俗习惯和共同的历史记忆。但这些共同性并不代表着共同体，而是构建共同体的有利条件。② 在现代性到来、民族主义产生后，人们才有了界定"我们"和"他们"的动力。在印刷术和资本主义覆盖全球后，民族依然处于不断变化的进程之中。工业化社会的背景下，流动多变的人群和同质化的主流文化降低了社会中秩序的稳定性，使不能被主流文化同化，或均匀分布在社会各层级的人们经历了更为深重的苦难。由于这种差异的普遍存在，过去的低俗文化便有可能以族性的形式转变成高层文化，并以此来对抗工业社会中的不平等。③

其二，安德森对民族这个斯芬克斯式概念进行定义时便强调，它是人类在经历现代性时的一次深刻转变。在《想象的共同体：民族主义的起源与散布》中，安德森对前后兴起，相互关联又彼此独立的民族主义分别做了论证。从时间上看，第一波民族主义发生在18、19世纪的南北美洲殖民地，殖民地的欧洲裔移民由于受到宗主国的歧视性待遇，从而将殖民地想象成自己的祖国。第二波民族主义诞生于19世纪初的欧洲，这波民族主义汲取了上一波民主与共和主义观念的启示，同时又以印刷术为基础，发展出了语言民族主义。第三波民族主义是对上一波群众民族主义的官方式反应，即在过去民族主义运动的经验之上，对国家内部不同的族性进行整合、统一和收编。最后一波民族主义产生于亚洲与非洲的帝国主义殖民地，通晓双语的殖民地精英从过去数百年的民族主义历史中迅速获得了族性的启蒙，并将历史

---

① ［英］厄内斯特·盖尔纳：《民族与民族主义》，韩红译，中央编译出版社 2002 年版，第18 页。

② ［德］马克斯·韦伯：《经济与社会》，阎克文译，上海人民出版社 2010 年版，第 66—92 页。

③ ［英］厄内斯特·盖尔纳：《民族与民族主义》，韩红译，中央编译出版社 2002 年版，第86—100 页。

遗留下的传统转化为族性。①

　　由盖尔纳和安德森的理论可知，现代性理论将现代性视为族性变化的重要变量，一些与现代性相关的概念，如工业社会、资本主义和印刷业等，则是族性生成与稳定化的前提。② 在现代性的维度下，经济成为一个重要的分析视角，但这时的经济已非静止意义上的民族传统生计模式，而是与周边乃至全球的资本相连的市场经济。在科马洛夫笔下，族性正经历着一波新的变化——新自由主义使族性的价值被重新发现，世界上出现了以民族为主题的公园、游乐场、餐厅、旅店和商业街，文化变成了估值百万的商品标签和知识产权，而民族也成了一个个追逐经济利益的公司集团。在这类语境中，族性的概念更强调作为共同体成员，与其他族类群体相区别的特征。即便如其词语演变一致，族性一词本身与进化论向度上原始、落后的部落概念相勾连，但正是这种时间或者发展上的阶段错位，使族性可以为现代社会所消费和赏玩。③ 通过前述商品化的过程，各个民族的本真性被强调、重申和再造，人们对自身的认同也获得了重塑。

　　此外，在时空分离、民族跨越国家边界流动的场景下，现代性构建出一个全球化的人类共同体，人们的族性不再受限于有限的地理区域或国家边界，而是超越了各种可见的区域界线，表现出多国、多区域、多中心的特点。眼下，难民、移民、跨国和跨境民族都表现出相应的跨区域特点。其中，难民的国家归属已与其来源国产生了分离，但又未完全融入所在国的主流社会。移民已接受另一个国家的治理与国民化，在文化和身份认同上也出现了不同程度的本国化。例如，孔飞力在其中国移民史前言中提到的中国餐馆老板——这名柬埔寨华裔既不会说汉语，也不知道自己的中文姓氏，但对中餐文化的了解又帮助其获取到在法国安

---

　　① ［美］本尼迪克特·安德森：《想象的共同体：民族主义的起源与散布》，吴叡人译，上海人民出版社 2005 年版。

　　② 这类观点通常受到原生论的批评，即在反对者看来，民族/族性早已有之，并非近 300 年以来的产物，新近诞生的是作为政治共同体的民族国家。参见 Prasenjit Duara, *Rescuing History from the Nation*, Chicago：University of Chicago Press, 1997。

　　③ John L. Comaroff, and Jean Comaroff, *Ethnicity*, Inc. Chicago：University of Chicago Press, 2009, pp. 6 - 7。

身立命的文化资本。① 另一边，跨国和跨境民族依然接受本国民族国家的治理，但在文化、语言、宗教等方面却又不断受到来自各方面的影响。斯内德曼笔下的塔米人便是生活在这样跨区域场景中的民族，该民族长期流动于尼泊尔、印度和中国的边境，其语言出现了高度的混杂。基于对塔米人的研究，斯内德曼认为，族性不仅是国家治理或市场力量的结果，同时，也受到仪式活动的影响，在各种仪式过程中，人们确立了自己的认同，多元化的成员也得以形成一个共同体。②

总之，区别于民族国家理论的国家中心式系统，现代性提供了另一种考察族性重构的可能性，即多重中心的世界性系统。在这一系统中，人们的自我不仅来自自身的历史和周边的他者，还来自由西方世界制造出的样本、与己相似或是差异极大的他者——在这种不断的自观与他观中，族性得以被重构和想象。③

三　小结

在各民族流动性进一步加强的当下，对于族性变化机制的理解依然重要。即便在全球化的场景中，散落在世界各地的少数民族、移民、难民依然保有各自的族性，而在都市之中，不同族群在同一区域中互嵌共生的情景也日渐普遍。因此，对族性的理解应当从不同的路径及相应层面入手，掌握从个别到一般的演变规律，并应用到维护社会秩序、保障群体利益及减少族际冲突等实际问题上。因在出发点、关注范围和能解决的现实问题上，前述理论各有所长，考察应建立在对族性变化诸理论之上，相互参照，以作补充。

在论证族性变化一题上，四类理论所给出的解释各有侧重。如图0-1所示，以微观—宏观程度排列，首先是以群体的内部认同为出发点，将族性视作民族身份参照物的认同理论；其次为重视与外部其他

---

① ［美］孔飞力：《他者中的华人：中国近现代移民史》，李明欢译，黄鸣奋校，江苏人民出版社 2016 年版，第 1 页。

② Sara Shneiderman, *Rituals of Ethnicity: Thangmi Identities between Nepal and India*, Philadelphia: University of Pennsylvania Press, 2015.

③ ［美］阿尔君·阿帕杜莱：《消散的现代性：全球化的文化维度》，刘冉译，上海三联书店 2012 年版。

族体交往过程、条件及对外族性认同变化的接触理论；再次是将民族视为国家的子集，在国家视角下关注其内部各民族族性变化的民族国家理论；最后则是跨越了国家边界，引入现代化、西方影响、全球化等外部变量，对族性的产生与变化具有普遍解释力的现代性理论。四类理论中，认同理论和接触理论的视角较为微观，通常以民族、个体和具体文化为单位，主要植根于人类学、社会学和心理学等关注具体情境的学科理论，有助于解析族体成员的现实情感和文化变迁动态，对民族政策的制定和参考颇有帮助。民族国家理论和现代性理论则是自上而下，以民族国家、现代文明为出发点，其适用的场景也更为宽广。这类理论起于对宏大议题的讨论，综合了政治学、哲学、历史学等各领域的知识，是研究国家与民族关系和民族主义的有力分析工具，也有益于从更宏观的角度，审视本书中的个案——位于尼泊尔加德满都的泰美尔区。

图 0 - 1　族性变化的四种解释

第二节　尼泊尔民族学与人类学研究综述

与其他国家比较，尼泊尔的人类学研究起步较晚。这首先来自现实的政治因素——1951 年前，尼泊尔境内的学术研究活动受到严格控制，其后，这一局面才由政权的更迭所化解。此外，西方人类学的猎奇取向也使其先天发育不全。比起在世界文明长河中滥觞不已的亚洲农牧文明，欧美人类学家们更青睐安第斯山脉附近的原始无文字部族，即便在喜马拉雅地区进行选择，海门多夫（Fuirer-Haimendorf）、曼德鲍姆（Mandelbaum）和埃尔文（Elwin）等学者也是首先关注到那些边缘地带的部落，而非掌控国家政治经济命脉的种姓。[①] 20 世纪 50 年代是尼泊尔相关研究的分水岭，作为东亚与南亚文明交汇处的一块处女地，敞开大门的尼泊尔很快迎来了第一批人类学研究者。自这一时期开始，尼泊尔开始出现现代意义上的人类学研究。

一　西方的尼泊尔研究

1951 年，尼泊尔向世界打开了大门。横向比较下来，20 世纪中期开始，外国人类学者对喜马拉雅地区的研究渐渐汇聚在尼泊尔，并于六七十年代呈现出相对周边的中国与印度高度集中的状态。对于中国西藏的研究，外国人类学长期处于停滞和局限在文本的阶段，一些学者转而将视线投向在印与在尼的藏族难民。早在 60 年代，印度与巴基斯坦的喜马拉雅地区便已停止对外国人开放，而在 1972 年孟巴战争爆发后，美国向巴基斯坦的倾斜导致了其与印度关系的恶化，使得印度宣布，禁止美国学者在印从事研究活动。其他国家也同样出现了封闭或是暂时封闭的状况，如巴基斯坦 60 年代曾因战争封锁了其北部地区，这一政策直到 70 年代中期才被取消，而不丹和后来被印度吞并的锡金则一直处于封闭的状态。基于以上种种，20 世纪 50—70 年代，对南亚地区发生兴趣的人类学家们多前往尼泊尔进行研究，这种兴趣拥挤地涌现在这个小国内，以至于尼泊尔民间有俗语称，"每一个尼泊尔家庭里，都住了一个人类学家"。

尼泊尔民族的类别繁多，满足了许多人类学家的研究兴趣。其中，伦敦大学亚非研究院的海门多夫可视为"兴趣广泛者"的代表人物。在进入尼泊尔之前，他已经在印度做了 20 年的田野研究，并

---

① James F. Fisher, "The Historical Development of Himalayan Anthropology", *Mountain Research and Development*, Vol. 5, No. 1, Feb., 1985, p. 104.

出版了两本以印度为题的作品。而他在尼泊尔做的研究，也因其兴趣的广泛而显得门类繁多，其研究人群，包括尼泊尔北部的夏尔巴人，源于西藏的达曼人，印度教社会里的高种姓与加德满都谷地的主体族群纽瓦尔人，涵盖了尼泊尔人口的大多数。1964 年，他出版了一本全观式的夏尔巴人民族志，这本书沿袭了马林诺斯基以来的创作模式，在对夏尔巴人做了简要介绍后，呈现了村落族群、环境、经济、道德、信仰等各方面的面貌。① 之后，海门的作品涉猎寺庙组织、种姓制度、婚姻与亲属制度、宗教、社会结构、经济等专题。对于他除了象征、心理和认知论题之外无所不包的研究，詹姆斯·费舍（James F. Fisher）戏称，"海门的作品容纳了整个当代人类学的问题和兴趣"。②

20 世纪中期开始，外国人类学者对喜马拉雅地区的研究渐渐汇聚在尼泊尔，并于六七十年代呈现出相对周边的中国与印度高度集中的状态。50—60 年代，本地人类学家的队伍还未成型，外国人类学家们完成的民族志，如希区柯克（J. T. Hitchcock）和川北（J. Kawakita）对马嘉人的研究及尼泊利（Gopal Singh Nepali）对纽瓦尔人的研究等，都为后来的学者们提供了具有价值的参考。③

20 世纪 70 年代开始，尼泊尔各民族发展的问题开始受到人们关注。同时，尼泊尔最复杂的民族，生活在加德满都谷地的纽瓦尔人的相关研究也开始形成规模。早期多产的人类学家们早已对纽瓦尔人的生活做过全观的速写，如海门多夫和罗斯。④ 前期研究为后来的研究者们奠定了基础，一些作品直接引起了他们的研究兴趣，如窦非（Gérard Tof-

① Christoph von Furer-Haimendorf, *The Sherpas of Nepal*, New Delhi: Sterling Publishers, 1972.

② James F. Fisher, "The Historical Development of Himalayan Anthropology", *Mountain Research and Development*, Vol. 5, No. 1, Feb., 1985, p. 104.

③ J. T. Hitchcock, *The Magars of Banyan Hill*, New York: Holt, Rinehart and Winston, 1966. J. Kawakita, *The Hill Magars and Their Neighbours*, Tokyo: Takai University Press, 1974. Gopal Singh Nepali, *The Newars*, Bombay: United Asia Publications, 1965.

④ Christoph von Furer-Haimendorf, "Elements of Newar Social Structure", *Journal of the royal Anthropological Institute*, 1956, lxxxvi: 2. Gopal Singh Nepali, *The Newars*, Bombay: United Asia Publications, 1965. Rosser Colin, "Social Mobility in the Newar Caste System", in *Caste and Kin in Nepal, India and Ceylon*, London: Asia Publishing House, 1966.

fin）在谈到尼泊利的作品时，坦言自己为作品中所描述的"纽瓦尔奢华与出众的文化、丰富多彩的宗教与仪式、基于亲属关系与种姓、用于组织大量仪式活动的多样性组织'guthi'所吸引"。① 但纽瓦尔研究真正形成规模，还是在 70 年代。费舍所编《喜马拉雅人类学》一书中，便收录有格林伍尔德（S. M. Greenwold）、斯塔博雷（W. Stablein）、石井（Hiroshi Ishii）及窦非等人从不同的方面对纽瓦尔文化进行的研究。②

在费舍看来，外国人类学家的研究都带有各自国家的理论色彩和兴趣取向。英国人类学家，如卡普兰（Lionel Caplan），多着眼于社会结构、地租系统等社会中的不同制度。以奥特纳（Sherry B. Ortner）、费舍、保罗等为代表的美国人类学家则出于所属派系的区别，分别关注仪式、生态经济、象征等主题。德国人偏向文化史与物质文化研究，而法国人喜好细节详尽的民族志。从一定程度上说，这种以国为别的特征也是由学者的资助来源决定的，如美国学者多依靠各种名目的公私基金支持，法国与德国学者则是那些由官员学者所领导的大型学术团体中的一分子。③ 除去个体差异的存在，国家的学术传统依然深刻地影响了个体以尼泊尔为题的民族志作品。

反过来说，这些以尼泊尔为素材来源的作品也是其国家学术知识积累的一部分，并在一些理论的构建中起着重要作用。例如，主要研究夏尔巴人的雪莉·奥特纳，其受训是在芝加哥大学克利福德·格尔茨（Clifford Geertz）门下。因此，她的早期作品，如《仪式视角下的夏尔巴人》，承袭了格尔茨旗下芝加哥学派的传统，主要关心夏尔巴人仪式

---

① Gérard Toffin, *Newar Society: City Village and Periphery*, Laliput: Himal Books, 2007, p. 2.

② S. M. Greenwold, "The Role of the Priest in Newar Society", in *Himalayan Anthropology: The Indo-Tibetan Interface*, The Hague: Mouton, 1978. W. Stablein, "A descriptive Analysis of the Content of Nepalese Buddhist Pujas as a Medical-Cultural System with References to Tibetan Parallels", in *Himalayan Anthropology: The Indo-Tibetan Interface*, The Hague: Mouton, 1978. Hiroshi Ishii, "Structure and Change of a Newari Festival Organization", in *Himalayan Anthropology: The Indo-Tibetan Interface*, The Hague: Mouton, 1978. Toffin, G., "Intercaste Relations in a Newar Community", in *Himalayan Anthropology: The Indo-Tibetan Inter-face*, The Hague: Mouton, 1978.

③ James F. Fisher, "The Historical Development of Himalayan Anthropology", *Mountain Research and Development*, Vol. 5, No. 1, Feb., 1985, p. 105.

系统与其文化之间的关系。① 奥特纳对夏尔巴人的研究为其女性人类学
和实践理论奠定了民族志基础，在其论集《制造性别》中的《边陲政
治与情欲》一文中，她大量使用了与夏尔巴人相关的访谈材料，如夏
尔巴男人与女雇主间广泛存在的性关系、夏尔巴人的宗教与性别文化、
夏尔巴女性在登山活动中的参与等，通过对这些边境故事的叙述，奥特
纳重新论证了她在 1972 年对于两性关系的观点，即女性之于男性并非
如同自然之于文化，当女性能像男性一样平等地参与到具备创造性及卓
越性的工作中时，她们也可以与文化比肩而立。②

　　费舍将喜马拉雅人类学的研究分为宗教、社会结构、生态、村庄研
究、发展、女性六个门类。作为喜马拉雅地区人类学研究较为集中的国
家，尼泊尔境内得到讨论的主题同样集中但不仅限于以上几个方面。整
体而言，尼泊尔研究涵盖了语言、神话、宗教、性别研究等几乎所有的
人类学分支，但综合数量和影响力，纵观 20 世纪后半期，尼泊尔人类
学研究以下四个主题为多，且在这四个主题之下，体现出不同特点的
东方主义。

　　（一）"被选择的"宗教

　　较早的宗教专题研究有奥特纳的《仪式视角下的夏尔巴人》。该书
是从宗教及日常仪式出发，对夏尔巴人仪式象征的阐释。书中，奥特
纳通过八关斋戒、集会、驱魔、献祭几种仪式，分析了仪式作为一个
象征的舞台（arena），以其为媒的宗教思想和世俗生活相互协调，并
将宗教传统延续下来的过程。③ 奥特纳后来写就的《高级宗教》则有
类于一本实践理论视角下的夏尔巴宗教史，除了夏尔巴寺庙起源与宗
教文化阐释，书中还谈到寺庙与国家政治变迁的关联，寺庙的政治经
济学，及与之相关的"大人物""小人物"及僧尼。与萨林斯在《历

---

① Sherry B. Ortner, *Sherpas through Their Rituals*, New Delhi: Vikas Publishing House Pvt Ltd. , 1978, p. 5.

② Sherry B. Ortner, "Is Female to Male as Nature is to Culture?" in *Making Gender: The Politics and Erotics of Culture*, Boston: Beacon Press, 1996, pp. 21 – 42. Sherry B. Ortner, "Borderland Politics and Erotics", in *Making Gender: The Politics and Erotics of Culture*, Boston: Beacon Press, 1996, pp. 181 – 212.

③ Sherry B. Ortner, *Sherpas through Their Rituals*, New Delhi: Vikas Publishing House Pvt Ltd. , 1978.

史之岛》中对结构的实践和实践的结构之间互动的解说相类，奥特纳也试图通过对前述内外动因的描述，重新组织政治制度、经济组织、家庭结构、民俗、民间信仰、宗教观念等相关民族志材料，呈现出结构和历史在人们的行动中交汇的形式，以回答"为什么夏尔巴人建造了他们的寺庙"。①

霍姆伯格（David H. Holmberg）曾就达曼人的神话与仪式撰写过专著。其作品《矛盾中的秩序》尝试说明神化与仪式之间的相互作用。通过喇嘛仪式、献祭仪式和萨满仪式的描写，霍姆伯格展示了达曼人对仪式的多样性理解，以及这一逻辑的动态性及历史性起源。他所定义的矛盾，回应了奥特纳在进行夏尔巴人仪式研究时的观察，是对宗教仪式中出离社会秩序，制造矛盾、纠纷及混乱的概念抽象。因此，这本书中的矛盾也起于"仅是为了重新生成其他的仪式形式，一个仪式的建构为另一个仪式所接纳"，或"仪式是永恒的摆，交替地克制与纳入对方，但却无法完成全部的仪式建构"。② 和奥特纳早期的研究比较，霍姆伯格同样从格尔茨的阐释人类学和列维－斯特劳斯的结构主义中汲取了构建论点的框架，即在重视由各种要素搭建而成的仪式整体结构的同时，又将宗教视作格尔茨所言的"真实模型"（models for reality），把单一的仪式事件同更广阔的地方性知识相连。

总体而言，就尼泊尔宗教研究的数量和其所涉民族，可以观察到严重的比例失衡。此外，作为国家与民族整合的重要表现，梵化的问题也常被身处国家边陲的研究者无意或是有意地忽略了。宗教文化方面，印度教种姓文化虽然在诸种姓间体现得较为明显，但其影响依然渗透到佛教徒的日常生活中。如居住位置偏远的达曼人，虽认同自己是佛教徒，且相比印度教诸神，更认同佛教诸神，但多数达曼家将印度教诸神与佛教诸神放在同一空间内供奉，而对幸运之神甘尼许（Ganesha）、财富之神拉克西米（Laxmi）等印度教神明，也保持了高度的认同。针对宗教异同的比较与视角转换成为必需的手段，因为脱离了佛教与印度教任何

---

① Sherry B. Ortner, *High Religion: A Cultural and Political History of Sherpa Buddhism*, Princeton: Princeton University Press, 1989.

② David H. Holmberg, *Order in Paradox*, Ithaca and London: Cornell University Press, 1989, p. 7.

一方的分析，都显得与现实脱节。面对这种宗教混合的情形，在谈论仪式的时候，一些学者选择只关注仪式本身的细节和结构，将仪式与族别相连。① 但在其后的作品中，即便是针对同一研究点，这一做法也可能会被他们自己推翻，转而细致地将单个族群内的仪式严格地按佛教与印度教进行分类。②

（二）阶序人视角下的社会结构

对尼泊尔社会结构的研究通常会受到路易·杜蒙（Louis Dumont）的影响。由于其在种姓研究中的重要地位，他的作品通常是南亚研究学生的必读书目，因此，在 20 世纪 70 年代之后受训的南亚人类学学生通常非常熟悉他的理论和观点，并能敏感地在社会现象中察觉到种姓的相关问题。③

作为一个前印度教社会，尼泊尔拥有与印度相通，但又存在诸多不同的卡斯特制度。海门多夫是最早对尼泊尔种姓制度进行研究的学者，除了对族群多元社会中种姓的分析，他也对纽瓦尔人及刹帝利的社会结构进行过研究。在关注结构本身特征的同时，海门注意到尼泊尔历史给种姓地位带来的影响。例如，在对刹帝利的研究中，海门将塔库利及刹帝利从山地农民到贵族的转变过程和相关机制记录下来，以理解尼泊尔历史的演进过程。同时，他又将刹帝利在尼泊尔广大区域内的扩张式居住和刹帝利的社会结构相连。在海门看来，刹帝利之所以能在异地扎根，且看似"独立于当地的关系"，是因为其"与血缘代际相连的责任不受居住空间约束，即人们会自觉履行作为刹帝利的义务，而族群内部也无对个体居住地的硬性规定"。④

纽瓦尔人的社会结构也引起了广泛的关注。在尼泊尔诸族群中，纽瓦尔人社会是最为复杂的，除了包含印度教与佛教徒，其内部存在的种

① Niels Gutschow, Axel Michaels, *The Dynamics of Death and ancestor Rituals among the Newars of Bhaktapur, Nepal*, Wiesbaden: Harrassowitz Verlag, 2005.

② Niels Gutschow, Axel Michaels, *Getting Married: Hindu and Buddhist Marriage Rituals among the Newars of Bhaktapur and Patan, Nepal*, Wiesbaden: Harrassowitz Verlag, 2012.

③ 据 2015 年 10 月 10 日对 David Gellner 的访谈笔记。

④ Christoph von Furer-Haimendorf, "Unity and Diversity in the Chetri Caste of Nepal", in *Caste and Kin in Nepal, India and Ceylon*, New Delhi: Sterling Publishers, 1966, pp. 11–66.

姓也在 30 种以上，单个种姓内部还存在对等级的细分，这使种姓结构
的梳理成了一件首要且烦琐的工作。延续海门对纽瓦尔人社会结构的论
述，克林·罗瑟（Colin Rosser）对纽瓦尔人种姓系统的流动性进行了
探讨。罗瑟认为，纽瓦尔人种姓系统的形成和一系列政治经济因素相
关，如拉纳王朝专政的崛起、社会分工的细化、逐渐富裕的农民种姓
（Jyapu）和日益贫困的祭司种姓（Gubhaju）等所表现出来的不协调、
为成为"上等种姓"而所需负担的更为昂贵的生活方式（如雇佣婆罗
门祭司、为加入雪斯塔协会或是迎娶雪斯塔新娘付费等），倘若将这些
因素置于分析之外，纽瓦尔人种姓制度的相关行为将显得十分不理智。
对于种姓制度本身而言，罗瑟将他所讨论的流动看成是减少种姓制度内
部不平衡的必要机制，通过这种流动，社会地位与财富之间存在的不对
称将得到有效的调整。①

　　在纽瓦尔主题上着墨颇多的窦非著有《纽瓦尔社会》，这本书由 13
篇各自独立的论文组成，其中，涉及社会结构的包括社会组织、社会—
宗教结构、节日与种姓系统等。这些论文多分属于不同的纽瓦尔种姓主
题之下，体现出纽瓦尔人本身的复杂性。而在解析社会结构的同时，这
种复杂性也很容易让人对种姓、宗族、族群、民族、部落等边界模糊的
概念产生困惑。罗瑟的做法是，索性将种姓（caste）这一概念抛开，
让读者自己判断其适用性。窦非的行文中却将这些概念分得很清楚，因
为在他看来，"种姓系统并不足以解释纽瓦尔社会"。② 以奎格利笔下纽
瓦尔人中的雪斯塔人（Srestha）为例，其生成犹如滚雪球一般，是许多
族群相互融合的结果。在杜利凯尔、加德满都等地，雪斯塔人的认同都
有着区别。一些纽瓦尔人认为，"所有的人都可以自称为雪斯塔"。事
实上，并不是所有人都可以自称雪斯塔。族群内部、族际的歧视和竞争
限制着这一族名的过分扩张，而符合传统期望（主要来自血缘、财富
和权力）的外人则被吸收进来。③

---

　　① Colin Rosser, "*Social Mobility in the Newar Caste System*", in *Caste and Kin in Nepal*, *India and Ceylon*, New Delhi: Sterling Publishers, 1966, pp. 68 – 69.

　　② Gérard Toffin, *From Kin to Caste*, *Newar Society*, Lalipur: Himal Books, p. 307.

　　③ Declan Quigley, "Sresthas: Heterogeneity among Hindu Patron Liheages", in *Contested Hierarchies*, Oxford University Press, 1995, pp. 81 – 108.

（三）女性研究的"镜中我"

即便是未受过良好教育的尼泊尔乡民，也能就印度教种姓与山地民族的性别文化差异侃侃而谈。而在不同时期的女性人类学研究者看来，这些差异为文化批评提供了极佳的案例。

20 世纪 60 年代末 70 年代初，在西方世界反对种族歧视、性别歧视和性别剥削运动的推动下，女性研究和女性人类学逐渐兴起。奥特纳和罗萨尔多（Michelle Rosaldo）的结构主义成为这一时期的代表性观点，前者的《女性之于男性是否如同自然之于文化?》收录于后者主编的《女性、文化和社会》中，并引起一系列关于性别二元论的争议。①

从学术渊源来看，奥特纳的这一理论主要来自于其师格尔茨的象征人类学、结构主义大师列维－斯特劳斯的结构人类学以及罗萨尔多的女性人类学，而其在尼泊尔对夏尔巴人的研究则为其理论提供了支撑与佐证。其后，奥特纳运用布迪厄（Pierre Bourdieu）和萨林斯的实践理论对女性主义、少数族群等命题进行反思。这一理论转向和此前她运用象征人类学的理论视察夏尔巴文化的经验有着诸多关联，但她并不仅限于用实践理论的相关概念去解释个体对社会文化系统的适应与再生产过程。通过对实践理论在解释变迁上的反省，奥特纳将性别霸权的多样性和变通性放在全球化的范围来讨论。夏尔巴人的故事依然在她的论据中扮演着重要的角色——正如女性人类学面对的叙述难题，喜马拉雅区域的登山场域中，以种族、殖民、性别和国家等为题的游戏（game）同一时间进行着，并对游戏和场域本身的规则产生影响。

后结构主义时期的女性人类学，将视线从性别文化的既成事实，放到了性别的制造过程上。在其对尼泊尔性别教育与赋权的研究中，罗斯柴尔德（Jennifer Rothchild）谈到，她是在用主流的西方女性主义视角解析一个非西方的文本，而对于这一个案的研究事实上起于对普适性的追求，即将对尼泊尔农村教育中的性别建构与跨国语境下的知识相连，并对现有的性别研究做出补充。同时，她也表达了这一时期女性人类学的诸多反思，包括作为一个来自西方、相对富裕的白人女性，她的身份

① Michelle Z. Rosaldo, Louise Lamphere ed. , *Woman*, *Culture and Society*, Stanford University Press, 1974.

可能会影响到她在进行田野实践时所获得的信息。①

女性人类学的科学性，还应由性别的跨族群性佐证。莱文（Nancy E. Levine）在对胡木拉地区女性哺乳的研究中发现，在哺乳初期，人们会使用谷物食品喂养婴儿，以方便母亲的劳作。哺乳行为通常会持续两年甚至以上，其间，当母亲需要进行劳作时，她便会使用辅助性食物喂养幼儿。在都市中，这种喂养传统可能会演变为奶瓶喂养，其区别在于，奶瓶喂养更可能代替，而非辅助母乳喂养。莱文指出，尽管文化上存在较强的异质性，尼泊尔诸种姓与族群的育婴习俗却是相似的。②

此外，女性人类学的另一种表达方式，即感性、文学化的记叙，则从另一个向度表现了尼泊尔女性的生存状态。霍姆伯格的妻子凯瑟琳·麦琪（Kathryn S. March）对达曼女人的讲述采取了这种形式。在她记录的 14 个达曼女性的故事中，婚姻、家庭、歌谣、幸福等关键词的构建，多以白描式的大段记述呈现，写作的视角则在第一人称与第三人称中不断变换。麦琪所参照的范式，来自肖斯塔克（Shostak）的《妮莎》和卢格霍德（Lila Abu-Lughod）的《书写女性的世界》。在麦琪看来，这两部作品都尝试通过民族志方法，将非西方女人的生活经验呈现给西方的读者，而她的初衷也是"将达曼女人和她们的世界呈现给你们"。③埃亨（Laura M. Ahearn）关于尼泊尔情书的民族志则指向了情感本身。除了讲述居尼村（Junigau）内性别与婚姻的变迁，她审视了私人情书、爱情小说、杂志等文本背后的社会背景，并对两个婚恋案例进行了细致的描述。埃亨认为，人们对中介、因果关系和人格等概念理解的转变，既塑造又反映了情感的新结构，以及村内的社会关系。她谈到，在居尼村，发展项目和与之相关的概念，并未被等同于更加美好的生活。因此，与其将发展看成是一系列经济项目，不如将其视作一系列思考和行动的概念。最后，她也强调，为避免简单地泛化文本实践本身，需要在

---

① Jennifer Rothchild, *Gender Trouble Makers: Education and Empowerment in Nepal*, New York & London: Routledge, 2006.

② Nancy E. Levine. "Women's Work and Infant Feeding: A Case from Rural Nepal", *Ethnology*, Vol. 27, No. 3, Jul. , 1988, pp. 231 –251.

③ Kathryn S. March, *If Each Comes Halfway: Meeting Tamang Woman in Nepal*, New York: Cornell University, 2002.

特定社会的特定历史时期下审视真实的文本实践。[1]

（四）生态、经济与发展中的跨文化比较

人类学对经济相关问题的解释多以文化为切口，如海门多夫的《喜马拉雅商贩》。这本书收录了海门早期未出版的夏尔巴人研究，包括夏尔巴人以农耕、畜牧和商贸为主的生计方式，更新了一些近年来的重要变迁，继而讨论了在阿鲁（Arun）、塔木尔（Tamur）山谷等地的高海拔地区，菩提亚人的商贸、社会结构、变迁等问题。[2] 至于为什么跨喜马拉雅的商贸主要为信仰藏传佛教的菩提亚人，而非尼泊尔的印度教诸种姓所垄断，海门的解释是，他们的宗教信仰和社会系统使他们更能够胜任"具探险精神的商贩"的角色，而印度教诸种姓则"陷入了种姓规则的罗网当中"。[3]

第二个例子来自费舍笔下多尔帕县（Dolpa）的村庄塔兰普尔（Tarangpur）。该村位于尼泊尔和西藏边境线上，尽管地处偏僻，但其与西藏的商贸往来，远比加德满都、帕坦和巴德岗等都市要普遍和频繁得多。在塔兰普尔，农业生产中的剩余农产品有两种处理策略。第一种方式，是将其带到西藏边境，用来换取藏民的盐，然而村民并不消费这些盐，而是将其带到尼泊尔南部的山地，用盐换取过节所需的大米。第二种方式，也是因政治因素而得到更多采纳的路径，即于尼泊尔南部以至印度出售牲畜和羊毛制品，并用所获的资金购买针线、烟草、电池、牙膏、煤油等各种类目的商品，除了消费，这些商品还被用于邻里间的出售。最后，村民们获取的利润将被用于金饰和珠宝的消费，以及仪式的花费。除了生计和贸易，费舍还讨论了塔兰普尔村民们处于两种文化夹缝间的文化认同，有助于改变人们对尼泊尔人"非此即彼"的刻板印象。[4]

---

[1]　Laura M. Ahearn, *Invitation to Love: Literacy, Love Letters, & Social Changes in Nepal*, New Delhi: Adarsh Books, 2004.

[2]　此处的菩提亚，即 Bhotiya，海门多夫所研究的使用藏语的佛教徒。尼泊尔语中的菩提亚泛指西藏人和境内的藏人，有时也包括起源于西藏但不以藏人为认同的民族，如达曼人、塔卡利人和古隆人等。

[3]　Christoph von Furer-Haimendorf, *Himalayan Traders*, New York: St. Martin's, 1975.

[4]　James F. Fisher, *Trans-Himalayan Traders: Economy, Society, and Culture in Northwest Nepal*, Berkeley and Los Angeles: University of California Press, 1986.

第三项研究来自卡普兰所选择的贝拉斯普尔（Belaspur）。这个地区位于加德满都以西极为偏僻的山区，20 世纪五六十年代，随着这一地区与尼泊尔政体的联系逐渐增多，区域的货币化程度也随之增强。尽管如此，区内的交换行为依然普遍存在。卡普兰列举了服务交换、劳力交换、仪式中的交换、头人与侍从、市场交换五类交换行为，并以此为铺垫，讨论了行政机构和村庄之间的交换，即一个本地人要获取公务职位，需要与现有的管理人员有私人关系，向高级管理者持续赠送牛奶、鸡蛋、薄饼等礼物，或是给予现金。在缺乏关系的情况下，现金的贿赂比实物贿赂更容易招致谴责。卡普兰认为，其原因在于，在尼泊尔这个"原生态国家"，礼物交换的持续过程较长，受礼者有足够的时间考虑接受或者回拒这种交换，但现金却代表了直接和立即的要求，这意味着简单的关系很难迅速向复杂转换。①

在对尼泊尔喜马拉雅地区的研究中，对经济和生态的讨论常常是并行而论的。这种情形来自于当地生计方式的混合。如前述农、畜、商并用的夏尔巴人。吉力特（David Guillet）尝试建立起一个高山研究的文化生态学范式，以整合诸学科的差异与贡献。吉约特的论点可用三点概括：第一，高山上的垂直生产带皆由一系列变量的复杂接触生成，这些变量包括农业管理体制、社会组织、地租、劳动组织和生产水平等；第二，人们为更好地利用垂直生产带，将对单个或者一些生产带采取特定的生产策略，这些策略会给时间安排和不同空间内生产的组织带来不同的困难；第三，在山地环境及其他内外因素的限制之下，这些策略存在变迁的可能。例如，区域内的农业集约化，可能会导致人口向集约区迁移的发生。② 需补充的是，在高纬度地区，登山、徒步与发展项目对族群所在的小生境影响深远，这不仅表现在生计方式的变迁，也反映在失衡的生态环境上。因高纬度的生态环境极为脆弱，海拔 4000 米以上，

① Lionel Caplan, "Cash and Kind: Two Media of 'Bribery' in Nepal", *Man*, *New Series*, Vol. 6, No. 2, 1971, pp. 266 – 278.

② David Guillet, Ricardo A. Godoy, Christian E. Guksch, Jiro Kawakita, Thomas F. Love, Max Matter and Benjamin S. Orlove, "Toward a Cultural Ecology of Mountains: The Central Andes and the Himalayas Compared and Comments and Reply", *Current Anthropology*, Vol. 24, No. 5, Dec., 1983, pp. 561 – 574.

尤其是那些开发时间在 25 年甚至以上的经典徒步线路周边的生态环境，受到了严重的破坏。[①] 不过，喜马拉雅的案例的应用价值常常是通过其他地区体现的，其本身的研究价值也需通过欧美境内类似的区域实现，如吉约特的研究建立在喜马拉雅与安第斯山地区的比较之上，类似的还有施罗德对尼泊尔农村的农业系统的研究。[②]

二　尼泊尔本土人类学

需要和前一部分相互区别的是，尼泊尔人的人类学并非广义上尼泊尔的人类学，因从事人类学工作的研究者来自本土，或称尼泊尔本土人类学较为合适。早期的尼泊尔本土人类学可追溯至 1953 年以发展农村社会学为名义建立的乡村发展训练中心（Village Development Training Centre），这一中心致力于为社会发展的志愿者们提供以农村社会学、农村家庭、传统文化、乡民生活为题的相关训练。1961 年，这一机构改为潘查亚特培训中心，更名后的中心不仅将传统的农村研究列入训练计划，也将人口流动、地方治理、社会调查等新的命题纳入课程表。

1971 年，为发展高等研究，建立硕士学位授予单位，特里布万大学设立尼泊尔和亚洲研究机构（CNAS）、经济发展和管理机构（CE-DA）、应用科技研究中心（RECAST）、教育创新发展研究中心（CERID），其中，尼泊尔和亚洲研究机构是社会学与人类学学院的前身。[③] 两年后，在英国议会的帮助下，这四个机构得到了一些外来专家的支援，并开始授予硕士学位。基于学科建设的考量，1978 年，在地理学院院长昌德拉·巴哈杜·雪斯塔（Chandra Bahadur Shrestha）的带领下，特里布万大学的学者们开始讨论将社会学和人类学从这一机构中分立出来的可行性。次年，人文学部的校长苏尔雅·拉尔·阿玛塔

---

① Alton Byers, "Contemporary Human Impacts on Alpine Ecosystems in the Sagarmatha (Mt. Everest) National Park, Khumbu, Nepal", *Annals of the Association of American Geographers*, Vol. 95, No. 1, 2005, pp. 112 – 140.

② Robert F. Schroeder, "Himalayan Subsistence Systems: Indigenous Agriculture in Rural Nepal", *Mountain Research and Development*, Vol. 5, No. 1, Feb. , 1985, pp. 31 – 44.

③ Krishna Hachhethu, "Social Sciences Research in Nepal", *Economic and Political Weekly*, Vol. 37, No. 35, Aug. 31 – Sep. 6, 2002, p. 3631.

（Surya Lal Amatya）博士召集了一批社会学与人类学家开始筹备社会学与人类学的相关课程。1981 年和 1985 年，在希克马特·比斯塔（Dor Bahadur Bista）和琳达·斯通（Linda Stone）等学者的努力之下，特里布万大学分别开设了硕士和本科的人类学课程。1995 年，尼泊尔境内开始设立社会学与人类学相关的高中课程。①

从 20 世纪 60 年代末起，巴甲阿查亚、比斯塔、尼泊利等一批本土人类学家也开始发表作品。比斯塔（Dor Bahadur Bista）的《尼泊尔人民》通常被视为尼泊尔本土民族研究的早期代表作。该书最初出版于 1967 年，是一本浓缩了尼泊尔全境种姓与族群概观的作品。② 70 年代末以来，本土培养的人类学家们也开始加入到民族研究的阵营中。由于强调学科的应用性，本土学者主要关注南部平原的移民问题、边缘民族的贫困问题及社会转型诸问题。在 80 年代以来刹帝利、古隆、巴查昌等学者的影响下，许多年轻学者开始关注各民族的组织、文化、生态等。除了这些传统的民族研究热点问题，在 1990 年恢复民主制之后，学术研究气氛渐趋宽松，族群政治、公民社会、民族医疗等问题也成了热门话题。③

和其他社会科学相比，尼泊尔人类学受到西方的影响更为明显。整体而言，尼泊尔的社会科学甫一开张，便被夹在印度和欧美国家之间。以历史学为例，在 1950 年以前，便已有欧美与印度学者就尼泊尔历史撰写过论著。而在 20 世纪 50 年代，历史文本的撰写在尼泊尔人文学界蔚然成风，归结起来，意大利学者图奇（G. Tucci）对区域历史研究的推广功不可没。④ 社会学和人类学的路子则与此不同。这种不同一方面来自学科本身的历史——相比历史学与哲学等学科，20 世纪二三十年代，人类学刚形成独立学科。同期，初创时期的印度本土人类学自英国

---

① Raju K. C. , *An introduction to Nepali Society & Culture*, Kathmandu：K. P. Pustak Bhandar, 2007, pp. 13 – 14.

② Dor Bahadur Bista, *People of Nepal*, Kathmandu：Ratna Pustak Bhandar, 1967.

③ Raju K. C. , *An introduction to Nepali Society & Culture*, Kathmandu：K. P. Pustak Bhandar, 2007, pp. 25 – 37.

④ Krishna Hachhethu, "Social Sciences Research in Nepal", *Economic and Political Weekly*, Vol. 37, No. 35, Aug. 31 – Sep. 6, 2002, p. 3632.

官员的殖民地管理中吸收营养，开始专注于境内部落研究。在研究兴趣方面，印度有类于早期着眼于乡土社会的中国，重视"以人类学的观点研究本国"。①另一方面，50 年代以来，由于进入尼泊尔相对进入中国容易，境内的藏缅语系人群吸引了众多西方研究者的目光，也使得不占人口多数的这些民族，成为尼泊尔民族志的刻画重心。海门多夫及奥特纳便是两例。前者是尼泊尔向世界敞开大门后进入的第一位人类学家，其进入尼泊尔的最初动机，即来自对这个陌生且从未有人类学家涉足过的国度的好奇之心。后者对于研究地点与人群的设想则基于对"最艰苦的环境"的柏拉图式想象。对于这些外国人类学家来说，比起研究与印度种姓和部落有诸多相通之处的尼泊尔种姓社会，攀上高山寻访藏缅族群的挑战，更能满足他们对"未知"与"艰苦"的诉求。

因此，自一出生，尼泊尔的人类学便烙上了西方的印子。被誉为"尼泊尔人类学之父"的多尔·巴哈杜尔·比斯塔，其人类学道路，即始于对海门多夫的追随。他当时是一所女子中学的校长，最初对人类学并无概念。但在辞职担任海门的助手期间，比斯塔逐渐认定，自己要成为一位人类学家。八年之后，一直对他从事人类学研究持反对态度的海门终于答应比斯塔，成为他的导师，并教授他人类学知识。然而，最后给予比斯塔学习机会的却是来自伦敦大学语言系的一份工作。比斯塔并没有解释导师对他的不认同来自何处，但言辞中也透露出作为一个"包餐饮，每月 100 卢比"的廉价雇工的不满，如他认为，海门多夫之所以会将他推荐给克拉克（T. W. Clark）做研究助理，并非认可他的研究潜质或是有意提携，而是因为他需要他对田野数据做进一步的处理——海门"没法搞明白所有照片的拍摄地点、里头的人是谁等诸如此类的问题"，而在伦敦的事务处理完之后，回到尼泊尔的海门又与克拉克吵了几架，最终把不情愿放弃学习的比斯塔劝回了尼泊尔。②

---

① ［印度］戈帕拉·沙拉纳、达尔尼·辛哈：《印度社会文化人类学的状况》，李培茱译，《民族译丛》1980 年第 3 期，第 28—33 页。

② James F. Fisher, "An Interview with Dor Bahadur Bista", *Current Anthropology*, Vol. 37, No. 2, Apr.，1996, p. 350.

比斯塔的《尼泊尔人民》被尼泊尔知识界奉为本土人类学开山之作。这一作品最初发表于 1967 年，作为一本浓缩了尼泊尔全境种姓与族群概观的作品，其内容是比斯塔多年来对西方人类学方法学习与效法的结果，也源自他对尼泊尔人这一概念的不断反思。① 比斯塔不满足于西方人类学提供的视角与知识，因为对于尼泊尔人来说，外国人类学最终服务的是其他国家的知识生产，而非他们现实生活的改善。他认为，海门多夫所从事的人类学是殖民主义时代的产物，而海门也是个"殖民的教授"（Colonial Professor）。② 简单说来，外国人类学者们从发达国家来到尼泊尔，在完成田野工作后进行文化撰写，这一过程所产生出的作品或许有助于其所在国人类学知识的生产，但对尼泊尔的贫穷并无改善良方。基于此，比斯塔开始在特里布万大学着手人类学的学科建设和人才培养。与外国人类学"本地人—外来研究者"的普遍二元对立不同，比斯塔希望本土人类学能关注尼泊尔境内，以及国家在未来发展中将要遇到的问题。因此，以他为首的尼泊尔人类学家们从学科发生之初便致力于学科应用性的培养。应用性的体现之一，在于尼泊尔人类学与社会学之间的亲密关系。2017 年前，特里布万大学的人类学，亦是与社会学划归同一院系之下，学生所接受的课程训练，也分别来自社会学与人类学两个学科。为了突出应用性，学院在开设课程的时候，还邀请经济学和管理学的老师来讲课。具体到研究内容上，应用性体现在人类学与发展项目之间的密切联系，以及学科立足于本国文化，推广公民身份的自觉与自豪感。③

遗憾的是，相比外国人类学家的丰硕成果，尼泊尔人类学家的作品普遍显得知名度不高。首先，这与两边的话语权不对称有关。在外国研究者中间，参考本地学者研究的人，远少于作为本地学者参考外国研究者的情况。费舍认为，外国学者不能阅读以尼泊尔语、藏语和克什米尔语写就的文献，加上本地学者的作品没有好的出版渠道，导致了一些经

---

① Dor Bahadur Bista, *People of Nepal*, Kathmandu: Ratna Pustak Bhandar, 1967.

② James F. Fisher, "An Interview with Dor Bahadur Bista", *Current Anthropology*, Vol. 37, No. 2, Apr., 1996, p. 351.

③ ［法］莱昂内尔·奥巴迪亚:《人类学知识的"后殖民"争论中的信仰、科学主义、地方主义及模仿:以尼泊尔的人类学为例》，陈晋译，《学术研究》2011 年第 9 期，第 9—15 页。

典受到冷遇，不为人知，甚至无处寻觅。[①] 当下，作品的出版环境已经得到一定改善，但在供销渠道上，尼泊尔的本地出版社依然远远不及与欧美学界关联密切的出版社。其次，不少尼泊尔学者已开始专注于英文写作，但就语法与用词的准确度来说，这些长期生活在境内，且母语非英语的作者所呈现出的作品，依然与母语为英语的作者有着一定差距。最后，由于政府的影响，他们的研究取向偏离了西方学界的主流旨趣。这主要表现在对研究对象的刻画上——在选题方面，欧美人类学家多针对单一族群或种姓进行专题研究。另外，尼泊尔政府需要的是一个统一的"尼泊尔人"概念，因此，国内学者所做的研究也多在努力淡化这种族群多样性和差异性，即试图以整体的"尼泊尔人"整合实际上丰富多样的人群。这也是比斯塔的成名作名为《尼泊尔人民》（*People of Nepal*）而非《尼泊尔人们》（*Peoples of Nepal*）的原因。[②] 另外，一些学者忙于生计，忽视了学术研究，也严重影响了知识生产的效率与成果的品质。

三　中国的尼泊尔研究

国内关于尼泊尔的记载可追溯至唐代，《通典》中有关于尼泊尔风俗与朝贡的早期记载：

> 泥婆罗国，在吐蕃西。其俗，翦发与眉齐，穿耳，揎以竹筒，缓至肩者以为姣丽。食用手，其器皆铜。多商贾，少田作。以铜为钱，面文为人，背文为马。其牛鼻不穿孔，衣服以一幅布蔽身，日数盥漱。以板为屋壁，皆雕画。俗重博戏，颇解推测盈虚，兼通历术。事五天神，镂石为像，每日清水浴神，烹羊而祭。其王那陵提婆，身着真珠诸宝，耳垂金钩玉珰，佩宝装伏突，坐狮子座，常散花燃香，大臣及左右并坐于地。有阿耆婆沵池，周迴二

---

① James F. Fisher, "The Historical Development of Himalayan Anthropology", *Mountain Research and Development*, Vol. 5, No. 1, Convergences and Differences in Mountain Economies and Societies: A Comparison of the Andes and Himalaya, Feb. , 1985, p. 108.

② Ibid.

十余步,以物投之,即生烟焰,悬釜而炊,须臾而熟。唐永徽二
年遣使朝贡。①

我国尼泊尔民族方面的研究主要集中在政治学、国际关系学领
域。专门以尼泊尔民族为题的专著有王宏纬的《尼泊尔:人民与文
化》,王宏纬、鲁正华的《尼泊尔民族志》,陈波的《山水之间:尼
泊尔洛域民族志》。② 另也散有一些论文,如满莹对尼泊尔人类学的
评介,胡仕胜对尼泊尔民族宗教概况的研究,王云、洲塔对尼泊尔西
藏移民的研究。③ 近年来,中尼边境的跨境民族和在尼藏人也得到了
国内学界的一定关注,涌现出了一些成果。跨境民族如王思亓对樟
木镇夏尔巴人亲属网络和社会关系的研究,刘勇、纳森对达曼人族
际交往和身份认同的研究,周建新、杨静对达曼人认同重构的研究
等。④ 此外,由于尼泊尔"在吐蕃西"的地理特征,其整体的文化特
征也常被与藏地混同,即忽视其内部的多元性,将其视为"藏边社
会"的一部分。⑤

最后,学界也有一些尼泊尔民族相关的翻译作品、综述和书评见刊
或出版。尼泊尔相关的译文主要是国内学者对欧美学者作品的翻译,如
陈晋翻译了奥巴迪亚对尼泊尔人类学界的研究,徐大慰翻译的哈兰德对
东南亚尼泊尔移民的研究,周云水翻译了雷克斯对尼泊尔林布人社会变

---

① 《通典》卷一百九十《泥婆罗》。

② 王宏纬:《尼泊尔:人民和文化》,解放军出版社 2007 年版;王宏纬、鲁正华:《尼泊尔民族志》,中国藏学出版社 1989 年版;陈波:《山水之间:尼泊尔洛域民族志》,巴蜀出版社 2011 年版。

③ 满莹:《尼泊尔和喜马拉雅人类学评介》,《南亚研究季刊》1995 年第 2 期,第 69—73 页;胡仕胜:《尼泊尔民族宗教概况》,《国际资料信息》2003 年第 3 期,第 16—22 页;王云、洲塔:《对印度、尼泊尔藏人聚居区的人类学调查——以措班玛和保达纳斯为例》,《南亚研究》2009 年第 2 期,第 85—94 页。

④ 王思亓:《夏尔巴人"骨系"认同下的亲属网络与社会组织》,《广西民族大学学报》(哲学社会科学版)2015 年第 2 期,第 104—109 页;刘勇、纳森:《藏尼走廊吉隆沟达曼村人的族际交往与身份认同关系调查》,《中国藏学》2015 年第 3 期,第 138—147 页;周建新、杨静:《族群离散与认同重构——以中尼边境地区达曼人为例》,《广西民族大学学报》(哲学社会科学版)2012 年第 5 期,第 78—83 页。

⑤ 陈庆英:《关于"藏边社会"的思考》,《青海民族研究》2013 年第 1 期,第 74—75 页。

迁的研究。① 翻译著作较少。综述方面，有沈海梅对西方喜马拉雅人类学的评介，苏发祥对海外藏人社区的研究。② 书评方面，有刘志扬评论《珠穆朗玛峰上的生与死》，李静玮评论《仪式视角下的夏尔巴人》等。③

第三节　问题的提出

一　研究地点

本书的研究对象泰美尔区位于加德满都的市中心（见图 0-2），除了大量服务于游客的旅馆和餐厅，这里的商铺还经营来自尼泊尔乃至喜马拉雅各国的旅游纪念品。该区域原本是纽瓦尔人的聚居地。由于这一族群多生活在交通便利、商业发达的城镇，尼泊尔人类学家对其已有深入研究。④ 在泰美尔，随着游客数量的增多和集聚，现在这片区域逐渐由半世纪以前的单一族群聚居地转变成一片游客必经的旅游飞地。如同世界各地的"小东京""小印度""唐人街"一样，区域内不同国籍的外国人要远多于加德满都其他地区。区内的商铺经营者由尼泊尔人、印度人、中国人等不同国籍的族群构成，背后包含了复杂的民族关系与地域认同。商品贸易在这一区域很集中，因此其全球化程度比尼泊尔其他地区更高。由于经营各种廉价旅游商品，这里的全球化并非自上而下，而是有类于麦高登所论自下而上、低水平的

① ［法］莱昂内尔·奥巴迪亚：《人类学知识的"后殖民"争论中的信仰、科学主义、地方主义及模仿：以尼泊尔的人类学为例》，陈晋译，《学术研究》2011 年第 9 期，第 9—15 页；哈兰德：《跨国人口流动与族群认同——以东南亚的尼泊尔移民为例》，徐大慰译，《中南民族大学学报》（人文社会科学版）2007 年第 2 期，第 29—34 页；雷克斯：《尼泊尔林布族的社会变迁——喜马拉雅山地文化的女性视角》，周云水译，《西藏民族学院学报》（哲学社会科学版）2010 年第 1 期，第 20—25 页。

② 沈海梅：《西方人类学领域的喜马拉雅研究学术史》，《西南民族大学学报》（人文社科版）2015 年第 8 期，第 1—9 页；苏发祥：《论海外藏人社区的文化人类学研究及其特点》，《西北民族大学学报》（哲学社会科学版）2009 年第 6 期，第 67—73 页。

③ 刘志扬：《谢丽·奥特纳与〈珠穆朗玛峰上的生与死：夏尔巴人与喜马拉雅登山运动〉》，《西藏民族学院学报》（哲学社会科学版）2014 年第 2 期，第 81—85 页；李静玮：《仪式如何再造传统：读〈仪式视角下的夏尔巴人〉》，《世界宗教文化》2015 年第 3 期，第 133—136 页。

④ Gérard Toffin, *Newar Society: City Village and Periphery*, Lalitpur: Himal Books, 2007, p. 7.

全球化。[1] 泰美尔的文化意义和区域边界也是流动和不精确的，当然这并不意味着边界便失去了原有的重要性。相反，在测定边界的过程中，边界并不完全处在区域的外延之上，它们"弥散到许多地方，只要那里有人、信息和物品的流动"。[2]

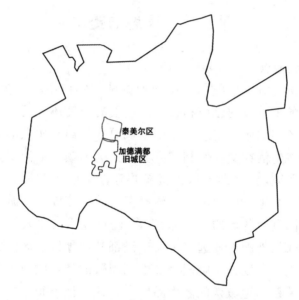

图 0 - 2　泰美尔区在加德满都的位置

资料来源：图 0 - 2 根据 google 地图绘制。

二　族性及其相关问题

在对泰美尔进行了初步了解之后，回到这项研究所研究的问题，即族性（ethnicity）上。由于这个社区中随处可见跨族与跨国式的交易及日常交往，区内的关系显得尤为复杂。这种复杂性与其范围内的时空交错的特征密不可分，不管是从时间还是空间入手，这里所呈现的情况都极其碎片化，犹如将尼泊尔所有的多元民族浓缩进了同一个狭小的时

① Gordon Mathews, Gustavo LinsRibeiro and Carlos Alba Vega, *Globalization from Below：The World's Other Economy*, 2012, London & New York：Routledge, pp. 4 - 5.

② Etienne Balibar and Erin M. Williams, "World Borders, Political Borders", *PMLA*, Vol. 117, No. 1, 2002, pp. 71 - 78.

空。另外，在观察其物品和人群的时候，他们所呈现出来的图景又有着各自的主线。这两类现象所呈现出的不同特征使笔者能初步把握这个社区的运作规律，并探讨族性的问题。

本书所使用的"民族"概念有两种意思：首先是整体性的尼泊尔民族，即前文的国族。这一概念有类于我国的"中华民族"，是对所有政治共同体成员的指称。第二类民族则是在人口普查时，对人口族属所进行的官方识别与分类。在尼泊尔语中，种姓用 Jat 表示，民族则是 janajati。同时，谈论原住民的时候，人们倾向于并列使用 adivasi janajati 二词，以区别于那些廓尔喀王国建立后进入尼泊尔的民族。① 在 2011 年尼泊尔全国人口普查报告中，种姓（caste）和族群（ethnic groups）两个英文单词被用来指代境内各类民族。② 相比民族的两种含义，族群概念较为宽泛，且具有收缩性。以弗雷德里克·巴特的定义为例，族群的特征包括生物上的自我延续性、文化形式上的统一性、具有交流和互动的领域以及被自我和他人所认可的成员资格。③ 尽管在普查中使用的是族群一词，但在尼泊尔语境之下，由于族群与种姓常常作为政党、文化组织等单位的构成基础，与国家政治直接相关，因此，以下在概念的翻译和使用上，以民族为主。

在 2011 年尼泊尔官方认定的 125 个种姓及民族中，包括 64 个本土民族，4 类山地种姓，④ 16 类达利特，40 类马德西民族，以及穆斯林。⑤ 比例上，人口最多的为刹帝利，占人口总数的 16.6%；其次为山地婆罗门，为人口总数的 12.2%；此外，较大的种姓和民族还有马嘉人（7.1%，属山地本土民族）、塔鲁人（6.6%，属马德西本土民族）、达

---

① Adivasi 意为本土的，janajati 多指非印度教的民族及信奉印度教但不属于种姓范畴的本土民族。

② Government of Nepal, *National Population and Housing Census* 2011. 2011 年为最新人口普查数据，在 2014 年特里布万大学社会学与人类学学院编写的《尼泊尔社会融合图集》中，126 类种姓和民族更为 125 类。

③ ［挪威］弗里德里克·巴特：《族群与边界》，高崇译，《广西民族学院学报》（哲学社会科学版）1999 年第 1 期，第 16—27 页。

④ Parbatiya，又为 pahadi，直译为山地的人。

⑤ *Social Inclusion Atlas of Nepal*：*Ethnic and Caste Group*，Central Department of Sociology／Anthropology，Tribhuwan University，2014.

曼人（5.8%，属山地本土民族）、纽瓦尔人（5.5%）、卡米（4.8%，属山地达利特）、穆斯林（4.4%）、亚达夫（4%，属马德西印度教种姓）和拉伊人（2.3%，属山地本土民族）[①]。

由于境内民族众多，对尼泊尔各民族的划分方法也颇为多样，以下介绍二分法、四分法、六分法三种。

（1）按尼泊尔各民族的亲缘性划分，最简单的分法是二分法，即按地理起源，将人们分为起源于山地的人（Pahadi，又称 Parbatiya）和起源于特莱平原的人（Madheshi）两类，其中，山地起源又可以分为加德满都谷地、喜马拉雅山地两类。

（2）比斯塔的分法是从北到南，将尼泊尔分为四个区域。使用藏语的蒙古人种生活在寒冷的第一区域，如夏尔巴人（Sherpa）；第二区域气候宜人，生活着使用藏缅语及印度—雅利安语的种姓和民族，如山地婆罗门（Bahun）、刹帝利及纽瓦尔人；第三区域在特莱平原和山地的交接地带，适宜居住的地区并不多，这里居民的起源和相互关系也较模糊；第四区域盛产各类粮食及经济作物，生活着使用印度—雅利安语的地中海人种以及蒙古人种的原住民，如塔鲁人（Tharu）。[②]

（3）在对地区和文化差异考虑更充分的情况下，尼泊尔的民族可分为以下六类：① 以尼泊尔语为母语的山地种姓。[③] ② 纽瓦尔人，在地理区划上同被划为源于山地的族群，但其成分极为复杂，人种特征上也同时表现出蒙古人种和雅利安人的特点。[④] ③ 以藏缅语系语言或尼泊尔语为母语的高山和山地本土民族，这类族群的蒙古人种体征较

---

① Government of Nepal, *National Population and Housing Census* 2011, p. 4.

② Dor Bahadur Bista, *People of Nepal*, Kathmandu: RatnaPustak Bhandar, 1967.

③ 包括山地婆罗门和塔库利（Thakuri），刹帝利为尼泊尔社会中的优势族群，传统职业为祭司、地主、士兵和警察等。此外，还有中等种姓森亚希（Sanyasi）以及地位低下的不可接触者（达利特），后者如铁匠卡米（Kami）、皮匠萨尔基（Sarki）及裁缝达玛依（Damai）等。

④ 对于纽瓦尔人是否应划为本土民族，尼泊尔学界存在争议，考虑到这一民族在加德满都谷地的经济与文化地位，此处将其单独列出。纽瓦尔人的形成起于马拉王朝以来加都谷地的民族融合，是尼泊尔社会中构成最为复杂的族群。该族群拥有自己的语言文字，即藏缅语系的纽瓦尔语（Newari）。其内部既有种姓制度，又有佛教和印度教的区分，其中种姓地位较高的有印度教的婆罗门，佛教的巴甲阿查亚人（Vajracharya）和释迦人（Shayka）等，其他大类包括以务农为生的贾亚普尔（Jyapu）、商人乌瑞（Uray）、不可接触者等。

为明显。① ④ 以北印方言为母语的特莱印度教种姓。② ⑤ 特莱地区的本土民族。③ ⑥ 其他民族，如穆斯林、锡克人（Sikh）和马尔瓦人（Marwari）。④

三　研究架构

什么是尼泊尔性（Nepaliness）？这个问题本身像是一个国民性研究的假设，就像本尼迪克特的《菊与刀》或是许烺光的《中国人的性格》。不过，笔者所观察到的尼泊尔性集中在属性特殊的泰美尔，而国民性的情境也被缩小到这一个区位概念上的单位。同时，人们在谷歌地图上所看到的区位范围也并未将泰美尔的边界限定死。这仅是加德满都的一个地名，但它更像布迪厄所定义的场域，人们将它与频繁发生的涉外商品交易相连，也是店主们和游客们打交道的主要场所。更精确地说，作为一个具体的市场，泰美尔是尼泊尔旅游场域中的中心纽带，它所连接的消费关系，在概念上就像是施坚雅所描绘的市场体系，以其为中心，可以辐射到加德满都谷地周边、尼泊尔全境、南亚以及全球范围的中心市场和次级市场。因此，后文所讨论的尼泊尔性既涉及了对尼泊尔人整体概念的抽象和总结，也是对全球化和流动性做出的回应。

本书分为三个部分：

第一部分的叙述是笔者对泰美尔现代性的观察。这两章都是以记叙式的行文作为第一节，分析式的行文作为第二节。首先，就学理而言，关于现代性的定义极为丰富，将时间和空间归入现代性的范畴，来源于

---

① 包括马嘉族（Magar）、达曼族（Tamang）、拉伊族（Rai）、古隆族（Gurung）、林布族（Limbu）、夏尔巴族（Sherpa）、车旁族（Chepang）、苏奴瓦尔（Sunuwar）、博提亚（Bhotiya）以及塔米（Thami）等。

② 包括婆罗门，属刹帝利的拉吉普特（Rajput），吠舍种姓的巴尼亚（Baniya），洁净的职业种姓包括农牧民亚达夫（Yadav）、蔬菜种植者库西瓦哈（Kushawaha）、园丁库尔密斯（Kurmis）、渔夫克瓦斯（Kewat）、陶工库哈尔（Kumhar）、制糖者哈尔瓦伊（Halwai）等。另外还有被视为不洁净，但可以接触的种姓，如从事贸易的卡拉瓦尔（Kalawar）、洗衣匠多比（Dhobi）、榨油工特里（Teli）。不可接触者则有皮匠查马尔（Chamar）、制篮匠杜莎达（Dushadh）、体力劳动者卡塔维（Khatawe）和穆萨哈尔（Musahar）。

③ 包括库马（Kumal）、马基（Majhi）、达奴瓦尔（Danuwar）、达来（Darai）、达奴卡（Dhanuka），另外还有人口比例较多的塔鲁人等。

④ Deepak Chaudhary, *Tarai/Madhesh of Nepal*, Kathmandu: Ratna Pustak Bhandar, 2011.

吉登斯和鲍曼对现代性的论述。在吉登斯看来，现代性的动力机制开始于时空的相互分离和重新组合，这种组合使得社会生活中的时间与空间被精确地分隔开来，而社会体系也因社会关系离开地域社会而出现了脱域（disembedding），从而使个体与社会都面临着不稳定的危机。[①] 同时，鲍曼也将现代性看成是时空分离的结果，将现代性划分成两个阶段，第一个阶段是重的、固化的阶段，第二个阶段是轻的、液化（liquefaction）的阶段。在第二个阶段中，他关注解放、个体性、时空、劳动和共同体这五个具有轻灵性和流动性的概念，以解释现代性如何打破传统，对尚存的制度进行解构，以重新制造新的秩序。[②] 其次，从个人角度而言，时间和空间两小节前的感性记述源于笔者生活于此的时空混乱感。这混乱感的主要原因，在于主客之间难以弥合的时空差异，这里的人群类别极为复杂，而泰美尔又并非一个能消解这种复杂性的宽敞空间，相反，其有限的面积承受了各种时空矛盾，但在不同的时间段和日期里，这些矛盾又会像月亮所呈现的周期性变化一样，不断地消消长长，令旁观者手足无措。因此，在谈论其他问题之前，笔者得面对这个令自己感到困惑的时空命题。只有这些疑惑被梳理清楚，笔者才能对各类人群在泰美尔所呈现出的多样化时空进行分析。

第二部分则是泰美尔流动性的研究。需要区别的是，这里的流动性（mobility），包含了鲍曼定义中现代性对自然速度的超越，但又并不仅是现代性概念之下的子集。确切地说，本书的流动性是在区域乃至全球化市场研究的语境之下，对族性的一个理解向度。在这一部分，笔者将通过对人与物的研究进行探讨。在讲述了时间和空间所表现出来的结构性互动之后，人群多样性的问题已经浮出水面。在族性的动力机制上，时空所提供的思路总是有限的，它虽然可以使区域内部存在于日常生活中的矛盾与混沌感得到结构化的答案，却使内部与外部的关系变得杂乱无章。相比之下，在处理流动性的问题上，人与物才是更好的线索，因

[①] ［英］安东尼·吉登斯：《现代性的后果》，田禾译，黄平校，译林出版社 2000 年版，第 14 页。

[②] ［英］齐格蒙特·鲍曼：《流动的现代性》，欧阳景根译，上海三联书店 2002 年版，第 1—22 页。

为人群和物品总是和那些隐性的动力，即资本、市场、生产、消费相连。为了完成这一章，笔者调查了不同类别的商铺和产业，包括金银饰品、唐卡、户外用品和菩提。这些都以各自不同的方式将泰美尔与世界相连，并在改良的基础上反映了尼泊尔的文化传统。最终，笔者选择了菩提作为讨论的重点，因为菩提不仅反映着中国人给市场带来的巨大变化，其产业的整体运作也与不同群体的族性密不可分。从操作的角度上看，这类商品的变化开端也与笔者 2012 年进入田野的时间点相符，因此，能够较为完整地观察到其价格波动和经营的人群，这对市场的研究总归有帮助。

第三部分是关于族性的探讨及结论。在市场里谈论这一话题，存在着将族性纯粹工具主义化的可能，但泰美尔并没有在消费主义的规训中变成绝对理性的经济人，相反，文化和政治共同体上的原生性依然通过人们的日常商业实践发挥着重要作用。这一部分里，笔者用了一个小节，说明民族—国家关系的百年变迁及尼泊尔民族概念的历史内涵。对进一步的探讨而言，这种对比式的处理是必要的，因为尼泊尔的整体民族结构和泰美尔之间存在较大的差异，那些没有进入泰美尔民族结构却在人口中比例较大的民族，他们可能并不以加德满都谷地为经济活动的中心，或者在旅游商品市场中因长期的经济弱势被进一步边缘化。更重要的是，从时间的临时性来看，前一章对现有民族结构的剖析仅是泰美尔流动过程中的一个切面，对于这一区域的理解依然需要放进国家发展和民族史的背景中进行考察。

作为政治共同体，尼泊尔人由于其内部的多元化而显得尤为复杂。在当下，重新思考比斯塔的单数的"尼泊尔人民"（People of Nepal）变得颇为必要，因为尼泊尔内部已经产生了几股由来不同的民族主义，且在社会上表现活跃。旧式的帝国逻辑，即驱逐少数派，使民族疆界与国家疆界合二为一的做法显然已经不适用于当下的世界秩序。即便巴基斯坦从印度的疆域中分离出来，孟加拉国步其后尘，成立另一个独立的国家，然而，在印度，穆斯林和印度教徒之间的冲突并没有消失。而那些身处地方的少数群体，印度各地的尼泊尔人、泰美尔人、锡克人，都存在着内部的民族主义和族群认同。回头看尼泊尔，其政治共同体的建构自一个多世纪以前就已经开始，然而，在进入民主共和阶段后，人民内部的民族矛盾非但没有随着世俗化的演进而减弱，反而明显增强了。

　　在现代语境下，由于其适用范围的伸缩性，族性被广泛地纳入关于民族问题的讨论中。不管是从全球化集市的角度还是从旅游业的现代性而言，在以往关于民族经济的研究中，都可以看到这种关联的普遍性。可以肯定的是，像其他的市场一样，在泰美尔这个时空情境中，原生的族性将通过个体的际遇而发生变化，而在尼泊尔人的共同体内部，族性也会在生产与消费的动力之下，表现出相互区别但有迹可循的变化趋势。① 综上，关于尼泊尔族性的问题，将基于现代性和流动性的研究，在结论章中进行具体讨论。

----

① 王敏：《"巴扎"（集市）里的族性认同与认同变形》，《新疆大学学报》（哲学·人文社会科学版）2012 年第 11 期，第 65—68 页。

第一章

空　　间

第一节　空间速写

一　空间历史

（一）泰美尔的诞生背景与文化想象

1. 诞生背景

释迦牟尼诞生于尼泊尔，尼泊尔的宗教艺术对西藏中部的艺术影响也颇为久远。关于两地的交流，史上有丰富的文献记载，而流传民间的故事则别有一番韵味。如在一则关于光明神节（Chakandeo Jatra）① 的起源传说中，作为商人的主人公辛哈（Singha Saratha Bahu）将远方的拉萨视作一个住满妖魔鬼怪的城市，当他随着同伴的脚步来到拉萨，他发现尼泊尔商人们都被拉萨美丽的姑娘们所迷惑。其后，怜悯之神②告诉辛哈，他和同伴们的爱人都是女妖变的，只要他们变得足够肥胖，她们就会计划把他们吃掉。作为对商人求助的回应，神安排了一匹巨大的白马将他们接回加德满都，并提醒他们不能回头。但是爱人们的呼唤如此凄凉，商人们不由自主地回过头，想看他们的爱人最后一眼。结果他们掉下了白马，被长发的拉萨女妖吃掉了。只有注目于前方的辛哈幸免于难，并被人们推举为泰美尔区的领袖。故事并未止乎于此，有一天，辛哈的西藏爱人女妖贾提卡（Jatika Ajima）跑到他家门口，请求他让她进门。被商人拒绝后，这个女妖化身的姑娘跑到泰美尔区的头人那里

---

① 这一节日名为纽瓦尔语，Chakan 意为明亮的，deo 为神明，Jatra 是节日的意思。

② 怜悯之神，Karunamaya，即纽瓦尔佛教徒供奉的观音，又译作慈悲幻人。

去告状，借此住在了头人那里，并召集来自西藏的女妖们，要将头人一家吃掉。听闻此事，辛哈拿着他的剑，借助怜悯之神的力量将她们赶出了加德满都。因此，辛哈赢得了泰美尔区居民的拥戴，受到如同国王一般的尊敬，并最终被神化，成为神龛中的辛哈佛（Singha Saratha Buddha）。

见诸记载的故事还有其他的版本，有的把泰美尔的头人换成了国王；有的写道，辛哈用那把带有神力的剑杀死了女妖。尽管一些人讲述的故事版本中并未提到这些细节，甚至也未将辛哈的西藏爱人归为女妖，但对于这位女性的负面描述普遍存在于口头传说中。在有的版本中，辛哈一开始并不相信神明的警示，直到他看见爱人的脚趾与脚后跟是倒置的，才对她的女妖身份确信不疑。还有的版本提到，辛哈曾经询问他的西藏爱人，是愿意在他之前用餐，还是遵守尼泊尔女人的规矩，食用他吃剩的饭菜。不懂规矩的外国女人选择了在丈夫之前进餐，结果，作为惩罚，她只能食用从锅里溢出来的煮饭水。即便是今天，处于普拉丹家神庙（Bhagwan Bahah）之外的小神龛里，这个外地媳妇也只能接受煮饭水的供奉。

撇去种种细枝末节，这则故事中，尼泊尔人（纽瓦尔人）与西藏人之间的界限分明，反映了过去弥散在尼泊尔民间纽瓦尔商人们能否成功回到故里的危机感。故事里的寺庙——普拉丹一族的神庙，而今依然在繁华的市井中接受香火熏陶。老人们回忆，在 20 年前，出于对女妖自空中袭来的恐惧，这里的人们还倾向于修建封闭的屋顶和避免阳台的设计。而今，加德满都的都市化和多元化冲淡了周边新建建筑的纽瓦尔风格，"来自西藏的女妖"也似乎已经没有过去的恐怖警示力。一些尼泊尔商人旅居西藏，学会藏语，和藏族女人结婚，成了半个西藏人。即便是成为神明的辛哈，或许也想不到，在尼泊尔国门向世界开启之后，故事中他居住的泰美尔，会成为不同国度人们的暂居之所。

尼泊尔境内，早期的旅游活动多可归入朝圣旅游、商务旅游和外交旅游。作为宗教朝圣者的目的地，尼泊尔的旅游活动自古即有之。许多身为佛教徒的中国人与印度人来到尼泊尔，即是以去蓝毗尼朝圣为目的。印度教教徒多来自印度，他们的朝圣目的地集中在兽主庙①（Pash-upatinath）、穆克蒂纳特寺（Muktinath）等印度教寺庙。除了与周边国家的商贸往来，为了维护相互之间的友善关系，尼泊尔境内政权与周边国家的外交活动也多见记载。

18 世纪，廓尔喀王国的第十代君主普里特维·纳拉扬·沙阿（Prithivi Narayan Shah）统一了尼泊尔。他对商人和传教士抱有极强的戒备心理，其言论诠释了他对这些人的揣测和态度："在他们进行贸易的同时，他们会带来圣经，而在带来圣经的时候，他们还会带来刀剑"，"我们不能让那些印度商人入境，他们会让我们的人民变得贫困"。普里特维更广为人知的一句话来自其对国家位置的表述，也解释了以上言论的时代背景："尼泊尔就像是两块岩石间的一枚山药。"② 为了防止国家受到外来力量的侵扰，他不仅限制国家的对外贸易，还阻止印度商人进入尼泊尔境内。贸易之外，他认为其他国家会通过各种各样的伪装来侵略尼泊尔，在其眼中，那些来自异域的音乐、美术等各种艺术形式都象征着亡国之难。

因此，1951 年前，尼泊尔一直是旅游者们无法抵达的目的地。只有由统治者邀请的人才可以访问尼泊尔。希望来尼泊尔的人需要获得由尼泊尔政府颁发的签证，而申请者的详细陈述将被直接交由总理处理，在得到总理许可后，签证才会发放下来。尽管在英国入侵和拉纳家族统治期间，尼泊尔政府丧失大量主权，面向英国人的签证政策有所松动，但由于缺乏旅游活动必需的基础设施，旅游业尚处在休眠状态。如1815 年赛高利条约（Sugauli Treaty）制定后，一名英国公民被指派到加德满都。但不管是这个英国人还是其下属，他们在尼泊尔的活动范围都极其有限。在此情形下，仅有几位植物学家和博物学家如布里恩·霍金森（Brian Hodgson）和约瑟夫·胡克（Joseph Hooker）曾经在此旅行。对于生在本国的尼泊尔人来说，境内的旅游也并不容易实现，如在进入加德满都之前，来自特莱平原地区的人们需要获得政府许可，而这一许可通常都只有七天。此外，在特定的印度教节庆期间，印度人可以在未

---

① 兽主庙又称烧尸庙。
② John Whelpton, *A History of Nepal*, Cambridge: Cambridge University Press, 2005, pp. 37 – 39.

获许可的情况下进入加德满都。包括尼泊尔人在内，所有进出加德满都的人都必须进行一系列行李检查。①

（1）20 世纪 60 年代以前

从旅游资源开发的角度来看，尼泊尔旅游的吸引力主要反映在独特的自然景观，即从谷地到山顶对比鲜明的诸植被带，以及喜马拉雅山脉南麓众多高峰上终年不化的皑皑白雪。而最吸引西方世界眼球的，则是在经历了重重困难后，征服高高在上的珠穆朗玛峰。1951 年，拉纳家族的专制统治被推翻后，特里布万国王（King Tribhuvan）颁布了君主立宪性质的临时宪法，一系列的社会变迁随之而来。与此同时，在珠峰登山热的影响下，西方媒体开始对笼罩在神秘面纱中的尼泊尔产生兴趣。有学者将 1955 年视为尼泊尔现代旅游业的开端，当时，由现代旅游业之父托马斯·库克创建的旅行社组织了首次前往尼泊尔的团队旅行。②

由于前述阶段中种种对于旅游业的限制政策，在 1956 年第一个五年计划以前，国内居民对于外来游客的态度依然十分保守。这种情况体现在东道主与游客之间的交往细节上，如在本地人看来，外国人与种种禁忌相连，他们不能与之同坐一张桌边，不可分食一个碗中的食物，也不能食用由外国人所烹饪的食物，这导致来到尼泊尔的游客只能自己烹饪，或是带上一位专门为其准备食品的厨子。第一个五年计划将旅游业的发展提到了重要的位置——为推进相关产业的发展进程，政府设立了单独的旅游部。此外，1958 年，外国货币兑换制的实施也使得美元、英镑等货币能在国内被换成本地通行的货币，这大大便利了尼泊尔的外国游客。总体来说，嬉皮士们到来之前的尼泊尔依然是一片外国游客眼中的神秘净土，人民的友善和淳朴增添了这片土地的吸引力，同时也使得她作为文化殖民地的可能得以提升。

（2）嬉皮士的 20 世纪六七十年代

冷战不仅改变了东南亚诸国的面貌，也在美国的青年文化中产生了

---

① Diwaker Chand, *Nepal's Tourism Uncensored Facts*, Varanasi/Kathmandu: Pilgrims Publishing, 2000, p. 11.

② Sanjay K. Nepal, "Tourism in protected areas: The Nepalese Himalaya", *Annals of Tourism Research*, Vol. 27, Issue 3, July, 2000, pp. 661 – 681.

深远的影响。不管是曾经参战，在战争中遭到敌方伤害的前士兵，还是那些在国内抗议将服兵役作为一项公民义务的学生，战争对他们的影响都有迹可循。在现实影响下，许多人走向了彻底的逃避主义。此时，功利和现实对这些年轻人而言已无足轻重，他们注目于个人的内心平静，并试图达到"涅槃"（Nirvana）。不过，和宗教学意义上的涅槃不同，嬉皮士们虽然生活简朴，但在行为方式上并不具备太多规训和戒律带来的种种拘束；相反，他们拒绝融入社会主流文化，放浪形骸，并欲借此回归到接近纯真人性的简单生活。

之于 60 年代初期的尼泊尔，嬉皮士们则导致了社会中种种不稳定因素的增长。现今加德满都杜巴广场附近的怪人街（Freak Street）即当时嬉皮士文化的遗存，古怪的街名影射了当时街头嬉皮士接踵而至的景象——大多嬉皮士会选择住在租金便宜的怪人街，这样他们便可以凭着不多的盘缠在当地停留较长时间。"怪人"很好地概括了嬉皮士身上的特点，他们常常表现得像流浪汉一样，又试图以种种看上去与众不同的行为彰显自己与周围环境的格格不入。显然，对一个长期保持封闭和传统状态的国家而言，这些行为不仅有违常理，且怪诞不堪。

（3）旅游业的规范化（20 世纪七八十年代）

尼泊尔旅游业前期的发展路径可从其五年计划中得见一二：第一个五年计划始于 1956 年，其间，尼泊尔建立了旅游相关的部门及旅游信息中心；第二个五年计划致力于旅游部门和相关活动的制度化与规范化；第三个五年计划期间，《旅游业法令 2021》首次颁布了将旅行社等级合法化的制度，同一时期，尼泊尔亦试图保障本国在一些国际性旅游机构中的成员身份，如 IUOTO、PATA 以及 ATS 等；第四个五年计划以促进旅游业活动及发展区域多样化为目的。随着旅游业的规范化，截至 1975 年，当年来访尼泊尔的游客数量达到了 92440 人次。[1]

另外，尼泊尔旅游部及国家的总体规划（the Master Plan）对本国旅游起着交互性的促进作用。其中，旅游部所负责的项目主要围绕尼泊尔旅游的国际化营销、旅游信息中心建设以及提升劳动力质量等。总体规划所承担的项目则以改善旅游业环境为主要目标，具体而言，总体计

---

[1] Nepal Tourism Statistics，1997，p. 19.

划着重改善尼泊尔旅游景点和相关设施的质量，如改进文化类展览、景点以及旅社的基础设施，以吸引更多的游客。总体规划还制定了一系列的景点旅游线路，其中一些如从巴德岗到纳加阔特的路线至今依然为游人们所青睐。①

尼泊尔历史悠久的文化亦逐渐焕发出吸引力。在 1979 年世界文化遗产委员会的第三次会议上，加德满都谷地被正式列入《世界文化遗产名录》。作为一处区域性的世界文化遗产，加德满都谷地囊括了七处历史遗迹：①以加德满都皇宫广场为中心的哈努曼多卡杜巴广场区域；②帕坦市覆盖市区面积 1/5 的杜巴广场区；③包括三个核心广场和相连接的巴德岗杜巴广场区；④包括佛寺及其周边区域的斯瓦扬布寺区；⑤围绕环城路（Ring Road），拥有一座庞大佛塔的博达区；⑥位于巴格马蒂河畔，以规模庞大、结构复杂的印度寺庙而闻名的帕斯帕提纳区；⑦包含一座山顶寺庙及其周边村庄的昌古纳拉扬区。②

作为世界文化遗产，加德满都谷地的历史遗迹区从种类上丰富了尼泊尔的世界级旅游产品，但也意味着尼泊尔需要进一步加强对于遗产的保护和维修工作。另外，由于历史遗迹的分布集中在谷地三大城市（加德满都、帕坦和巴德岗）覆盖的区域，三大市区中方便游客游览历史遗迹，并提供各种服务的商店也逐渐增多。而多数旅行社都会将七大历史遗迹纳入其旅游产品当中，并作为常规的经典线路进行推广。

（4）经济自由化（20 世纪 90 年代至今）

90 年代初，随着经济自由化相关条例的实施，更多的外来资本通过新的优惠政策被吸收进国内，这给本地企业敲响了警钟。过去，外国的投资者仅允许持有 49% 的公司股份；新形势下，政府则鼓励外国投资者与本地人合作，并允许完全由外国人控股的企业进入市场。

作为新经济政策的衍生物之一，国有企业的私有化进程也日渐展开。宽松的政策下，不少嗅觉灵敏的国际连锁酒店如丽笙（Raddi-

---

① Y. B. Malla, "Changing Policies and the Persistence of Patron-Client Relations in Nepal: Stakeholders' Responses to Changes in Forest Policies", *Environmental History*, Vol. 6, No. 2, Special Issue, Apr., 2001, pp. 287 – 307.

② Kathmandu Valley World Heritage Site, UNESCO, 1999, p. 9.

son）、凯悦（Hyatt）和美丽殿（Meridien）等，迅速进入尼泊尔的酒店市场。[1] 另外，由于启动资金少，市场需求日渐增长等因素，一些民间资本涌入旅游业，尤其是酒店业当中。一些加德满都之外的地区也迎来了酒店建设之春，其中包括博卡拉（Pokhara）、拜拉瓦（Bhairawa）等地。1990 年 1 月，特里布万国际机场航站区竣工。新航站楼使得机场拥有每小时上千人次的接待量，并保证了未来航线拓展的设施需求。这不仅显示着旅游业发展的旺盛后劲，也意味着更广阔的区域将被纳入尼泊尔旅游的诸多线路之中。

虽然旅游业具有内在的运作脉络，但其发展走向显然与社会的其他方面有着诸多联系。一方面，沿袭着前述的脉络，尼泊尔旅游依然在种种机会中寻求生存；另一方面，尼泊尔国内不稳定的局势也对旅游业产生了许多负面影响。以罢工为例，在政局更替下，这一时期发生在加德满都的罢工频度十分密集。由于在罢工日各种交通工具都处于停运的状态，在此期间抵达加德满都的旅人常常遭遇无法从机场前往市区的不便。此外，游客们还可能会遭遇满街情绪失控的罢工者。同时，尼泊尔政局动荡对旅游业的间接影响要比其直接影响更为糟糕。国外媒体对相关暴力事件的报道通过电视节目和网络媒介传播到世界各地，导致尼泊尔成了游客眼中的危险地区。王室惨案、反动武装、罢工游行……种种因素使得外国游客数量大为减少，1993 年到尼泊尔旅游的游客总人数便从前一年的 334354 人次下降到 293567 人次。[2]

2. 文化想象

（1）东西方眼光的交汇

20 世纪 60 年代始，来自欧美国家的嬉皮士们穿着喇叭裤和夹板拖鞋，怀揣对于现实的不满，开始了长期的旅行，并在一路途经的诸多国家留下了漂泊者的印记。他们在体验与漂泊的生活中形成了一条经典的东方旅行线路，即从土耳其开始，途经伊朗、阿富汗、巴基斯坦和印度，并以尼泊尔作为旅行的终点站。

---

[1] Diwaker Chand, *Nepal's Tourism Uncensored Facts*, Varanasi/Kathmandu：Pilgrims Publishing, 2000, pp. 82 - 84.

[2] Nepal Tourism Statistics - 1997, p. 23.

1968 年，披头士乐队的到访也为这条线路增添了一些摩登色彩。这一条线路意味着从欧洲边缘到世界之巅的漫长旅途，中间跨越了 1 万公里的路程，六个国家和伊斯兰教、印度教和佛教三种迥异于基督教的三大宗教文化区。在经历了长途旅行的劳顿后，不少嬉皮士在尼泊尔的加德满都与博卡拉等地做长期的休整和逗留，给地方社会带来了一股思想、观念和生活方式的文化冲击。

20 世纪 70 年代中期，尼泊尔的学术界兴起了关于旅游之社会文化影响的论争。对旅游业的影响持反对态度的学者认为，旅游者不务正业的生活态度和从西方带来的价值观给经济发展相对滞后的地方社会带来了许多冲击，这表现在对地方文化的亵渎（profanation）、物质主义（materialism）和文化上的种种负效应（fallout）。[①]

和西方的嬉皮士不同，来到泰美尔的中国人中，许多人对这条穿越亚洲的黄金线路毫无概念。一些阅历较浅的背包客甚至在到了西藏后才发现世界上有尼泊尔这个国家，而且"它离西藏这么近，可以顺路来一下"。更极端的异域想象也时常可见，尤其是在年龄较小的背包客中间，"异国"并不是他们旅程中应该考虑的目的地，曾有尚未成年的背包客对笔者描述自己在传闻中听到的尼泊尔，认为"那是一个危险的地方，只要离开了中国去了那里，就再也回不来了"。[②]

经验丰富的"老驴"们则没有这么多的顾虑，从边境口岸樟木到尼泊尔首都加德满都仅有 90 公里，而从释迦牟尼诞生地蓝毗尼到印度教圣地瓦拉纳西也不过 300 公里。从家乡到西藏，再到尼泊尔、印度，远至斯里兰卡，或是转机前往泰国，这条线路基本可以涵盖大多数中国背包客的选择。[③] 在尼泊尔之后，大多数背包客将选择回到中国，而不前往印度。这种路线的选择性与背包客从媒体上所接受的信息有着诸多关联，由于新闻报道中常常出现有关印度的负面新闻，一些背包客表示，可能这辈子都不会去印度。还有一些背包客为了去印度而焦虑于旅

---

① Yajna Raj Satyal, *Tourism in Nepal*, New Delhi: Adroit Publishers, 1999, p. 101.
② 根据 2012 年 8 月的访谈记录整理。
③ 也有预算较为宽裕的背包客选择从加德满都飞往欧洲或者非洲国家，这类样本的数量极少，基本可以算作特殊的例子。

伴的缺失，一位背包客曾经在三天内每天向别人咨询最近是否有人想去印度，因为他非常想去，却又为其负面新闻感到焦虑。

（2）游客观点与东道主观点

对消费者而言，泰美尔虽然混乱拥挤，却是一个极富诱惑力的市场，将其比喻成加德满都的消费天堂绝不为过。从穷尽奢华的高级宾馆、颇具特色的家庭旅店，到简朴廉价的旅店，旅人们能够在这个区域内挑选到合乎期望的住所，可以自己设计绣有本地特色图案的纪念 T 恤，购买一条来自克什米尔地区的围巾，或者为第二天的徒步准备一些必要的装备。

这里的餐厅也能够迎合大多数人的口味，除了满足外国人猎奇需要的尼泊尔餐厅，那些随处可见的中国餐厅、意大利餐厅和日本餐厅也意味着，人们能轻松地找到自己喜欢的风味。另一个便利还源自这里的人们，他们大都能熟练使用两种以上的语言，这意味着消费无须花费过多气力进行沟通，比起阿山市场里那些忙于招揽本地人的店主，他们会想尽办法吸引到外地消费者的注意，再尝试用各种语言和他们沟通。

相比游客心中背包天堂一般的泰美尔，本地人却对泰美尔持有不一样的看法。年轻人们将这里看作时髦的休闲场所，精明的商人在这里购买廉价的物品，对于不曾走出国境的尼泊尔年轻人而言，这里就像一个有趣的人种大观园，到处都是打扮奇异语言陌生的外国人。

同时，这里也是个臭名昭著的地方。一名尼泊尔商人认为，泰美尔是加德满都治安最糟糕的地方之一，时常发生一些犯罪事件。除了尼泊尔媒体披露的毒品经销和暴力事件，这里也存在贩卖人口和嫖娼的问题。和本地人比，销售给外国人的毒品能够赢取更大的利润。满街有钱的外国人引来了不少嗅着猎物气味而来的小偷。在脱衣舞吧和本地舞蹈秀的场子里，不少女孩是从乡下被拐卖而来，而混迹酒吧和赌场的女孩中，也混杂着来自本地、印度以及其他国家的妓女。据尼泊尔媒体的报道，泰美尔还是地下军火的交易中心，由于印、尼两国边境管理较为松散，从印度北方邦和比哈尔邦等地出发的军火，很容易可抵达泰美尔，并在此被出售和用于犯罪活动。因此，尼泊尔警方对泰美尔给予了高度重视，每天晚上，在纳新集市（Narshingchowk）至特里德维路（Tridevi Marg）一带，都会停留数辆满载武警的警车。警察在街面巡逻，并在四处的旅店和餐厅走动和盘问，以试图发现犯罪行为和维护这里的治安。

将本地人描绘的泰美尔翻转过来，却是外国人所期待的另外一面，因为不管是纪念品、洗衣服务，还是毒品、性服务，都不过咫尺之遥。"在这个加德满都消费最高的地方，我可以买下所有想要的东西。"一位来自德国的旅人谈道，"在泰美尔，我是个很有钱的人，那些卖老虎油和索伦琴的小贩孜孜不倦地追随着我的步子，他们的热情和坚持让我感到疲倦，也使我充满优越感"。他所描述的是所有旅客都会在泰美尔遇到的情形，同时也反映了前述事件中主客之间普遍存在的不平等现象。作为一个自相对富裕国家而来的公民，这里物价低廉，各种越轨式消费唾手可得，常常让他们生出高人一等的错觉。

（二）泰美尔的兴起

沿着尼泊尔旅游业发展的过往探究，泰美尔发展的路径亦有迹可循。泰美尔这一名字，即 Thamel，源于纽瓦尔语 Thabahil，由 Thane 和 Bahil 两个词组成。Thane 在这里的意思是"上面的"，而 Bahil 则是寺庙之意，由于区内的普拉丹神庙位于加德满都旧城以北，故为"上面的寺庙"。1951 年，在拉纳王朝的专制统治被推翻后，其他族群开始进入加德满都谷地，同时，敞开大门的尼泊尔也迎来了来自世界各地的游客、学者、冒险家和嬉皮士。在嬉皮士们占领怪人街的初期，泰美尔还并非一个足够热门的区域。游客多选择有不少廉价旅馆的怪人街，即始于巴山塔普尔广场（Basantapur），与泰美尔临近的约其尼（Jochne），其后才以加德满都旅社（Kathmandu Guesthouse）为中心，渐渐形成新的游客区。

对于这种变迁的缘起，泰美尔的人们给出了两种解释。一种是位于区内的加德满都旅社。这一家旅店提供的优质服务吸引了许多游客的入住和回访，以其为中心，逐渐形成一个设施完善、服务齐全的社区。城市旅游服务中心的转移时间并不长——加德满都旅社始于 1967 年，而在 1978 年版的尼泊尔旅行指南中，泰美尔便已经作为廉价旅社的聚集中心，在住宿区域的分类下被单独列出，加德满都旅社也已经成了一晚难求的热门旅馆。这一版指南的作者认为，泰美尔正在向"高端怪人街"的模式发展，区内不仅有许多比怪人街好的餐厅，还有不少户外用品的租赁与零售商店。① 尽管已经可以在推荐餐厅中看到 KC、Utse 等泰美尔老牌餐厅，但这一时期，泰美尔作为旅游纪念品中心市场的地位还没有完全巩固。以 1978 年的指南为例，在纪念品购买一节中，作者建议人们在提米镇（Thimi）购买面具，在巴德岗、因陀罗集市（Indra chowk）购买手工毛线帽子，在博达佛塔购买藏式工艺品。除了这些地点，被列入购买地的还有怪人街、新街、阿山市场，唯独没有现今已成购物首选的泰美尔。②

另一种解释是，随着毒品贩子的猖狂和乞讨的盛行，怪人街渐渐地不被旅人所青睐，考虑到安全问题，那些非嬉皮士的游客也开始寻找其他的廉价住宿地。从时间点上看，怪人街的繁荣时期是 20 世纪 60 年代到 70 年代，其作为旅游纪念品中心市场的地位要早于泰美尔。尽管追求经济的游客们并不喜欢这里，但在这一时期，大量的商店聚集于此，出售服装、二手登山用品、藏式工艺品、木板画等尼泊尔纪念品，使其成为一个重要的旅游集市。直到 70 年代末 80 年代初，怪人街在纪念品集散中的中心位置，才因泰美尔的兴起而逐渐衰退。③

怪人街的没落

正如嬉皮士这个词语本身的复杂属性，除了作为一道怪异的风景出现在城市街头，他们还给尼泊尔的年轻人们造成了许多负面的影响。其中，最为人们所诟病的是毒品的使用。尽管印度教徒有使用大麻以辅助冥想的传统，但大量嬉皮士的涌入进一步推广了毒品的使用。大麻是一个典型的例子，在人们意识到其经济价值之前，它只是像野草一样恣意生长在荒野之中。而在嬉皮士消费的推动下，一些尼泊尔山区开始大量种植大麻。作物类型的转换与那些毒品贩子的活动不无关联，他们花钱买通了土地所有者，并将大麻输入尼泊尔市区，供嬉皮士们享用。

---

① Prakash A. Raj, *Kathmandu & the Kingdom of Nepal*, Melbourne: Lonely Planet Publication, 1978, p. 52.

② Ibid. , pp. 62 - 70.

③ Prakash A. Raj, *Kathmandu & the Kingdom of Nepal*, Melbourne: Lonely Planet Publication, 1983, p. 79.

　　因此，在这一时期的怪人街，人们可以买到各式各样为嬉皮士准备的毒品。从印度大麻到纯度极高的可卡因，种类之齐全，交易之自由，使尼泊尔成了瘾君子们的天堂。在尼泊尔，尤其是市区，少年儿童作为毒品中介的情况广泛存在，这使得介入其中的儿童偏离了原有的人生轨迹，沦为这一产业的一分子。

　　据老人们回忆，半个世纪前的怪人街，商店里供应各种各样的毒品，街上满是装束怪异的嬉皮士和乞讨者。有的乞讨者并非被动地躺在地上等待施舍，而是像强盗一样，会对新来的旅客进行强行勒索。出于安全考虑，不少游客开始寻求怪人街之外的住所，加上加德满都本身的城市扩张等因素，老城区的怪人街渐渐没落，还未受嬉皮士文化入侵的泰美尔则逐渐发展起来。①

　　另一个可以确定的问题在于，作为加德满都旧城区的一部分，布满老房子的怪人街已经很难再承担下更多的新商铺、旅店和餐厅。因此，主要面向游客的旅店和商店需要寻找一个位于周边的新据点，在这个过程中，位于旧城之外、尚未得到充分开发的泰美尔成了新的中心（见图 1 – 1）。

　　同时，泰美尔也承载了不同群体在城市中打拼的历史。在西藏移民的回忆中，泰美尔曾是不少流亡藏人的居所，二三十年前，这里的唐卡店和藏毯店随处可见。如今，虽然能在区内找到这些人，但其店铺已没有那么密集。富商们的回忆当中，泰美尔曾是一个危险的地方。人民战争时期，毛派游击队实施武装斗争策略，时常在夜晚蒙面出现，并向其索要保护费。一位富商谈到，折合成人民币，他该时期损失的财产达到二十几万元。由于索费者常常手持武器，许多人无奈就范，但依然有人对这类敲诈做出了反抗。此外，在小商户的回忆中，毛派的活动对他们几乎没有影响，因为那些人很清楚该向什么人要钱，他们开出的金额也是由经营者的经营规模决定，较大的经营者可能会遭到非难，小本生意反而不会有太大损失。除了前面提到的罢工，毛派对泰美尔最突出的影

---

　　① Joel M. Jutkowitz, Hans Spielmann, Ulrich Koehler, Jagdish Lohani and Anil Pande, "Drug Use in Nepal: The View from the Street", *Substance Use & Misuse*, Vol. 32, No. 7 – 8, 1997, pp. 987 – 1004.

响还表现在其宵禁政策。这一政策直接导致了泰美尔区不少酒吧的关闭。这一时期，泰美尔的夜生活失去了光彩，深夜，这里和其他地方一样宁静。

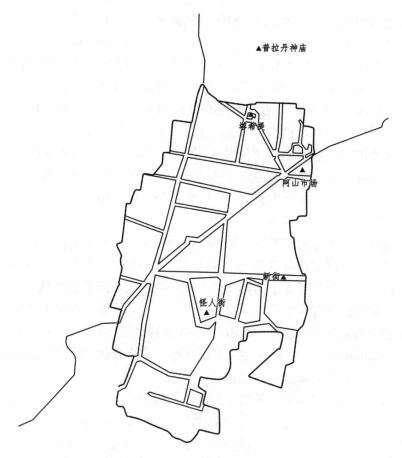

图 1 – 1　1979 年的泰美尔与旧城区

资料来源：根据 Mary Sherpherd Slusser, Nepal Mandala, Volume 2 : plates, Kathmandu : Mandala book point , 1998, map 7 绘制。

（三）流动的边界

从地图的范围来看，泰美尔似乎是一个固定的区域概念。然而，其空间所承载的活动不仅辐射到周边的社区，也连接了来自全球各地的游客。[①] "泰美尔"（Thamel）的概念包含三个方面。首先，对出生于泰美尔的纽瓦尔人来说，"泰美尔"的中心是在普拉丹神庙（Bhagwan Bahah）一带。这一处寺院是泰美尔的地名源起，纽瓦尔语"Thabahil"即"上面的寺庙"。[②] 其次，于大多数尼泊尔人而言，这一地名就是指以游客为中心的一个商业服务网络。从游客角度来看，这一地名具有广义与狭义两重含义。狭义上，以加德满都旅馆（Kathmandu guesthouse）为中心的小范围街区才算是泰美尔；广义上，面积更大的"大泰美尔"（Greater Thamel）范围包括了这附近三条南北向的主街及由此辐射出的东西向街道。[③] 最后，在近年的旅游攻略和地图中，这一地名所代表的区域呈现扩张势态。过去"小泰美尔"的图示已取消，统一代之以宽泛意义上的"大泰美尔"（见图 1 - 2）。[④] 对以游客为服务对象的商户而言，身在"泰美尔"便意味着身处国际商业环境之中。因此，即便一些商铺在这一区域严格意义上的边界之外，店主描述店址时也会声称自己的商铺"位于泰美尔"。

因此，与本地居民不同，游客眼中的泰美尔，并不是以普拉丹神庙为中心，而是以加德满都旅社为中心的。在 1992 年版的《孤独星球》旅行指南中，严格意义上的泰美尔仅限于这家旅店附近的区域，和今日的泰美尔地图比起来，大概只有如今的 1/4。大范围的泰美尔则包括周边的普拉丹神庙、加雅塔（Jyatha）、帕克那乔（Paknajol）和切特拉帕提（Chetrapati）等路段。过去，"距离加都旅社只有五分钟"是这附近店主常常引以为自豪且挂在嘴边的口号。

而今，泰美尔最繁荣的商业范围已扩展到三条街上，因此，这一位置的中心地位有所淡化。即便严格意义上并非泰美尔范围内，泰美尔周边地区的商铺也常常声称自己位于泰美尔。在旧版本与新版本地图的比

---

① 周大鸣、詹虚致：《人类学区域研究的脉络与反思》，《民族研究》2015 年第 1 期，第 36—46 页。

② Mary Shepherd Slusser, *Nepal Mandala*: *A Culture Study of Kathmandu*, *Volume 2*: *Plates*, Kathmandu: Mandala Book Point, 1998.

③ Tony Wheeler, *Nepal*: *A Travel Survival Kit*, Melbourne: Lonely Planet Publication, 1993, pp. 174 - 175.

④ 澳大利亚 Lonely Planet 公司编：《尼泊尔》，郭翔等译，中国地图出版社 2013 年版，第 80—81 页。

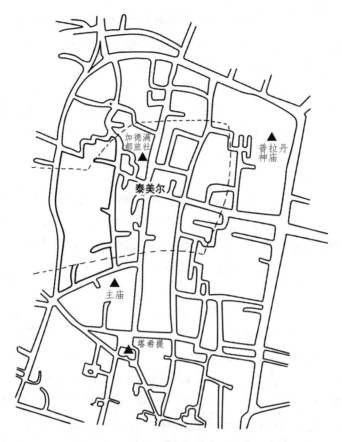

图1-2　"大泰美尔"与"小泰美尔"

较中可发现，泰美尔的商铺数量一直在扩张，其具体范围也存在伸缩性和争议性，这体现在对于中心区域的定义和周边地区对"成为泰美尔"的希冀上。

二　主要路段

若以辐射范围为定义标准，泰美尔的中心应是泰美尔集市（Thamel chowk）。泰美尔路（Thamel Marg）贯穿了整个泰美尔区，是整个区域的主干道，也将其他几条路连接起来。由于人流量大，中介和小贩们大都聚集于此。如果你看起来像个外国人，他们会很快走到你身边。中介会试探性地询问你的国籍，你需不需要订酒店，或是去博卡拉、蓝毗尼和奇特旺的大巴票，小贩会亮出手中的菩提串子、廉价珠宝、老虎油、迷你印花模具和折叠玩具，兜售索伦琴的小贩拉着一首著名的尼泊尔民歌，且不断重复。

从泰美尔路出发，南边以切特拉帕提集市（Chhetrapati chowk）延伸出的切特拉帕提（Chhetrapati）为界，这一带附近是各种服饰辅料、手工业工具用品的集散地，路边的商店五花八门，许多商店提供印有各种大牌名品的服装商标、用来打磨手工家具的砂纸，以及钳子、螺丝钉和中国制玉线。

从这里继续向南走，很快可以抵达贩售本地食物和服饰的阿山广场。虽然同样是商业区，但阿山却以本地人为主要消费群体，这里的衣服主要面向本地人销售，除去尼泊尔妇女传统服装的三件套、纱丽，尼泊尔男性的小花帽，更多的商铺贩售简单明了的 T 恤，从泰国、中国等地进口的鞋与箱包。

在谈论泰美尔主要街道的时候，中国人常把它分成三条南北向的街，除了最主要的泰美尔路，另两条则是恰克斯巴利路（Chaksibari Marg）和阿姆利特路（Amrit Marg）。泰美尔路由北端的女神庙、中段的纳新集市和南段的主庙（Kwa bahah）组成，恰克斯巴利路可分为萨特古米特（Satghumit）和 JP 学校（JP school）两段，阿姆利特路则主要由北部的普拉丹神庙和南部的加雅塔（Jyatha）组成。

东西向的主要街道有曼陀罗街（Mandala Street）及特里德维路（Tridevi Marg）。在给市内各区编号时，单独属于一区的切特拉帕提并非泰美尔的下辖地段，但塔希提路以南的店铺依然多标着 "Chhetrapati, Thamel"。北边的勒克那斯路（Lekhnath Marg）和莱恩恰乌尔（Lainchhaur）作为尘土飞扬的市区交通要道，是泰美尔通向其他区域的北大门。东边的帕克那乔路（Paknajol）围住了泰美尔的最后一点繁华，从这里开始，游人的喧哗声逐渐消失。

西边的特里德维路是区内最为宽敞的街道之一，它通往加德满都最中心的道路之一坎提大道（Kantipath），其两边有数家著名品牌的专卖店、老牌意大利披萨店、珠宝店、羊绒店，还有南亚联盟、摩洛哥大使馆和教育部旧址。由于路面相对宽敞和干净，看上去，这条路更像是老皇宫对面满是名牌和商场的国王路（King Road）。

　　泰美尔沿途的店铺并非全以街名作为店址。例如，泰美尔路北端的女神庙（Bhagwati Bahah）、南端的主庙（Kwa Bahah）、阿姆利特北端的神庙（Bhagwan Bahah）。这三个被普遍使用的地名反映了这几个路段的历史。Bahah 是纽瓦尔佛教徒寺庙的一种，也是加德满都谷地常见的纽瓦尔式建筑类型。[①] 其主要特点包括：入口处墙壁和门槛上的神明雕刻、方形庭院、位于整座建筑中心的神龛、周遭建筑底部的底座、以砖石为材料的路面和用于汲水的井等。女神庙的较南段依然喧嚣和富有商业气息，但再往北走，外国人开设的商铺逐渐消失，转而为服务于本地人的理发店、蔬果店、餐厅等所取代。另一侧的神庙也是如此，在靠近特里德维路的南侧，这一路段建筑的墙壁上绘有大量鲜艳的涂鸦。清晨的时候，本地人在这堵墙附近煮茶。同时，这里也是流浪汉们午睡，儿童们游戏的场所。除去这一小段底层人群的生活空间，这附近依然有数家户外用品店、外国风味餐厅和装修得体的宾馆，但越往北走，店铺便显得越稀疏，道路和周边的建筑也越破旧。到了北边的勒克那斯路，尽管依然有商铺以泰美尔作为招牌上的地址，但顾客已不再以外国人为主。

　　泰美尔的街巷藏着无数隐秘的店铺，在这些宽街窄巷中穿行，常令不熟悉此处的游客失去方向，而当抬头的时候，他们还会发现，楼上有物流、咖啡店、旅行社或是语言学校。这也是为何，泰美尔主干道路上，作为招牌的店标时常层层叠叠地累起来的缘故。除了以上主要街道，还有一些较小的巷子分布在周边。和主路上的商铺相比，这些巷子受到的关注度并不大，但在连接三条主路的巷内，商铺依然十分密集。由于主路已经被众多商户瓜分完毕，想要寻觅到一块新地盘并非易事，相比之下，巷子里还没有开发的地段还有更大的扩张空间。同时，这条街道也是流动贩子最为钟爱的路段——这里衔接了人流最大的两条主街，且临街的店铺有数层台阶，他们可以将手中的货物铺在台阶上，以展示给周遭的路人。

---

　　① 将有居住功能的 Bahah 译作"庙"，是考虑到其类似祖庙和宗教集会场所的功能。在加德满都老城区，许多纽瓦尔人已搬离了他们的祖屋，但对那些失去居住功能的 Bahah 而言，其宗教功能依然存在。

地段差异的存在并不影响泰美尔整体逼仄和狭窄的空间感。主路上，电线杆上挂着的电线老旧而杂乱，危如累卵地擦在一起，偶尔落下几根吊在半空中。有时候，这些电线甚至会散出火星，引来路人的围观。但那些自在的鸟儿却不介意这些，对它们来说，这里是都市中再好不过的观景点。一些猴子也时常在这些电线上四处爬走，让人担忧它们是否会触电。

在喧嚣和拥挤之外，泰美尔依然存在部分相对安静的路段。一是自纳新集市西边延伸出的曼陀罗街①，这里是泰美尔唯一的步行街，路上见不到汽车与摩托车的噪声，三轮车也在此绝迹，因此，区域内相对洁净，即便将货品挂在铺面之外，也不会像主街上一样招来厚厚的灰尘。这条街的安静造就了数家闹中取静的咖啡馆和书店，据泰美尔的居民回忆，这一带是近几年新开发的区域，此前都是居民楼。另一条相对安静的路段是与曼陀罗街临近的萨特古米特，作为恰克斯巴利路向泰美尔以西外围分出的岔道，这条路显得过于曲折和狭长，而在分流车流和人流上也收效颇微。区别于泰美尔路和加雅塔附近拥挤的人流和三五步一家的中国商铺，这两个路段附近的高级宾馆较多，较为集中的咖啡厅和面包店似乎也表明，这里才是西方游客的地盘。自萨特古米特出发，即可到达另一条南北向的街道帕克那乔，这里的居民并不认为这条街属于泰美尔，当不熟悉这一带的旅行者走到这里时，也常常因这些简朴而沉默的本地餐厅和商铺，而察觉到自己已经离开泰美尔。

区内小范围内聚族经营的情况较为少见，其分布规则主要由商店经营的天然性质决定。家族生意往往同质性较强，加上种姓、家庭等因素对职业的影响，父子所经营的店铺通常类目相似，相对分散的店铺可以降低竞争，并提高整体销售额。各民族的商铺分布也往往遵循这一区域内集中但相对分散的原则。从整体空间分布来看，不仅聚族而居少见，面街的店铺也呈现交错复杂的混杂情况。以纳新集市附近延伸出的一条小道为例，其周边的五家商铺，分别由两家古隆人、刹帝利人、中国人和印度穆斯林经营，而在主要由刹帝利人经营的一家院落内，纽瓦尔房东还将院内的餐厅和另一间小屋出租给了马嘉人和达曼人。具有房产权

---

①　Mandala street，又叫萨嘉玛塔市场。

的纽瓦尔人及其他族群则没有那么多麻烦,有的房主选择自己住在泰美尔之外,而将房产出租给别人。

总体而言,而今的泰美尔以泰美尔街的中段为中心,次中心为阿姆利特和 JP 学校两条主要街道的中段部分,以及通往加德满都主干道坎提大道的特里德维。除却经营门类格外繁多的尼泊尔人商铺,中国人的商铺集中在泰美尔街和加雅塔的中南段及附近的小巷地带,穆斯林的店铺分布广泛,而在 JP 学校周边和神庙的穆斯林地段附近,其店铺更为密集,曼陀罗街及其西北方向则呈现出西方游客所偏爱的消费格局。

由于位置的不同,各路段沿街的店铺也风格各异,从中心到边缘,泰美尔基本呈现出由现代化、多元化到传统化、地方化的整体趋势。但这种渐变的格局并非单一和绝对的,店铺之外,依然有不少尚未出租的居民楼和由本地人租用的房间。除却外来租客,这里的居民多是在 1951 年以前便生活于此的纽瓦尔人家庭,而在他们的居所附近,便是已经保存了数个世纪的寺庙和神龛。这些在后来者冲击下依然富有生机的空间,如同马赛克一般镶嵌在泰美尔的街头巷尾,显示出传统顽强的生命力。

第二节　从住房到办公室

20 世纪 80 年代以来,后现代地理学批判了过去对空间物质性的关注,进而对空间的社会属性进行了强调。[①] 后现代地理学的代表人物苏贾(Edward W. Soja)认为,空间包含着各种社会关系和异质性,空间本身不仅有着容器意义上的空间属性,还有社会性和历史性。[②] 因此,空间并非静止和孤立的物理空间,它意味着社会关系、认知架构、象征、意识形态、文化习惯及人物的互动。黄应贵将空间的基本要素归为自然地理形式及人为构建的环境,同时,这种基本要素和中介物又并非最终形式,而是依据人类的活动,处在不断流动和建构的进程中。[③] 由

----

① 尤小菊:《略论人类学研究的空间转向》,《西南民族大学学报》(人文社会科学版)2010 年第 8 期,第 67—71 页。

② [美] 爱德华·W. 苏贾:《后现代地理学——重申批判社会理论中的空间》,王文斌译,商务印书馆 2004 年版。

③ 黄应贵:《空间、力与社会》,中央研究院民族学研究所 1996 年版,第 3—8 页。

于其内部存在大量的社会组织、社会关系和物品的流动，被区域范围限定的空间常常超越了其边界。当代语境下，通过传媒、通信等媒介，空间内的象征与符号得以在更为广阔的地域内传播，而外界的知识与信息也因此变得触手可及。

人类学史上，基于经验研究的空间理论多集中在家屋和村落的主题上。前述设定为人类学调查提供了便于操作的边界，同时也因其将整体社会缩影化的操作方式，在理论上遭到了诟病与质疑。在超越村落空间的尝试中，施坚雅的集镇模式和弗里德曼的宗族关系模式具有较强的代表性。其中，施坚雅强调集镇在社会空间中的中心位置，而弗里德曼则试图从亲属关系的角度研究区域社会，并以此推演到地方与国家、边陲与中心的关系。①②③

一　泰美尔的空间特点

像其他的商业区一样，通过各种渠道，人、物、信息的流动由外部而来，并在泰美尔汇聚，形成了有类于施坚雅所定义的中心集市。然而，和施坚雅所面对的川西地方集市不同，泰美尔不仅是加德满都谷地的旅游商品集散中心，同时也是全国乃至全世界尼泊尔旅游商品的集散中心。这种情况之所以可能，得益于全球化进程的推进，以及泰美尔本身空间功能的综合属性。

（一）人员与商品的中心式空间

由于集市空间内主客关系的全球化属性，对于集市的研究，常常将之比作"世界的中心"。同时，这一比喻亦存在将中心单一化、忽略集市辐射范围与其他中心集市的可能。例如，和泰美尔相比，印度的瓦拉纳西和斋普尔同样是区域内辐射全球的集市，前者以纺织品闻名，而后者则是南亚地区的珠宝集散中心。从印度来到尼泊尔的人们常常感慨，"印度的商品更便宜"。事实上，泰美尔的商品中，有相当一部分纺织

---

①　费孝通：《江村经济》，江苏人民出版社 1986 年版，第 91—92 页。

②　［美］施坚雅：《中国农村的市场和社会结构》，史建云等译，虞和平校，中国社会科学出版社 1998 年版。

③　［英］莫里斯·弗里德曼：《中国东南的宗族组织》，刘晓春译，上海人民出版社 2000 年版。

品和宝石原料来自印度。因此，尽管泰美尔的货物流动可以通过境内的公路，运输到博卡拉、蓝毗尼等次中心旅游集市，但却因货物类别的同质性、成本差异等原因，而不能成为印度所选择的中心集市。回到施坚雅的川西研究，即便是全球化时代，集市所能辐射到的区域范围依然存在着中心及次级层次的区分，其有效性也会随市场、政治等不定因素的变动而变动。

对于泰美尔而言，游客一直是绕不开的话题。这不仅体现在空间的主客属性，同时也是解析其中心地位的另一个关键。由于大多数游客都将入住于此，以至于此地一定意义上成了旅游者的社区。在尼泊尔境内，并无第二个地区如泰美尔一样，拥有如此旺盛的消费需求和强大的购买能力。就这一点而言，泰美尔的集市超越了地区和国家，具有全球化的特征。正因如此，这里的生意常常受到游客数量波动的影响，其商品也总是需要迎合主力消费者的品位。

（二）主客混居的碎片化空间

由前一小节可知，在泰美尔，商铺和旅社的建设与租赁大多属于市场自发行为。因此，在外来商户不断进入的情况下，泰美尔的租金也逐渐水涨船高，最终使得商户和周边的外来住户们不得不采取分摊租金的方法，以减少成本的负担。由于这种行为的分散性和不统一，在区域之内，空间的使用差异性极大。同时，这种差异又普遍地相互交错。因此，即便人们选择下榻于区内条件最奢侈的高级宾馆，他们也时常需要面对尘土飞扬的马路，以及周边那些还在整修、发出巨大噪声的在建建筑。

鲍曼认为，现代城市中的公共空间存在"不文明"的属性，他将这种不文明的空间划分为两类，一类是在大型广场上、封闭、隔离的空间，另一类是在那些购物商店、运动场馆、超级市场和音乐厅里消费的空间。两者的不文明都体现在不友好上——前者是规律、排外和单调的；而后者则是以消费为目的，不停地鼓励人们采取行动，而不是互动。[①] 尽管泰美尔在人们眼中大致属于后者，但加德满都的城市建设依

①　[英] 齐格蒙特·鲍曼：《流动的现代性》，欧阳景根译，上海三联书店 2002 年版，第155—158 页。

然没有使这一空间变为大型购物商城，在泰美尔区的空间分类中，这里有商铺、旅馆、民宅和寺庙等，除了这些相对固定的空间，那些具有连接功能的走道和马路也是空间的一部分，且在公共生活中扮演着重要角色。

（三）信息与资源极度集中的爆炸式空间

作为国家级别的中心集市，泰美尔具有各种资源高度集中的特点。作为主客混居的空间，这里又充满消费主义和相应的市场行为，这些带有张力的属性最终使其如列斐伏尔所言，导向了空间的爆炸（The explosion of spaces），即在各个层面的功能交错之下，城市空间内产生的矛盾和混乱。[①] 这种情形在都市空间中极为普遍，因为都市空间中，各种社会关系密集交错，在区域之内纵横互渗，也使同一个空间在同一个时间点上，能够具备生活空间、个人空间、商业空间、世俗空间等不同维度上的混合属性。

基于泰美尔在空间上的复杂性，以下将从三个二元维度探讨泰美尔区内的空间，这三类维度分别是：日常生活意义上的公共—私人空间，及可划归这一范畴之下但并非完全意义上的子空间，即区域功能意义上的主—客空间和内嵌其间的神圣—世俗空间。

二　空间的三重属性

（一）公私空间

通过文字，人们能够获取到进入另一个公共空间的信息，但在此之前，由于信息的闭塞，空间对他们而言是关闭的。通常而言，经营者所选择的文字便意味着这个公共空间开放的范围。一家旅馆时常委托店里的中国客人用中文撰写通知，其内容包括退房时间、请勿洗衣以及隔壁的店铺提供文身服务等，据称，这样可以省去冗长的解释时间。另一家旅店的老板在通知上用中文写下了折扣信息，声称该折扣只对中国人开放，因此，前来的中国人常常询问相应的折扣，而不能识读中文的其他游客则对此毫不知情。不过，这种做法也会导致一些误解和麻烦，如当

[①] ［法］亨利·列斐伏尔：《空间：社会产物与使用价值》，载包亚明主编《现代性与空间的生产》，上海教育出版社 2003 年版，第 52 页。

需要招募一名中国人的时候，这家旅店依然找人贴出了中文通知，尽管有好几个人应聘，但这些人都因英文水平有限而无法和不会中文的老板沟通，而当他用英文贴出通知的时候，又有其他国家的人同他发牢骚，问他为什么不收其他外国人。

那些用天城文写就的招牌则创造了另一个世界。从这些店铺的位置和主要商品来看，它们并非主要面向旅游者。在看到这些招牌的时候，行事保守的游客常选择离开而非上前一探究竟——即便门中同样供应他们所需的本地食物，而且在价格上更为低廉。这类店铺在泰美尔为数不多，但在较深的小巷中依然随处可见。除了书写文字的陌生，这些店主的语言能力也相对有限，不能用英文与游客流利交流。当顾客进入这些店面的时候，他们往往怯于开口招呼。另一些公共空间则隐藏在铺面深处，如那些主要面向本地居民的茶铺和小吃店，其中一些甚至连店标也没有，只有在这一带生活了数年的居民才能找到进入的通道。当然，在这个外来者众多的地方，外来者的闯入也不足为奇，即便是那些主要面向本地人的餐厅，也不时可见游客的踪迹，但他们不能获得便利的服务，也需要对菜单上的一些食物进行猜测并做出抉择。

文字、语言和惯习无形地将游客的公共空间与本地人的公共空间分离开来，使二者在公共空间内难以汇聚。在其间发挥重要作用的，是相差悬殊的消费倾向和水平。首先，一些本地的消费需求很难在此得到满足。尽管店铺挤挤挨挨，也间有价格低廉的杂货铺、菜店和奶制品店，但人们依然无法在此找到经营传统服饰、生活器皿的店铺。对于喜爱金饰远多于银饰的本地女性而言，新街上的金店要比这里提供繁复设计的银器店有吸引力得多，而那些印有夸张图案的上衣和嬉皮式的五彩大裆裤，也不符合本地人的日常审美。"泰美尔是买不到纱丽的，也买不到我要的三件套。"一位家庭妇女说道，"除了这些，可以选的倒是很多，但远远不如阿山和新街的衣服款式吸引人"。其次，尼泊尔人中虽不乏富有者，但多数人对泰美尔相对高的消费水准存有担忧。一天，笔者在等待午餐的时候，听到一对尼泊尔年轻恋人的议论，女孩一直在埋怨男孩："这里看上去好贵啊，我们要不要换一个地方吃饭。"等菜单上来，她选择了相对便宜的菜品，并继续抱怨这里的消费。从另一个角度看来，这种担忧也构建在本地空间的进入能力上，即便这些餐馆对他们来说并不昂贵，但周边遍布廉价的本土餐馆，除了去尝试新奇的外国风味和超过正常价格好几倍的本地菜，尼泊尔人有的是选择。

　　泰美尔区内不乏高级餐馆和酒店，但低廉消费也时常可见。在街区中心的面包店，人们排着队购买打折的面包，那些铺面狭窄的果汁店和本地餐厅则是休息和闲聊的场所。一些情况下，人们很难判断这些店铺的消费者究竟是以本地人为主还是外国人为主。在主要面向本地人的低消费店铺中，人与人之间显得并不生分，一些提供尼泊尔奶茶的店铺是许多本地人日常交际的节点。即便是游客，也在拼桌和用餐的间隙与其他人有所互动。在这些店铺驻足的，有不少是居住在附近的居民，以及在泰美尔区打拼的流动商户。商铺提供的座位之间空间较窄，喝茶和用餐的时候很难保证谈话的隐私以及不受周围人的干扰。体现这种公共属性的另一个例子是，这些店铺通常不会禁止食客吸烟，尽管有的客人会抱怨那些吸烟的人，但店主却并不一定为此警告吸烟者。有时候，二者会在店铺中各自占据一半的空间。在此，早已熟悉了这些外来者的店主会像变戏法一样拿出本地语言、英文和中文的菜单递给不同的客人，而身处其间的初到者，又禁不住感慨起泰美尔的神奇与便利。

　　另一些例子中，消费者的区别依然十分明显。在消费较高的餐厅里，明亮的光线、宽敞的空间、精心布置的餐桌都在构建一个专属于用餐者的空间，同时，吸烟通常也是受到禁止的。在此，人与人之间的距离被安排得礼貌且文明，如非必要，提供服务的伙计不会前来打扰顾客的谈话，而隔开一定空间的餐桌也体现出客人与客人之间谈话的隐私性质。一些中国餐厅甚至专门设有包厢——一些谈生意的商人们经常使用这些空间，因这里不会有外人来打扰。

　　泰美尔的空间安排也存在性别向度的特质。在奥特纳看来，公共与家庭事务之间存在着具有普遍性的性别分工。这两个领域可以分别被看成是文化与自然的象征，其中，公共代表着社会事务，通常由男性打理，而家务则是由女性开展的。由于公共意味着社会资源的分配，在属性上常常被认为高于后者的生育功能，这一对概念也被与两性之间的不平等地位相连。① 在纽瓦尔人的家户空间中，这种两性分工的空间常常可以得到佐证，即便在泰美尔的日常经营中，男性在公共空间内的主导地位也是可以观察到的——除了少数由夫妻或是女性经营的店铺，大多数店主和打工者都是男性。对于女性而言，在泰美尔谋生也并非易事，因为那些思想守旧的人们常将泰美尔视为一个高消费的场所，进出于此地的女性则很容易被视为游客们的消费品而遭受非议和歧视。

（二）主客空间

1. 家户的空间

（1）纽瓦尔人

泰美尔的原住民，即主要分布在加德满都谷地的纽瓦尔人。就传统而言，纽瓦尔族的土地归其家族的组织古提（guthi）所有，理论上不能出售。但自20世纪七八十年代开始，随着加德满都谷地房价的上升及城市化的进展，城市地区的古提开始接纳外来的租客，由于一些租客的贿赂，部分土地被出售。此外，城市建设也导致了古提名下大量土地所有权的丧失，其中，加德满都的环城路便使许多私人土地成为公有。从利好的方面看来，这些租客和出售的土地也给原住民带来了大量的财富，租金和出售土地的钱足够让所有者不愁吃穿，也足以应付节日和仪式带来的大量开销。一位受访者曾指着泰美尔主街上的八个铺面说道，你看，这都是一个人的房产，每间一个月的租金为七八万卢比（约合人民币4500元）。②

在泰美尔的纽瓦尔人聚居地，依然有一些族人选择居住在此，而不是将房屋出租给外来商户。在没有租客的楼房内，通常生活着一户联合家庭或是核心家庭，其成员居住在楼房内的单独房间里。和加德满都谷地其他纽瓦尔人聚居地一样，睡觉时间之外，家庭成员的房门常常是打开的，一些房门在打开的同时亦拉上了房帘。因此，尽管房间保证了家庭成员的生活隐私，其他成员依然有查看房间内部情况的权力，即便房帘缩小了这一权力的行使范围，但他人依然可以拉开它，与里面的人进

---

① Sherry B. Ortner, "Is Female to Male as Nature is to Culture?" in *Making Gender: The Politics and Erotics of Culture*, Boston: Beacon Press, 1996, pp. 21–42.

② 据2014年11月10日在泰美尔的访谈笔记。

行交流。

在家户空间的内部，纽瓦尔人对居住空间的分享主要体现在家庭和公共两个方面。在有两个以上核心家庭的联合家庭中，与公婆共居一屋的媳妇们通常负担了做饭的工作。与中餐烹饪完成后即出锅的做法不同，纽瓦尔人食用豆汤、米饭/米片、蔬菜、肉类和酸辣酱这五个固定门类，且每类食物都有储存或保温的容器。由于其组合式的特性，家庭成员通常有分时而食的习惯，食用顺序也是以长者和客人为先，而做饭的媳妇和迟到的成员则是最后进餐的。因此，在家庭内部，用餐的餐厅是要求众人到场的重要场所，但从时间上衡量，这一场所并不意味着共时性。与此相似的还有公共场所的活动，包括在家庙进行的神歌与节日活动，长辈通常会对晚辈做出要求，但与身为古提成员或是负责活动中某项事务的成员不同，多数家族成员不会全程到场。一些年轻人也常常只是口头答应，但并不参加活动，对此，居住在泰美尔区内的一位中年纽瓦尔商人颇有感触。他认为，他的孩子早就不理会他们的传统，即便在口头上答应好了要来，但他们的"来就等于不来"。

（2）非原住民商户

表1-1显示，大多数商户是租客，而非房东，这表示他们并非区内的常住居民。[①] 就生活模式而言，不少人在泰美尔工作，但在区域内没有正式住宅，定期或不定期地往来于住所和泰美尔间。对于规模较小且家庭住址远的商户而言，造成这种生活方式的原因在于泰美尔区的租赁成本过高，商户对此难以负担。此外，候鸟型生活背后还有更多的原因。

表1-1　　　　　　　　　　泰美尔商铺自营比例统计

类型	房东自营	租客
数量（人）	61	778
比例（%）	7.3	92.7

注：样本总量为870个，问题为"您是租客还是房东？"31户商户不愿意或没有人回答这一问题。

[①] 调查中也有4例出生于泰美尔的商户表示，自己是租用了邻居或亲戚的房子。

第一，生活品质的问题，细节上体现在噪声、水污染和灰尘。

> 一位商人认为，只要在泰美尔，他就没有办法好好休息，因为"到处都是嘈杂的人声和机器的轰鸣声，在乡下，停电的时候，所有的声音都会被虫鸣声所淹没，但是这里停电的时候，会有更多发电机来加剧头痛"。[①]

第二，家庭和家庭原住址也影响着人们的选择。由于从加德满都出发到谷地内其他城镇的时间多在两小时以内，不少人选择在上班时间来到泰美尔，下班时间回到住处，与家人团聚。

> 一家培训机构的负责人住在距加德满都一个小时车程的巴德岗，她选择的生活方式是早上七八点从家里出发，十点左右，从巴士站步行抵达泰美尔，在工作结束后的四五点钟，前往巴士站搭乘去巴德岗的巴士。另一位住在市郊的旅店主管也是早出晚归者的一员。她通常选择女式摩托车出行，从家中到泰美尔大约需要半个小时。由于她另有正职，泰美尔区的工作仅是兼任，加上家庭其他成员都在加德满都其他区域工作和学习，因此也不需在这一片小区域购置或是租赁居所。

除了前面的原因，泰美尔也只是一些商家的据点之一。这意味着这里的店铺并不是他们唯一的商铺。对于来自竞争激烈的商品原产地的商家来说，尤其如此。例如，在帕坦，金属手工业、商铺和作坊多集中在帕坦杜巴广场和大觉寺附近，但即便是帕坦最重要的旅游景点，客流量也难于与泰美尔区相媲美。因此，具一定实力的商户便在加德满都租赁了商铺，以增大日常的零售额，这些分销商铺在其他地区也有分布，而泰美尔亦时常可见。

比起其他两种生活方式，非土著商户在泰美尔区的营业时间相对较短，如果算上节日、假期以及经营者生病等不确定因素，这类商户在一

---

① 据 2014 年 10 月 3 日在苏纳阔提的访谈笔记。

年中的总体营业时间则显得更加有限。对于生活在区内和附近的土著店主而言，长期守在区域内等待生意并不是件难事，因为他们可以赶在白天把节日过完或将私事办完，晚上继续营业，但住处较远的人们却要将时间消耗在来回奔波上。

（3）雇工

以下所讨论的雇工，主要指在泰美尔打工的年轻人。2013 年，海外工资收入已成为尼外汇收入的主要来源之一，占尼泊尔国内生产总值的 1/4，占尼国际收支的 2/3。[①] 据估计，尼泊尔全国有 1/4 的人在海外工作，每天有大约 1500 个尼泊尔年轻人出国到印度、马来西亚或海湾国家做劳工。[②] 但在离开尼泊尔之前，大多数劳工所需要考虑的，是如何筹集一笔出境费用。这笔费用包括签证费、机票费，以及交给劳务公司的中介费。对于那些打算出国接受教育的年轻人来说，还需要包括语言培训费、语言考试费、学校申请费以及学费等。和尼泊尔相比，境外的收入往往是境内的数倍甚至上百倍。

在泰美尔一家本地餐厅，服务生每个月的工资仅 3500 尼币（约合219 元人民币），区内另一家本地旅店的雇工工资为 5000 尼币（约合312 元人民币），如果前往马来西亚打工，他们的平均工资将达到 2000元人民币以上，这在尼泊尔可谓高薪。[③] 发达国家的务工成本高昂，但收入同样可观。访谈中，一位准备去日本的年轻人算了一笔账，他前往日本学习的花费约 300 万卢比，但是每个月大概能有 12 万卢比的收入，因此把钱赚回来只需两年多的时间。另一位曾经在澳洲留学过的年轻人则回忆道，他曾经在学习之余兼职 5 份工作，每周的收入折合人民币超过 5000 元。[④]

访谈中，泰美尔的年轻人多倾向于前往日本、美国、澳大利亚和新西兰等国家接受教育，而出国工作则多往阿拉伯国家，如迪拜、卡塔

---

① 《尼泊尔打工者自马来西亚汇回劳务收入 629 亿卢比》，2014 年 12 月 10 日，凤凰网（ht-tp：//finance. ifeng. com/a/20131120/11126725_ 0. shtml）。

② 《大量青壮年离乡谋生 尼泊尔灾后重建乏力》，2015 年 7 月 13 日，人民网（http：//world. people. com. cn/n/2015/0506/c157278 – 26957082. html）。

③ 据 2014 年 6 月 14 日在泰美尔的访谈笔记。

④ 据 2014 年 7 月 7 日在泰美尔的访谈笔记。

尔，或是日本、马来西亚等国。由于签证和交通的便利，前往印度的人也占了相当一部分，但在谈论工作和教育的时候，印度并非首选项。即便是出身富裕，并以接受教育为主要目标的年轻人，也往往会在到达目的地后进行打工活动。那些并没有出国计划的人们也时常把出国挂在嘴边。在与游客的谈话中，关于出国的玩笑时常可见。有的雇工曾经对笔者要求，让笔者带他回中国，因为他不想一辈子都待在尼泊尔。① 另一位年轻雇工的父亲也开玩笑，让笔者为他的儿子找一个中国媳妇，并带他回中国。② 尽管为出境牺牲不少时间和精力，个体的计划却常常因国家政策而发生改变。

　　2014 年，由于在尼泊尔人签证申请材料中发现大量银行证明造假的情况，澳大利亚对尼泊尔的签证政策紧缩，导致不少计划去澳大利亚学习工作的尼泊尔人申请签证失败。因这一事件的影响，一位原本计划去澳大利亚留学的尼泊尔人迫于无奈，放弃了已经准备两年的雅思英语，转而在日语培训机构报名了零基础日语培训班，准备去日本学习。在他看来，即便要重新投入资金和精力，也一定要出国。③

在由租户分享的楼层空间里，场所的开放性时常可见。有人活动的房间大门通常是敞开的，但共享的空间却不包括进餐空间——租客需要在各自租用的空间内进行烹饪，而不是与周围的邻居分工合作。而对于区内不租用房屋的雇工而言，这种共享性表现得更为明显。为吸引和方便雇工的工作，泰美尔的旅店和餐厅时常会为其提供免费的住处和餐饮。但住处并不会保证单独的房间，或是个人的隐私。这些住处通常极为简陋，有时仅仅是沙发和地铺，有的住处临近前台、工地和酒吧，时常十分嘈杂，不利于良好睡眠，甚至没有隐私。

---

① 据 2014 年 8 月 10 日在泰美尔的访谈笔记。
② 据 2015 年 6 月 6 日在泰美尔的访谈笔记。
③ 据 2014 年 5 月 30 日在泰美尔的访谈笔记。

青年旅社的最差房间

在泰美尔的廉价旅社里，那些好的房间常被在此旅居的背包客长期占用。不过，即便到了旺季，也会有一些卖不出去的房间。在一间位于泰美尔中心位置的旅社，一位店长推开他们店最差房间的门——"这是我们的最差房间。"老板介绍道。这个房间位于一楼，是一个背阳的单人间。由于雨季的关系，房间内的空气很潮湿，墙壁上长出了绿霉，站在房间里，还能闻到周边建筑材料散发的气味，在我们谈话的间隙里，住在这间房后面的餐厅小工们在窗边大声地谈话，并发出不加抑制的笑声。只要客人愿意，他可以将这间房以一个床位的价格出租，但愿意入住的客人并不多。在这种情况下，他常常选择自己入住这个房间，或是让员工住进来。就隐私而言，这个带着一半客房一半员工房属性的房间依然比其他员工的住处要好上一些。因为除了这里，雇员们就只能在厨房和办公室睡床垫，或是卧在前台的沙发上，随时准备给晚归的住客开门。

2. 游客的空间

像其他国家一样，在泰美尔的旅店里，新打开的房间总是整洁且干净的。这些房间不仅具有住宿的实用功能，同时也回应着住客对临时居住空间的期待。而在那些最有名的旅店和餐厅，居住空间上附着的不仅有消费者的生活实践，同时因名流过去的消费，而被嵌入了历史记忆和文化认同。

同时，这些空间还有类于一种能保证个人隐私的景观，具有较为封闭的属性。事实上，在选择居住空间的时候，人们最常考虑的因素之一也是房间的隐私性。廉价的住所不能保证隐私的空间，如那些"最差的房间"，青年旅社里由多人分享的房间，或是不带浴室和卫生间的单间，都是住宿业中最经济的选择。尽管隐私性是游客居住空间的重要特点，与此同时，来自另一主体的特质，即东道主的好客属性，也会使住客所在的空间与外部保持联系。

加德满都旅社（Kathmandu Guesthouse）

加德满都旅社始于 1967 年，是泰美尔区最早的旅店。在泰美尔区的繁荣开始之后，这一旅社成了该区域的地标式建筑。当谈论到这个旅店的时候，人们常常会提到在 1968 年入住的披头士乐队。在第十三期周年版的《孤独星球》中，创始人托尼·惠勒（Tony Wheeler）将加德满都旅社列为世界上他最喜爱的 30 个旅游亮点之一，他将该旅社形容成"一个必经之地"①。这种推崇背后，除了优越的空间位置，与名人效应相连的文化认同，旅社还因其他的一些特征而为人们所津津乐道，如对员工服务的极度重视以及旅店之内奢华与低廉共存的房间价格。对于旅社的创始人而言，犹如家庭一样的温馨感是他所追求的目标。他曾经花费大量时间，与游客们进行交流，与之成为朋友，并邀请他们到自己的家中用餐。在他的叙述中，有许多朋友在自己的国家成了大人物，而旅店也成了他们回到尼泊尔时的聚会地点。还有一些人在此相爱，并在回到尼泊尔的时候，于同一房间度过自己的蜜月。②

"在泰美尔，没有人在乎你是谁。"这句意味深长的话道出了泰美尔的日常属性，在这个游客云集的地方，你是谁，并不比你是哪国人重要。泰美尔之外，外国人常常受到足够甚至过多的关注，但在这里，他们可以很快地融入满街的外来者中，看上去，他们才像是随心所欲的主人。餐厅、旅馆、纪念品商店，对他们来说，所有的空间消费都是开放的，只有选择才是有限和困难的。游客的空间极易被识别——在商家的精心设计下，这些场所前常常挂上巨大的英文广告牌，或是放置闪亮的彩灯与灯箱。鲜艳的图案与文字仿佛在说明，这里是开放的，欢迎人们的进入。无处不在的中介和店铺伙计也时时在提醒着人们，他们应该进入这些空间看看。事实上，当一位外国人在日常的营业时间内穿过泰美尔任何一条主街，他一定会接受三次以上的招呼和搭讪，即便笔者三年间在此多次穿行，也总会遇到这类情形。

除去那些长居于此的居民，多数人在此的生活具有临时性。其中，

---

① "Kathmandu Guest House is a bottleneck, where everyone has to pass through it sometime or the other."

② Karna Sakya, *Paradise in Our Backyard*, New Delhi: Penguin Books, 2009.

商户的活动相对规律，雇工和顾客则具有暂时性的特征。不过，即便身在异乡，顾客也能通过酒店网站预订他们想要的房间，或是通过现代化的通信方式、物流与航空客运，将区内的商品运往全球。由于居住地与市场功能的吻合，在那些旅居于此的游客中，一些人开始了代购生意，其中，亦有一些老客户，在此前的代购结束后，开始在所在城市专门从事旅游商品的销售活动。

相比之下，本地人的消费会遇到一些麻烦，一些旅馆不对尼泊尔人开放，有的机构也不接待本地人。在谈到接待尼泊尔人的时候，一位旅馆负责人表示，旅店不向尼泊尔人提供房间，主要是为了安全着想。不过，这一规定通常是因人而异且可以协商的。他谈到，有时他也会让尼泊尔人入住，并将他们安排到离外国人较远的房间，原则上说，让尼泊尔人和外国人住在一间房是绝不可以的，但如果二者是同性的话，他也会视情况而判断。类似的区别对待在泰美尔区随处可见，笔者曾在一家有业务往来的培训机构与助手们短暂会谈，事后，身为尼泊尔人的工作人员却声称，这里只允许外国人进出，不能让尼泊尔人进入，他们都是骗子，会在这乱动东西，影响到正常办公。在助手们到来以前，她同另一个白人热情交谈，非常开心。会谈期间，并无外人进入，而她在用电脑上 Facebook。但后来，她愤怒地告诉负责人，笔者带了三个尼泊尔人在办公室干扰她的工作。

旅店需要尽量满足顾客的各种需求，并在此基础上锦上添花，以增加自身与竞争对手的差异性。从居住的空间看，住客通常要与前台相互照面，才能抵达自己的房间。这种照面中连接的社会关系与具代际结构的亲属关系、具扁平结构的邻里关系不同，是具上下等级结构的主客关系。在泰美尔，主客关系的背后，常常可以看到东道主长年累月的经营。除去关系背后相关的利益动因，主客关系还与亲属及邻里关系相连。加德满都旅社的创始人迦尔纳·释迦（Karna Sakya）便并不认同"顾客永远是对的"这句商业格言，在他看来，顾客就如同他亲切的朋友和家人，但那些粗鲁的行为不应该得到肯定。[1] 不可避免的是，主客关系本身依然意味着一方对另一方的服务，因此，在处理这类关系的时

---

① Karna Sakya, *Paradise in Our Backyard*, New Delhi: Penguin Books, 2009, pp. 80 – 83.

候，服务者通常会对他们的"朋友和家人"区别性对待，而在空间的处理上，也不会对对方场所的开放性做出刻意要求。

（三）圣俗空间

在泰美尔，大多数土地和房屋属私人名下。由其空间的历史变迁可知，20世纪60年代至今，其街区的主要格局并没有发生太大的变化，因此，国家权力在空间内的体现较为有限。由于区内频繁的土地、房屋和商铺交易，加上现代建筑风格的影响，区内的建筑风格和建筑材料已与传统的纽瓦尔风格相去甚远，只有在那些古老的宗教建筑中，才能一睹加德满都谷地旧日的风貌。这些宗教建筑并非建筑部件与神像的博物馆，而是具有活力的集会场所。在新兴的宗教场所中，人们的活动也与前者具有同样的特质，即对家户、亲属界限的超越，以及对民族身份、社会阶级的超越。

1. 泰美尔的主要寺庙

泰美尔的寺庙与神龛分布在大街小巷。和杜巴广场上的雄伟建筑相比，这些供奉神明的空间并不恢宏宽阔，在穿行泰美尔街头的时候，人们很容易将它们忽视，或是和嘈杂的街景混为一谈。然而，在本地人的生活中，那些五彩缤纷的商铺并不是每日生活的必选项，沿袭了祖先记忆的神圣空间才是需要被加以强调和铭记的地方。

（1）杜尔迦庙

这一处小庙供奉的是印度教中的杜尔迦女神。庙的中心位置放置杜尔迦的神像，周边的墙上则挂满杜尔迦的变相和族人的合影。

> 杜尔迦女神庙供奉女神杜尔迦，由纽瓦尔人的农民种姓（Maharjan）负责打理。神庙的管理者每天清晨六点半开门，打扫卫生，更换供奉神灵的鲜花和灯油，上午十点钟关门，为了方便假日里前来祈福（puja）的人们，周六的关门时间则延迟到上午十一点。尽管这里由本地人运营，上午时段却容许所有过往者加入。一名管理庙宇的女性说道，这里欢迎所有人来祷告，不管他是穆斯林、基督徒，还是中国人。[1] 在管理者的热情邀请之下，小庙经常

---

[1]　据2015年3月14日在泰美尔的访谈笔记。

有游客加入祈福的行列，在额头上点上印度教徒的红点。晚上六点也是祈福时间，但管理者自己结束仪式后便会关上门。得胜节期间，这里会举行长达十天的献祭。

（2）普拉丹神庙（Bhagwan Bahah）

和闻名于尼泊尔全境的杜尔迦不同，普拉丹庙供奉辛噶萨尔塔佛，这位神明作为泰美尔一地历史的见证人，专属于泰美尔。

普拉丹神庙是泰美尔内最大的一座寺庙，庙内有两个相连的庭院，进门的庭院供奉辛噶萨尔塔佛，庙前的小神龛里是辛噶萨尔塔佛的妾侍——那个从西藏追杀而来的女妖（Ajima）。北边的房间是人们日常集会的场所，里面挂满神像、普拉丹先祖肖像，柜中存放有一尊一人高的辛噶萨尔塔佛的红漆半身像。侧边的庭院内有一座佛塔，儿童常在这附近嬉戏。佛塔周边的房间，是泰美尔普拉丹（Pradhan）一族的旧屋。

这一族自尼历 1685 年以来已在此生活了 386 年。族人分家，陆续在周边地区建起了新屋，而旧屋原有的居住作用也因此终止，成为人们组织仪式和日常活动的场所。每周二及周六下午五点至七点，普拉丹一族会组织举行圣歌集会（Bhajan）。周六的圣歌集会通常比周二的规模要大一些，组织方会为来客准备奶茶和食物。管理者出身普拉丹家族，但参与歌会的成员不仅包括族内成员，还有附近的邻居。对于外族甚至外国人而言，这一集体活动也是开放式的。有类于穆斯林在清真寺的礼拜活动，歌会是人们重要的社交和集会场所，但其主持方为普拉丹家族的古提（Guthi）① 成员，而非伊玛目一般的宗教权威。和第一例相比，此处的活动位于室内，具有一定隐蔽性，这决定了这一活动将较大程度地受到地域和家族关系的影响。

---

① 古提是纽瓦尔人内部以血缘为界的社会组织，成员通常是族内家庭中的成年男性，负责族内日常祭祀、节日集会以及大型宗教仪式等的组织和策划，也是纽瓦尔人种姓内婚的计算单位（同一古提内不得通婚）。

尽管这里为家族私有的寺庙，但附近的人们都可以参与到周二和周六举行的祈祷歌活动（Bhajan Kirtan）中。辛噶萨尔塔佛的日常祭祀由普拉丹一族雇用的雪斯塔种姓祭司主持，参与唱诵曲目及弹奏乐器的人们则来自不同种姓的纽瓦尔人，曲目通常是纽瓦尔语，虽然语言不相通，但一些居住在泰美尔附近的非纽瓦尔人也可以进入这一空间，分享纽瓦尔邻居们烹饪的食物和弹奏的音乐。

（3）主庙（Kwa Bahah）与豆庙（Mushya Bahah）

主庙是加德满都祭司种姓（Vajracharya）名下最为重要的家庙，不远处的豆庙供奉释迦牟尼，是主庙的分支。

主庙隐匿于泰美尔路南段的小巷中，Mushya 是纽瓦尔语大豆的意思，Kwa 则意为主要的。两座家庙都由祭司种姓的家族祭司（Guruju）管理，目前负责管理的家族祭司住在两个家庙之间的区域，他每天早晚六点打开神龛，更换烛芯，并摇动铃铛，念诵经文。据族人介绍，两座家庙从前是一家人，后来祖先娶了两个老婆，正室的后代属于主庙，小老婆的孩子则独立出来，成为豆庙的成员。而今，两座家庙名下的成员依然不能相互通婚。豆庙以北，是泰美尔区，以南则是以阿山为中心的传统集市，也是加德满都的旧城区。在租用豆庙庭院内的房间的外地人中，除了两位家族内的成员，其他都是尼泊尔信仰佛教的民族，如达曼和夏尔巴人。一位受访的外地租户开玩笑道，对，这样我们祭拜释迦牟尼佛的时候就很方便了。

（4）穆斯林地段（Muslim Tole）上的泰美尔清真寺

和位于市中心、规模较大的克什米尔清真寺、贾玛清真寺相比，这座清真寺仅占据了一栋小楼，一楼用于礼拜之前的盥洗和鞋子的置放，二楼是做祷告的空间，三楼和四楼则是伊玛目平日的生活空间。相对于两座清真寺，这座位于泰美尔主街中北段的清真寺更易于附近的人们抵达，而在谈论这里的时候，穆斯林们也认为，小清真寺主要是为了方便商人们做日常的礼拜。据来自印度的伊玛目介绍，这座清真寺始建于 1990 年，是由泰美尔的穆斯林商人们捐资购地并建成的。

寺中每日都会举行五次礼拜活动，但在周五，穆斯林们多选择前往规模更大的贾玛清真寺和克什米尔清真寺进行礼拜，这里也会关闭。临近礼拜时间，附近的穆斯林将暂时中止手头的商业活动，从周边地区赶来。但并非所有区内的穆斯林都会前往泰美尔清真寺礼拜，一些穆斯林平日忙于经营生意，仅在周五前往两个较大的清真寺。小清真寺一带被称作"穆斯林地段"（Muslim Tole），这里伊斯兰商铺相对密集，店主多是从印度北部拉贾斯坦邦和临近尼泊尔的北方邦等地迁来的印度穆斯林。此外，也有数家国家认同存在差异的克什米尔伊斯兰店铺。

2. 商铺中的神明与摆设

（1）印度教

财富女神拉克希米（Laxmi）是尼泊尔人和其他印度教徒店铺中最常出现的神明。光明节，尼泊尔人都会祭祀拉克希米。一些店主每天都会在店中祭祀拉克希米，点上熏香，并摇动铃铛。另一个出现频率较高的为幸运之神甘尼许，这位象神出现在尼泊尔人生活的每一个角落——婚礼请帖、摩托车和 T 恤上，他都是经常出现的题材。此外，湿婆、克里须那、梵天等，也是较为常见的神明，他们常与其伴侣或是家庭一同出现在彩印画上。除了这些神明，纽瓦尔人还供奉比姆森（Bimsen），他被认为是对商人而言尤其重要的神明。民间传说，这位神明会出现在集市上，并以店主要求的价格买下对方的货品。

从宗教派别上说，以上神明归属于印度教，但在佛教和印度教之间边界暧昧不清的尼泊尔，一些神明也同样受到佛教徒的供奉，如在普拉丹神庙周二及周六的颂歌活动中，作为佛教徒的普拉丹一族同样会歌唱关于克里须那和甘尼许的颂歌，且起源于印度北部的火祭仪式普遍地出现在佛教和印度教徒的生活中。在多数纽瓦尔人的婚姻中，宗教信仰的差别远不如种姓之别来得重要，因此，严格区分来自不同宗教的神明显得不合时宜。在日常的祈祷中，人们还总结出了神明的性格与个性。一位店主谈到，拉克希米会带来更多的利润，甘尼许能逢凶化吉，湿婆将会迅速对他的祈求做出回应，而梵天则需要冗长的祷告，才能使他的要求得到回应。

（2）佛教

在藏源民族和藏人的店铺里，藏传佛教的转经筒、诸佛与导师是常见的摆设。中国人店铺里，财神和大肚弥勒也时常可见，但相比其他信徒，神明在他们店铺中出现的概率并不高，而且，即便在日常空间里占据了一定位置，时间上，人们却很少给予他们相对于伊斯兰教和印度教一般足够的关注。一家中国旅店的经营者在办公室里摆放了释迦牟尼佛和黄财神像，用于日常祭祀的香烛和炷香则是用从中国带来的灯具替代的。"我们那里都是这样的，放在家里也不会有烟——这个已经用了两年，很方便。"她这么介绍道。另一家中国餐厅的财神也同样接受着插电香火的祭祀，区别于印度教徒每日的虔诚祭祀，这种便捷的祭祀方式也从另一个角度说明了中国人信仰的世俗化特点。

（3）伊斯兰教

伊斯兰店铺的布置通常规整，干净且华丽，这一点在经营刺绣围巾、挂毯和衣服等纺织品类目的店铺中体现得尤为明显。面街的玻璃橱窗里常常设有手工绘制的漆盒、牛皮与羊皮制成的包具，还有装饰有彩色宝石的金色刺绣挂毯。这些商品的颜色如此鲜艳，以致和周遭低调的建筑底色形成了强烈反差。当进入这些店铺，并绕开一堵挂毯的时候，人们常常可以在墙壁上发现用阿拉伯语写就的《古兰经》，这些文字一些用于辟邪，另一些则是祈求幸运吉祥。店主还常常将自己亲人的肖像挂在靠近房顶的墙壁上，或是放在柜台的玻璃后面。与中国人在家中挂故人的肖像不同，这些照片中的人们并不一定是故人，而且，中国人常常不会将肖像挂在商铺容易受到关注的公共空间内，但穆斯林的店铺里，这些照片却是公开，有时甚至是显眼的存在。在泰美尔，穆斯林还将文字的广告运用得淋漓尽致，他们邀请客人在纸上写下对商品的好评，并将它们挂在商铺内外显眼的位置。由于其内容十分俏皮，能看懂这些小纸片的游客常常报以会心一笑。

（4）其他

尼泊尔人店铺中，有时可以见到被串在一起的辣椒和柠檬。即便是在小推车上，这些串饰也时常可见。尼泊尔人相信，在店铺的门框上挂上这些小串，便可以抵挡来自同行的威胁。每隔半个月，都会有人提着新鲜的串饰，将发干的旧串更替下来。这些串饰的花费大概在十卢比上下，由店主支付。

除了作为集会场所的宗教建筑，街区中的神圣空间还通过物品、象征得以体现。需要与之区别的，是那些被再创作的旅游商品。在设计的过程中，宗教符号、神明形象等象征被加以运用和变化，成为商品纪念品化的一种方式。由于这些象征脱离了其原有的社会场景，其背后的原则和价值，以及服务于宗教活动的神圣属性也因此降低。同时，当它们为那些了解它们的人所见，其作为仪式象征符号的特点，即浓缩性（condensation）、作为所指（signification）的统一体（unification）及其象征意义的两极性，便会经由个体的阐释，在场景和对话中复苏。①

三　小结

综上，在都市之中，空间并不仅限于一个静止的地理概念，它是与文化建构相连的动态概念。在此，空间的象征意义并非单一，而是存在多元化的可能性。② 而承载着现代性的空间也部分地背离了传统聚落中意涵丰富的象征和类比，被内部的多元性所解构和重建。在泰美尔，其内部空间的特质可以通过三个维度加以区别，同时，泰美尔作为集市的中心地位又是通过人员流动、游客的集中得以体现的。

在第二部分的讨论中，泰美尔的空间被分为三个部分，即主客、圣俗和公私（见图 1–3）。因个体的差异，这三重属性并非完全分离，而是可以叠加的。在日常生活中，它们将因场景与人物的不同而表现出具体的区别。例如，那些为顾客预留的空间，通常具有一定的私人性，且无关宗教活动。但是身为宽泛意义上的主人，在他们活动的空间中，通常都有神圣空间的存在，其公共空间也与顾客的公共空间存在文字和惯

---

① ［英］维克多·特纳：《象征之林——恩登布人仪式散论》，商务印书馆 2006 年版，第 27—28 页。

② Tor H. Aase, Geografiska Annaler, "Symbolic Space: Representations of Space in Geography and Anthropology", *Human Geography*, Series B, Vol. 76, No. 1, 1994, pp. 51–58.

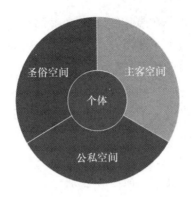

图 1 – 3　泰美尔的空间属性

习上的差异性。换言之，三类属性的关系犹如色彩中的三原色，通过相互混合、协商，形成了具有不同色彩的空间马赛克，并不均匀地分布于泰美尔区。

泰美尔的主客空间是其为人所知的关键。通过频繁建构的主客关系，个体活动所连接的区域得以从区内扩展到全球。这一关系中普遍存在的现代性也影响了其他两类关系。从时间的向度往前推移，在旅游热到来之前，泰美尔还是以地方居民所占据的空间为主。和国内其他旅游地一样，主客关系的引入带来了空间功能的转变、社区生计方式和生活方式的变化。[①] 不过，由于在发展模式和国家治理上存在着较大差别，区内的宗教场所依然通过家族和宗教组织的活动而得以保留，而社区的节事活动也并没有以展演的形式执行，而是依据自有的节律，与游客空间内的活动并行不悖。

基于前面对泰美尔空间的讨论可知，泰美尔的空间是由无数在主客、圣俗和公私三维度上属性不同的马赛克构成，其所有者和经营者的民族、国籍和文化决定了这些属性。泰美尔的中心属性使其具备了群体多元的特质，从谷地的原住民到外国人，都有机会在此居住和谋生。一方面，就主客向度而言，主人的居住空间因大量客人空间的存在而被极大地压缩。由于二者往往存在较大的文化差异，主人内部存在的多样性

---

① 孙九霞、张皙：《民族旅游社区交往空间研究——以西双版纳傣族园景区为例》，《青海民族研究》2015 年第 1 期，第 1—8 页。

常被客人们相对地降低，在表述上也常常被简化为"尼泊尔人"。另一方面，尽管在日常交往中不能避免族际交流，诸群体依然能留在各自的空间范围内，并在区内形成交错分布的同族经营，并以宗教、民族为单位，形成各自的圣俗空间。例如，为适应空间内的环境，在到达此地之后，穆斯林商户对文化进行了物质层面的再造与重建。需补充的是，用于分析的三类维度事实上是相互渗透的。其中，公私空间的向度具有更通用的性质，其涉及的关系不仅可以涵盖主客和圣俗空间中的公共与私人领域，也牵涉文字、语言、惯习和性别等命题。

第二章

时　　间

第一节　泰美尔的一天

清晨四点，大多数旅人还在沉睡，前往樟木的车已经驶入了泰美尔。睡眼惺忪的人们背着大包小包走出旅馆，坐上车。街边空空荡荡，偶尔有出租车吆喝拉客。

五点，祈福的铃声陆续响起。辛勤的尼泊尔主妇给燃尽的油灯换上新油和灯芯，在主神像前的祭台上摆放水果，在铜器中盛满新水，并添入新鲜的花朵。天边太阳的微光一点点在地平线上弥散，管理神龛和家庙的人们带着橘色的花环、供品、酥油和灯芯，走向那些古老的寺庙。

六点，旅店的伙计带着旅人们前往附近的长途巴士站。主妇开始给家人煮茶，睡眼惺忪的男人们也开始起床洗漱。主街上人流稀少，只有寺庙和神龛附近聚集着前来祈祷的人们，他们在头上点上红色的提卡，围着寺庙、佛塔和神龛转圈。随着天色的明亮，鸟儿也都出巢了，它们立在大把电线上观望来往的人们，像这些喧嚣都与己无关。

七点，尼泊尔人围坐在街边的奶茶摊边，谈论着最近的新闻。另一边，供应早餐的餐厅也早早地开了门。中国游人皱着眉头翻菜单，找不到自己想吃的东西。他们转头走向主街上供应早餐的煎饼摊——看起来，这些街头美食更符合他们对早餐的期许。

八点，希望能学到一点新东西的本地人们聚集在主街、切特帕提和特里布万外语学院的语言培训机构，拧着舌头尝试发音。"我想让顾客们开心。"一个尼泊尔人说道，"现在中国客人越来越多，会几句中文会方便很多"。他们的课程会持续一个到两个小时，不过，并不是所有人都能坚持在这个点起来。

　　九点，终于有店铺开始开门，急于购买东西的人们在关着的店门前徘徊。尼泊尔人的午餐——豆汤、米饭和蔬菜正在锅中由生转熟，而晚起的旅人们才开始吃早餐。

　　十点，流动小贩挂上了一身的菩提子和便宜饰品，向路过的中国人咨询这些货物的中文名字。人们的用餐时间陆续结束，乘着公交、摩托和汽车，住处较远的店主们从周边的巴拉珠、斯瓦扬布，甚至于巴德岗、帕坦等其他城市赶来，随着街面灰尘和噪声的增多，店铺开门的声音陆续响起。

　　十一点，按照老板给的纸条，兑换店的伙计在标有各国国旗和货币符号的灯箱上写下了新的汇率。各家招揽生意的小弟陆续到岗，各种语言的招呼声、车辆行驶声、宗教音乐声不绝于耳。"Hello——""你好——""こんにちは——""안녕하세요——"当被搭讪的人们有所反应时，招呼他们的本地人便开始尝试用各种语言说："你需要住宿吗?""你需要去博卡拉、奇特旺和蓝毗尼的车票吗?""进来看看啊——"

　　十二点，太阳照着人们的头顶，餐馆的生意开始红火起来。车水马龙招致的灰尘在空气中飞扬，商铺的伙计用他那拿布条扎起来的简陋拂尘拍打临街的商品。有的店家忍受不了灰尘的侵扰，在门口洒上清水。穿着破烂的流浪汉在灰尘和水中躲闪，最终在街角找到了可以落脚的地方。这时，隔壁餐馆的香味飘了过来，他只好把脸埋进膝盖。

　　一点，绵绵的睡意使人犯困，坐在店铺门口招揽生意的人们开始瞌睡。除了躲起来打个盹儿，尼泊尔日常的奶茶是个不错的选择。在生意冷清的间隙，店铺里的人们开始谈论这一天的琐事，独自经营的店主也终于耐不住寂寞，走出店面，同邻居们聊起天来。

　　两点，一家旅社的大堂里，在脸上画满彩绘的苦行僧拄着长木棍请求施舍。店主塞给他一张零钱，将他打发出了门。不一会儿，身着宽大僧袍的喇嘛摇着铃铛进来了，将脸上的皱纹皱成苦瓜的老乞丐伸着手进来了。店主掏了半天口袋，发现10卢比和5卢比的零钱已经用完，他无可奈何地对他们摆摆手。这时，私人银行的收款人带着记账本走了过来，他递给她一张1000卢比，作为眼下对明日收益的投资。

三点，三轮车车夫载上客人，"嘎叽嘎叽"地按着喇叭，刮散了一路上店主们在门口抽烟而聚起的烟团。介绍住宿的中介们有点疲倦，但从樟木开来的吉普已开始停在泰美尔各路段，他们要再一次运用多种语言，以好好把握此刻的良机。

四点，太阳的热度和光线都已减弱，住在城郊的人们开始收拾东西准备关门。尽管这时游玩的顾客才开始回流，可走得太晚的话，他们会在公交狭小的空间内被挤成罐头里的鱼片。

五点，才喝完下午茶，下班时间就到了，是去语言培训班进修、在一街之隔的梦想花园吃些点心，还是约上朋友去酒吧喝一杯？在任何服务与商品唾手可得的泰美尔，只有选择和金钱是个问题。生活在周边地区的人们陆续走出泰美尔，像灵巧的鱼类一般钻进主路边的迷你小巴里，把原本不大的空间塞得满满的。与之擦肩而过的出租车中坐着游玩了一天的旅人，他们谈论着这一天的新鲜事，想到稍后将在泰美尔进行的晚餐和娱乐，疲倦感立刻随着兴奋一扫而光。

六点，夜幕渐渐降临，泰美尔之外的街道越发拥堵。神庙的管理者点亮庭院里的彩灯，打开神龛的大门，重复起早上的火祭仪式。[①] 庭院北侧的房间里，前来参加圣歌集会的人们唱着赞颂神明的颂歌，这里的火祭仪式也在进行中，仪式的末尾，负责祭祀的女士端起铜制的酥油灯呈给室内的每一个人，人们则对着火焰伸出手掌，接受火的护佑和祝福。

七点，主妇才打点好家务，便爬上楼顶的神龛，点燃酥油灯，摇起祈福的铜铃，有的人还没开始准备晚餐，急匆匆地去楼下的小摊购买蔬菜。忽如其来的停电让大家都发出了惊叹的声音。有备用电源的商铺赶紧打开备用灯的开关，暗淡的灯光很快充满室内。稍后，启动的发电机忽然发出"突突突"的轰鸣，把趴在一旁睡觉的黄狗吓了一跳。

八点，餐厅里的人们正在谈论今天的见闻。"来了这里之后，我就变得很有钱了！"一位金发碧眼的青年端着一瓶啤酒，大声对他的朋友

---

　　① 阿尔缇仪式起于吠陀时期对火的崇拜，常见于印度教徒的日常祭祀中。在尼泊尔，这一仪式通常是一边摇祭祀用的铜铃，一边在神像前顺时针转动点火的油灯。人们认为，阿尔缇仪式具有除恶辟邪的功能，此外，它也代表着神圣力量的加持。

说道。旁边的两位侍应生听见他的话，互看一眼，脸上露出有趣的笑容。餐厅隔壁，打折时间刚一开始，面包店的半价商品便被等待好久的欧美游客们抢购一空。来晚的本地居民询问道："还有别的吗？"收银处的伙计看看空荡的橱窗，耸耸肩，报以摇头。

九点，附近商店的店主招呼了一天，因疲倦而眼睛通红。不过，他依然和游客磨着嘴皮，"已经是关门时间了！我给你的价格非常便宜！"在交涉失败后，他絮絮叨叨地关了店门。这时候，刚才的客人又折了回来，他对他们摇了摇钥匙，说，我要回去睡觉了，欢迎明天再来。

十点，旅店陆续开始门禁，尽管开门的商店寥寥无几，不少游客依然在街面晃悠。荷枪实弹的警察在主路的街头巡逻，由于他们的存在，这个场景显得既危险又安全。

十一点，耐不住寂寞的旅人们从旅店里溜出来，去附近的酒吧寻欢作乐，灯红酒绿的招牌旁，满脸谨慎的年轻人用蹩脚的英文和中文小声问着路人："你要大麻吗？""大妈？"脚步匆匆的中国男孩皱起眉头，"我不要大妈"。

十二点，街面的安静和酒吧的喧嚣成反比。闲晃了一天，饥寒交迫的流浪汉终于在街边的水泥石阶上找到了位置，他把手放进袖口，靠着墙壁用舒适的方式蜷起来，睡着了。渐渐地，苍蝇开始聚集在他的眼睛、耳朵、鼻子周围，但周边的酒吧太热闹，没有人注意到他的死亡。

一点，终于有了一点睡意的年轻人伸了个懒腰，他面前的电脑上显示着他今天所拍下的景色，他那地球另一端的女朋友处在白日的阳光里，在电话另一头对他说晚安。与他拼房的室友却依然在被窝里煎熬——不远处的酒吧播放着节奏亢奋的舞曲，他努力堵上耳朵，也抵挡不住这声波的震撼。

两点，酒吧依然喧嚣不已。一张桌子边上围坐着不同国家的人们，男人们打量着周围的女人，女人们不停地说着话。在音乐音量忽然放大的间隙，一个喝醉酒的导游撇下他的客人们，走进厕所呕吐起来。

三点，疲倦的人们回到旅店，而早起的人们已经醒了，他们虽仍在同一个空间，但很快就会去往不同的世界。

第二节　东道主生活与游客阈限

　　……时间这个大破坏者开始工作，形成一堆堆的残角废料。棱角被磨钝，整个区域完全瓦解：不同的时期，不同的地点开始碰撞，交错折叠或里外翻反，好像一个逐渐老化的星球上面的地层被地震所震动换位，有些属于遥远过去的小细节，现在突耸如山峰，而我自己生命里整层整层的过去却消逝无迹。一些看起来毫不相关的事件，发生于不同的地方，来源于不同的时期，都相互地接触交错，忽然结晶成某种纪念品，好像是建筑师所精心设计出来的，远比我自己的个人生命史更见智慧。①

　　民族志的叙述常与时间的表述紧密相连。进化论的时间是单向和序列性的，功能论的研究强调研究者和研究对象互为主体的时间，而结构主义则追求共时性和历时性的相互统一。② 第二次世界大战前，人类学主要以小规模社区为研究对象，其所呈现的图景多囿于相对封闭的民族，因而在时间上，也表现出传统的一面。埃文斯·普理查德（Evans-Pritchard）对努尔人的时间概念的探讨便体现出小规模社会研究的特征。他将努尔人的时间分为两类，第一类主要反映他们和环境的关系，被称为生态时间。这类时间的周期是一年，其主要表现为季节、月亮、鸟类的变化，以及人们相应的组织和应对策略，例如在旱季和雨季，努尔人从村落到营地间的往返搬迁。与努尔人生计密切相关的牛也被纳入生态时间的周期之中，人们用"牛钟表"描述他们放牧的次数以及在一天当中的时间序列，以作为对天体运作时间的协调和补充。第二类反映他们在社会结构中的相互关系，即结构时间，表现为使人们生活中所发生的特殊事件及相应的时间标示，如修建营地、经历成丁礼和械斗

---

　　① ［法］列维－斯特劳斯：《忧郁的热带》，王志明译，生活·读书·新知三联书店2000年版，第39页。

　　② 刘晓春：《殖民主义时代的时间观：以进化论、民族志、结构主义为研究对象》，《哲学研究》2006年第5期。

等。和生态时间不同，结构时间反映出不同人群的共同经验，如核心家庭、联合家庭、部落和村落等社会组织单位。由于参照点的不均匀和稀疏分布，结构时间常常显示出精确度上的含混不清。前述两类时间都用于指代那些具影响力事件的前后关系，并因相互之间的关联性而被交互使用。①

面对跨社区和多元化的研究对象，关于时间的探讨并非人类学的专利，来自其他学科的理论常能带来一些新启示。地理学家哈格斯特朗（Torsten Hägerstrand）的"时间地理现实"描述了个体在场的情境基础，即个体的肉体具有不可分性，而时间具有有限性。同时，时空对于个体和物质对象的时间及空间的容纳程度也是有限的。这一情境使得人们不得不考虑时间与空间的交织，并将自身纳入其产生的压力和机会之中。在赫氏的基础上，安东尼·吉登斯（Anthony Giddens）发展了其时间地理学的思想。他认同赫氏将个体例行活动抽象为运动的典型模式的做法，并用"时空交汇程度"的概念来补充赫氏对情境基础的阐释。在吉登斯看来，赫氏时间地理学的主要缺陷在于对时间性的过于强调，以及相应对位置概念的忽视。因此，考察在场这个概念的时候，同系统整合相关的场所概念也应被纳入考量，以完善结构化理论。②

由吉登斯的社会理论回溯，牵涉一系列经典的社会学著作，包括早年索罗金（Pitirim A. Sorokin）和默顿（Robert King Merton）对社会时间的方法和功能的分析，帕森斯（Talcott Parsons）通过时间建构社会理论的尝试及吉登斯等人受帕森斯的启发对反思性的强调等。③

尽管可供参考的社会学文献众多，但从人类学向度深究，依然需要以民族志为基础。在关于时间与他者的探讨中，费边（Johannes Fabian）引入了对人类学时间概念的全面批判，在他笔下，人类学中对于时间的主要用法有物理时间（Physical Time）、世俗时间（Mundane Time）、类型学时间（Typological Time）和交互主体性时间（In-

---

① ［英］埃文斯·普理查德：《努尔人》，华夏出版社 2001 年版，第 114—157 页。

② ［英］安东尼·吉登斯：《社会的构成》，李康、李猛译，生活·读书·新知三联书店 1998 年版，第 195—206 页。

③ 何健：《帕森斯社会理论的时间维度》，《社会学研究》2015 年第 2 期。

tersubjective Time）几类。其中，物理时间是用于描述的时间，其用法常见于进化论学派和对史前史的构建。世俗时间被用于保证物理时间的正常运作，与此相连的类型学时间则指向时间被衡量的方法，如前文字与文字、传统与现代、农村与城市、部落与封建等可从物理时间中剥离出来的衡量方式，因此，类型学时间更像是一种状态的属性或是品质，人类学家基于这种品质，去谈论那些没有历史的人们。交互主体性时间的概念强调了人类行动和接触的社交性质，其定义来自现象学思考的哲学层面，如舒茨（Alfred Schutz）对格尔茨文本的分析。① 马尔库斯（George E. Marcus）认为，费边的中心论点在于对田野工作时空断裂的质疑，他所定义的共时性（coevalness），即田野工作中研究者和研究对象在统一时空中的主体交互，导致了这一断裂的产生。在民族志书写中，研究者将身处同一时空的研究对象束进时间的框架中，并借此遁形，类似的做法将导致作品中政治和知识背景的缺失。②

　　从作品的脉络回溯，费边的反思源于 20 世纪六七十年代在人类学中兴起的反思思潮，其论点的逻辑与萨义德（Edward W. Said）的《东方学》亦有异曲同工之处。但同早期的反思人类学一致，费边并未在其批评的基础上提出相应可供替代的书写方式。埃里克·沃尔夫（Eric R. Wolf）的《欧洲与没有历史的人民》亦起于对写文化批判的回应。他试图沿着克娄伯（Alfred Kroeber）与林顿（Ralph Linton）曾经尝试的范式，即通过对构建全球性文化史，来视察人类之间的相互影响和关联。从学术脉络上看，沃尔夫的创见可以追溯到 70 年代兴起的政治经济学派。这一学派的理论基础主要来自世界体系理论和低度发展理论，当民族志书写被放入这一理论视角中，相应的作品风格便顺其自然地产生。和这一派别下的其他作品相似，沃尔夫所呈现的时间是世界性的，在 1400 年这个时间节点之后，身处不同区域、认同不同文化的人们被

---

　　① Johannes Fabian, *Time & The Other: How Anthropology Makes its Object*, New York: Columbia University Press, 2014, 2002, 1983, pp. 22 – 25.

　　② George E. Marcus, "Review", *American Anthropologist*, New Series, Vol. 86, No. 4, Dec., 1984, pp. 1023 – 1025.

贸易、市场、战争及其后的资本主义联系在一起，而非身处单一和孤立的时空。[①]

而今，在人类学研究中，费边和沃尔夫引入的对于时间的反思依然萦绕不绝。[②] 新的变化引来了传统方法的重塑与更新，依萨林斯之言，"就像我们学习去感受它们一般，诸文化正在消失，并以种种我们从未想过的方式重现，因此，人类学正处在前所未有的幸运阶段"。[③] 人类学家们已无须如政治经济学派一般在广阔的世界地图上寻找线索，以构建各自的宏大图景，因为在全球化的冲击下，即便是那些其貌不扬的小社区，也承载了世界的标题。低端全球化的中心重庆大厦，承载着名校毕业生未来的华尔街，还有接受梵高油画订单的深圳大芬村，为全世界制造节日礼物的义乌淘宝村……这些小社区本身便是世界体系的映射，然而，又远不限于映射本身。[④]

延续前文对时间的人类学思考，本节试图通过对泰美尔的时间研究，即以东道主的日常与节日时间，以及游客所处的阈限时间为研究对象，说明游客与东道主时间相互作用的全球化时间机制。[⑤]

一　东道主的日常与节日

(一)　日常生活

在对旅行概念的探讨里，通常涉及了空间转换的命题，但在列维-斯特劳斯看来，旅行不但是在空间中进行的，同时也是时间和社会阶层

[①] ［美］埃里克·沃尔夫：《欧洲与没有历史的人民》，赵丙祥、刘玉珠、杨玉静译，上海人民出版社 2006 年版。

[②] Shannon Lee Dawdy, "Clockpunk Anthropology and the Ruins of Modernity", *Current Anthropology*, Vol. 51, No. 6, Dec., 2010, pp. 761 – 793.

[③] Marshall Sahlins, "On the Anthropology of Modernity, or, Some Triumphs of Culture over Despondency Theory", in A. Hooper, ed., *Culture and Sustainable Development in the Pacific*, Canberra: Australian National University Press, 2000, pp. 44 – 61.

[④] ［美］麦高登：《世界中心的贫民窟：香港重庆大厦》，Nicole Yang 译，青森文化 2013 年版. Karen Ho, *Liquidated: An Ethnography of Wall Street*, Durham & London: Duke University Press, 2009. Olivier Pliez, "Following the new Silk Road between Yiwu and Cairo", Gordon Mathews, *Globalization from Below*, New York: Routledge, 2012, pp. 19 – 35. Winnie Won Yin Wong, *Van Gogh on Demand: China and the Readymade*, Chicago: University of Chicago Press, 2014.

[⑤] Andre Gingrich, Elinor Ochs, and Alan Swedlund, "Repertoires of Timekeeping in Anthropology", *Current Anthropology*, Vol. 43, No. S4 (August/October 2002), pp. S3 – S4.

结构的转换。而在讨论旅行中种种印象的时候，"只有与这三个坐标相连才有意义"。① 时间的计量单位极为多元化，在时钟、日历、年代、家系甚至传说中，都有丰富多样的计量单位，这些单位不仅带有象征学上的丰富意涵，在跨文化或是文化内部，也有着显著的不同。② 在泰美尔，其内部东道主的时间存在身份和文化上的差异，如对于中国人和尼泊尔人来说，对时间的感知是不同的：

> 中国人通常将周一视作一周的开头，但尼泊尔人将周日作为一周之始。一周之中，周六是唯一的假日。不过，由于境内节日众多，一个月内的休息日常常要多过四天。另一个例子来自二者每日时间的差异。尼泊尔人的工作时间通常是在早上十点之后——在此之前，人们会完成祈福、正餐的准备和食用。因此，在一天当中，多数人的午休与下午的点心时间重合。在结束工作后，人们需要准备晚餐，并在食用晚餐后不久睡觉。这一生活规律中的时间节点和其他国家的生活习惯并不那么统一，就中国人通常的作息而言，他们的中餐显得太早，晚餐又太晚，因此，在中国商户的眼中，中国人和尼泊尔人之间难于统一的作息节奏常常使合作不那么顺畅——在上午他们精力充沛的时候，尼泊尔人却还在吃饭，等到中午尼泊尔人开始干活的时候，刚吃过饭的他们却又昏昏欲睡了。③

泰美尔东道主的时间可以从日常和节日两方面来考察。④ 日常时间，即人们的生活与劳动时间。其中，生活时间有类于民俗生活，是具有普遍模式的生活文化。⑤ 但在区域内，生活时间常常受到工作时间的

---

① ［法］列维-斯特劳斯：《忧郁的热带》，王志明译，生活·读书·新知三联书店 2000 年版，第 95 页。

② David N. Gellner, *Monk, householder and Tantric Priest*, New Delhi: Cambridge University Press, 1992, p. 234.

③ 据 2015 年 4 月 18 日在泰美尔的访谈笔记。

④ 这里的东道主主要是那些在泰美尔工作的人群。而对于那些生活在泰美尔却从事区外工作的人们来说，他们的日常和节日规律更近于泰美尔外的本地人。

⑤ 高丙中：《民俗文化与民俗生活》，中国社会科学出版社 1994 年版。

挤压。通过向顾客提供服务，工作时间从人们的生活中分离开来，在最极端的情况下，东道主的日常时间完全被无序的游客时间占据，导致"终日无休"。节日时间同样也是民俗生活的体现，即以节假日为标识的、再造传统的时间，在游客时间的影响下，这一时间显示出"全年无休"的特征。

普拉丹家的观光旅行

　　普拉丹先生是居住在泰美尔的纽瓦尔中产阶级。假期中，他时常出门旅行，在他的家庭相册里，存放着他的旅行照片。"我们通常会从口岸转火车去印度。"他向我介绍道，"不管是苏瑙里、卡卡比塔还是哪里，我们都可以坐着巴士前往边境，再借助印度的铁路去往印度的任何一个地方"。相比之下，中国的边境就显得不大容易接近。"我们需要护照和签证才可以进去。"他有点惋惜地说道，"我只去过樟木，再过去就不那么方便了"。旅行时，他总会带上近 90 岁的父亲和一儿一女。作为族里最年长的男性，普拉丹的父亲已经听力不好，腿脚也不大便利了，但他依然很乐意参加这样的家庭活动。这位老人早年曾经在美国工作，后来依然坚持回了尼泊尔。当我问他为什么要回来的时候，他开怀大笑道，这里是我的家啊，我当然要回家。他说，已有许许多多尼泊尔人在海外扎下了根。在自己家中，除了两个依然在尼泊尔的儿子，小女儿已经在美国定居，大地震之后，也未回家看看。[1]

(二) 节日秩序

　　和加德满都其他地区相比，泰美尔常被评论为"不够传统"。其最主要的表现在于，即便是公众假期，这里的商铺也不会全部闭店。对于节日，各民族之间的认识不同，造成其停业休息，或是进行特别的庆祝活动的时间也都不一样。和尼泊尔民族复杂性一致的是，即便是在尼泊尔人中间，同样有各类民族节日。以节日众多的纽瓦尔人为例，该民族在加德满都谷地人口众多，其节日文化也极为丰富，其中一些节日还演

---

[1]　据 2015 年 8 月 15 日在泰美尔的访谈笔记。

变为全国公休的法定假日。另外，即便是属于同一个民族的人，对于节日的认同也因地区不同而有诸多区别，如因陀罗节（Indra Jatra）为加德满都谷地纽瓦尔人的盛大节日，但生活在谷地之外的纽瓦尔人却并不庆祝。因此，泰美尔各商铺的节日活动可说是因民族和民族发源地不同而呈现出丰富的多元性。

由于区内种姓和民族众多，人们的生活常常围绕着不同的历法，如在国家立法之外，纽瓦尔人有纽瓦尔历法（Nepal Samvat），源自西藏，信仰藏传佛教的民族使用藏历，而穆斯林则使用伊斯兰历。[①] 如表 2 - 1 所示，国家规定的通用历法，即以天城文书写的尼泊尔历（Bikram Samvat），一年之中有十二个月，每两个月为一个季节。在都市的场域之中，因涉及不同文化间的交流，统一的时间秩序尤为重要，通过这一秩序，各种节日时间可以被关联起来，并增强多元民族国家内部的一致性。[②]

表 2 - 1　　　　　　　　　　　尼泊尔季节与月份

尼历季节	气候特征	月份序号	月份	公历时间	天数
Vasanta	春季	12	Chaitra	3 月到 4 月	30/31
		1	Baishakh	4 月到 5 月	30/31
Grisma	夏季	2	Jestha	5 月到 6 月	31/32
		3	Ashadh	6 月到 7 月	31/32
Varsa	雨季	4	Shrawan	7 月到 8 月	31/32
		5	Bhadra	8 月到 9 月	31/32
Sarada	秋季	6	Ashwin	9 月到 10 月	30/31
		7	Kartik	10 月到 11 月	29/30
Hemanta	冬季	8	Mangsir	11 月到 12 月	29/30
		9	Poush	12 月到 1 月	29/30

[①] David N. Gellner, *Monk, Householder, and Tantric Priest*, New Delhi: Cambridge University Press, p. 39.

[②] 龚浩群：《民族国家的历史时间——简析当代泰国的节日体系》，《开放时代》2005 年第 3 期。

续表

尼历季节	气候特征	月份序号	月份	公历时间	天数
Sisira	早春季	10	Magh	1 月到 2 月	29/30
		11	Falgun	2 月到 3 月	29/30

对理解前述现象，格罗斯（David Gross）的观点颇为有益。在他看来，19 世纪晚期，现代国家的统治者们开始意识到，对人们时间感知的控制，不仅是权力的来源，也是权力实施的一个重要途径。这一反思侧重于几点：（1）国家的社会功能，即保证国家的内部团结、社会和谐及对内部冲突的及时消解；（2）通过渗透（persuasion）而非残忍的暴力，国家可以极好地实现其目标，此处的渗透包括那些新颖而微妙的压制方法，包括对那些过去未得到重视的象征符号、价值和意义框架的运用；（3）假设国家需要选择特定的方向，其公民的感知和心理状态也需要随之调适；（4）要触及人们深层的性格，需控制他们对于过去时间的感知，于此，最为有效的方法就是重塑布罗代尔所定义的"长时段"（longue durée）。①

从民族的角度观之，国家时间的实施又是将主体民族文化普及的方式。在谈论历法差别的时候，尼泊尔的通用历法被认为是"婆罗门和刹帝利的历法"。然而，这一历法是国家的而非单个民族的，在围绕这一历法而构建的时间秩序中，对时间的地方性感知被弱化，而代之以中心化和规范化的国家时间。② 同时，其他民族的历法并未在国家的时间秩序中完全消失，除去每周六的公休假日，尼泊尔法定的公休假中包含了各个民族的重大节日，现以 2013 年尼泊尔内政部（Home Ministry）的相关文件为例，列举如下。

1. 得胜节、光明节和胡里节

得胜节（Dashain）与光明节（Tihar）是尼泊尔最盛大的节日，前者有八天公休假，后者三天。得胜节在尼泊尔人节日规律中的重要性相

① 格罗斯的定义中，长时段是指从过去的原点延伸到个体生命中的时间段。
② David Gross, "Temporality and the Modern State", *Theory and Society*, Vol. 14, No. 1, Jan., 1985, pp. 53 – 82.

当于中国人的春节，其间，除了需人手较少的旅馆接待客人之外，大多数尼泊尔人经营的店铺都会关门谢客。因此，得胜节和光明节期间，泰美尔尼泊尔人的店铺通常会关闭。胡里节（Holi，洒红节）期间，泰美尔也有不少店铺将例行休息。据称，胡里节期间的洒红活动可能会弄脏货品，导致不必要的损失，因此，对于那些以贩售现货，尤其是纸制品和纺织品为主的商铺而言，胡里节也是例行的休息日。

2. 其他法定节日假期

公众假期安排透露出尼泊尔诸民族的多样性。首先，节日对民族差异适当照顾——一些节日是特定民族独有的，即便这一民族在人口比例中所占数量极少，其重大节日也成为全国性的节日。最典型的例子莫过于锡克族的两个节日，锡克族在尼泊尔人口总数中所占比例不到百分之一，但其节日依然占去两个公众假期。其次，各宗教的重大节日也在这一假期中得到了体现（一定意义上，宗教和民族的范围是重合的）。上述节日外，还有罗摩诞辰日、佛诞日和黑天神克里须那生日三个宗教节日，其中两个属于印度教，一个为佛教。除了印度教、佛教、伊斯兰教和锡克教，近年在尼泊尔逐渐兴起的基督教也在全国性的假期中占有一席之地。再次，地区性的差异同样在全国性的假期里得到了体现——由于喜马拉雅山地、加德满都谷地和特莱平原的主体民族构成差别较大，且即使是相同的民族，其文化亦存在区域差异，因此一些节日仅在部分区域庆祝。这种地区性差异还导致了节日的先后性，如洒红节的安排是加德满都优先，特莱平原在后，但特莱平原靠近印度，其节日的庆祝也比加德满都隆重得多。最后，加德满都谷地作为全国的政治、经济与文化中心，其重要性体现在政府对当地节日的重视上。加德满都谷地亦有专门的地区性节日，包括神牛节（Gai Jatra）、因陀罗节（Indra Jatra）和赛马节（Ghoda Jatra）。由于加德满都的原住民以纽瓦尔人为主，这些节日也多起源于纽瓦尔文化，但现在已渗入其他民族生活中。譬如在问及神牛节的民族归属的时候，纽瓦尔人会非常肯定地说这是纽瓦尔人的节日，但是其他长期生活在加德满都谷地的民族则认为这是全国性的节日，不一定将其视作纽瓦尔节日。

政府假期（Diwas Bida）和女性节假日。这一类假期包括七个节日，计有民主日（Loktantra）、国际劳动节、公众日（Ganatantra di-was）、政府服务日、国际残疾人日、烈士纪念日和建国日。泰美尔区内多非政府公务员，对这些节日的重视程度相对较低，但由于家庭中有公务员，或"大家都休息的时候我也想休息"，节日期间闭门的商户依然要多过前后的非节日。女性节日主要有女人节（Teej）两天和季提亚节（Jitiya purba）一天。前一类节日的庆祝者主要是婆罗门和刹帝利女性，其男性家属也会参与节日期间的活动组织和服务。季提亚节的庆祝者则主要为源自尼泊尔西部及塔鲁族的已婚妇女。

3. 加德满都纽瓦尔人节日

加德满都的纽瓦尔节日为数众多，对于居住在普拉丹神庙附近的普拉丹一族而言，一年中较为重要的节日有胡里节前后的光明神节（Cha-kandeo Jatra）、七八月的神牛节、八九月的因陀罗节，以及尼泊尔文化中最为重要的得胜节。其中，仅以神庙为中心的节日是光明神节。这一节日内活动的组织由普拉丹一族的古提负责，但参与活动的人们则由不同种姓的纽瓦尔人组成。

> 在光明神节前的胡里节，存放于普拉丹神庙北边房间的佛像将被放在庭院之中，并接受一系列仪式的洗礼。次日，农民种姓的纽瓦尔人将抬着这尊佛像进行游行。游行的队伍由手持乐器的人们开路，其后尾随着载有关于这则节日的文献的轿子，而后则是佛像。当经过一个倾倒垃圾的区域时，附近各种姓的人们会对辛哈佛进行祭祀，向神像献上供品，鲜花与用以点提卡的红粉——相传，辛哈佛接受了一位拾垃圾者的供奉，这一举动打破了种姓系统内的严密规矩，也使得他为祭司们所谴责。在祭祀结束之后，人们将前往普拉丹一族的土地附近游行，并在夜晚返回神庙。彼时，附近的人们将前去供奉佛像，而负责祭祀的祭司也会唱起关于辛哈佛的神歌。①

---

① 据 2015 年 3 月 14 日在泰美尔的访谈笔记。

二　全球化阈限：全年无休的游客

（一）游客的阈限

对于住户、商户和雇工而言，泰美尔意味着有规律的工作和生活。但对于那些以游览和消费为目的的人来说，这里则是打发时间、追求刺激，以寻求非日常经验的场所。换言之，对于大多数游客而言，泰美尔的活动有类于仪式理论中的阈限。旅游人类学中，阿诺尔德·范热内普（Arnold van Gennep）的仪式理论被用于阐释游客所追求的非日常经验。盖内普将通过仪式（Rites of Passage）定义为"伴随着每一次地点、状态、社会地位以及年龄的改变而举行的仪式"，并将这一仪式分为"分离"（separation）、"阈限"（limen）、"聚合"（aggregation）三个阶段，经历了这三个阶段的主体将重新获得一种相对于此前不同的身份。① 盖氏的研究为维克多·特纳所继承和发扬，特别是在阈限的特殊性，即"非此非彼"的状态上。在特纳看来，阈限本身形成一个独立的场域，借由这一场域，受礼者可脱离原来的场域，并在这一过程中重构自身的社会地位。② 这一理论最早被特纳用于朝圣旅行的研究之中，并启示了后来许多研究旅游现象的人类学家，如贾法瑞与格雷本等。其中，前者提出了跳板理论，即在游览过程中，游客的情绪会受到释放，并在这一过程中得到激励；而后者则将游客所处的状态看成是人生中的神圣高点。二者的理论都与通过仪式的阶段论有着相似的逻辑。③

阈限是仪式理论中最重要的部分，也常用来指代游客所在的阶段。由于其社会身份的模糊，受礼者常受到不同以往的特殊待遇，他们所能行使的权利与义务也与过去不同。首先，通过各类活动的参与，异地生活的体验得以实现。对于缺少游览经验的年轻人来说，"在别处"的概念指向兴奋、刺激、浪漫和因人而异的危险性。另一个地方的生活会形成一个相对原来居住社区更神秘和陌生的场域。其次，游览期间的活动

---

① ［法］阿诺尔德·范热内普：《过渡礼仪》，张举文译，商务印书馆2010年版，第13页。
② ［美］维克多·特纳：《仪式过程：结构与反结构》，黄剑波、刘博赟译，中国人民大学出版社2006年版，第94—95页。
③ ［美］丹尼逊·纳什：《旅游人类学》，宗晓莲译，云南大学出版社2004年版，第39—40页。

可以带来参与者主体地位的提升。比起年度周期仪式，这一观念中生命
危机仪式的意味要更浓重。特纳认为，生命危机仪式不仅是"与获得
更高的职位有关的仪式"，还包括劳纳德·沃纳所言，主体所经历的
"他母亲的子宫胎盘将其固定之处，到他死亡之后的墓碑最终树立之
处，以及作为死亡的有机体在坟墓之中的安放之处——在这期间，不断
会有一些重要的转换时刻的出现。对于这样的时刻，所有的社会都会将
其仪式化，并且用适宜的关注打上公众性的标志，以此来对居住在社区
之内的成员强调个人或群体的重要意义，这些，就是出生，青春期，结
婚和死亡"。[①]

在泰美尔，谈到间隔年概念的年轻游客，甚至中年游客都期待着间
隔年后更好的生活。在他们眼中，间隔年也意味着青春的结束，或是学
生时代的尾声。从社会身份来看，有时间履行"间隔年"的人们往往
"非我非他"。如在间隔年之前，参与者可能是在学校中的一名学生，
可能有自己的工作和社会组织，但进入间隔年后，却是一个没有归属单
位的流浪者，而对于那些取得短期工作身份的参与者来说，间隔年期间
的身份不具有稳定性，且仅仅存在于这一特殊时期。

（二）日夜颠倒与终年狂欢

基于前述有类阈限的阶段性质，泰美尔的游客时间可以从日常与年
度两个向度考量。

首先是日夜颠倒。考虑到人们生活习惯带来的差异，所谓的"日
夜颠倒"总是相对而言的。一方面，从其他地方来的人们常常带着时
差。另一方面，十点之后，泰美尔的舞吧、酒吧、赌场开始进入营业高
峰时期，区内丰富的夜生活会吸引人们前去消费，而不是待在房间里
睡觉。

其次，游客的流动也会在区内造成"终年狂欢"的景象。由于自
身文化与本地文化的不兼容，多数游客像是进入了一个真空的环境，游
离在母文化与本地文化之间。最典型的例子要属节日。游人们对本地节
日多报以新鲜的猎奇之心，但对具体内容却一知半解。至于本文化的节

[①]　［美］维克多·特纳：《仪式过程：结构与反结构》，黄剑波、刘博赟译，中国人民大学
出版社 2006 年版，第 170—172 页。

日,有的人以简单的方式庆祝,另一些人则以游玩行程为生活重心,对
母文化的节日时令并不关心。例如,中国人的春节,即便这是汉文化中
最重要的节日,但来尼泊尔旅游的中国人却常以旅游行程为中心,而非
按照传统的节日时序安排初一、初二的生活。

三　东道主的时间策略

在前面的叙述中可知,泰美尔东道主的时间带有日常和节日的规律
性。由于其时间的阈限属性,游客的活动则是相对无序的,但如图 2 -
1 所示,其到访的频率又受季节性的影响。因此,其到访规律需要考虑
季节性的问题,即并不与自身节日秩序相互吻合的淡旺季时间。同时,
东道主受游客时间的影响可以从全日无休和终年无休两个概念进行
分析。

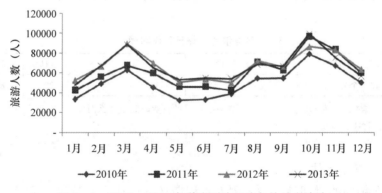

图 2 - 1　2010—2013 年游客到访尼泊尔的月度统计

资料来源:Government of Nepal, Ministry of Culture, Tourism & Civil Aviation, Planning & Evaluation Division, Statistical Section, *NEPAL TOURISM STATISTICS* 2013, Singha Durbar, Kathmandu, July, 2014, p. 13。

(一) 全日无休与终年无休

1. 全日无休

2015 年 2 月开始,尼泊尔政府致力将杜巴广场到泰美尔的区域建
成 24 小时旅游区,在亚洲发展银行的赞助下,尼泊尔电力局(NEA)
已开始以特里德维路为中心,在泰美尔各区域安装太阳能街灯。这项举

措得到了尼泊尔登山协会（TAAN）、尼泊尔旅游董事会（NTB）等组织及数家银行的支持。据称，未来将有超过 200 盏 40 瓦特的灯安装在泰美尔区域。为了节约空间，一些灯将被安装在屋顶。除了照明设备，这里也将安装闭路电视和相应的安保设施，以保证旅游者的安全。对于这项政策，一些店铺也很快做出了反应。在一家中国餐馆，老板挂出了一张"24 小时营业"的巨大广告幅。[1] 不过，对于规模较小的店铺而言，24 小时经营需要更多的人手换班，而那些住处较远的店主也并不愿意实施全天候营业。从他们的角度看来，除了增加了游客游玩的时间段，"24 小时"更有利于那些较大资本的运作。表 2-2 的统计也说明了这一点，即除了少数商户维持着 24 小时无休的经营，多数店铺的每日经营时间是 12—14 小时。在晚上八点到十点之间，面包店会出售半价面包，而老板们则会不停地告诉前来询价的游客，这是他们在一天之内所能提供的最好价格，因为，现在已经到了"该关门的时候"。[2]

表 2-2   **泰美尔商户每日工作时间**

休息时间（小时）	24	15—18	12—14	9—11	8 及以下	其他	合计
户数（个）	23	85	551	171	20	20	870

注：样本总量为 870 个，问题为"您商店每日的营业时间是什么时候?"20 个商户不愿意或没有人回答这一问题。

2. 终年无休

在每周的时间秩序中，周五是穆斯林进行礼拜的时间，届时一些穆斯林会闭店，前往泰美尔区外的贾玛清真寺和克什米尔清真寺进行礼拜。周六是尼泊尔的政府公休日，其间区内尼泊尔人的店铺多例行休息，数家基督教徒的店铺也会关闭，他们会前往教堂祷告。因此，每周的星期五和星期六，泰美尔区内按时开张的店铺相对要少一些。另外，尽管人们对节日文化的认知不尽相同，但罢工却是人们都要回避的

---

① 据 2015 年 4 月 27 日在泰美尔的访谈笔记。

② 在同一天之内，店主们关于最好价格的说辞还会出现在早晨。有的店主声称，在早上开门的时候卖出东西，会给他带来一整天的好运，所以即便利润并不如意，他也会尽量促使生意成交。

事件。

2015 年 4 月 7 日到 9 日，由于政见不一致，尼泊尔 30 个政党发动为期三天的罢工活动。其间，为了防止打砸事件的发生，多数店铺都处于关闭状态。罢工头一天，尽管阿山、新街等地的商铺一直处于关门状态，泰美尔却在中午之后很快恢复了往常的活力。一些店铺关闭了大门，仅留有一扇小门。对此，有的店主解释道，上午是政党们集会的时间，也是罢工事故的频发时段。吃过饭以后，一些店主依然会从家中赶过来。此外，由于对这类突发事件的掌控抱有信心，另一些店主依然坚持"全年无休"的泰美尔时间观，从早到晚开门迎客。[①]

在进行访谈的时候，很多店铺经营者会特别声明，自己的店铺"终年无休"，即便是重大节日，也会尽量腾出时间来开门迎客。"我们的客人每天都会来，他们没有假期"，一位店主说道，"所以我们也没有假期，假期只有公务员才能享受，可我们是商人"[②]。"终年无休"的另一个原因，即对财富和利润的追求。有的经营者认为，自己的生意并不十分如意，所以才需要在经营上花更多的时间，至于那些已经赚取了足够利润的人，他们并不在意这几天时间是不是挣不了钱。[③] 不过，对大多数非房东的商户而言，每放一天假都是一次损失。

一位店主曾经敲着计算器同我说，他一个月的店租是 70000 卢比，因此，每放一天假，就要经受 2000 卢比的损失。[④]

"我们店没有休息的日子"，另一个店主说道，"你要知道，放假的时候其实生意更好，因为客人们都需要购物，而泰美尔有一些店铺会关门。在竞争更少的时候，我们可以取得更多的利润，相比

---

① 据 2015 年 4 月 9 日在泰美尔的访谈笔记。
② 据 2015 年 4 月 18 日尼泊尔调查员 A 提交的调查总结。
③ 据 2015 年 9 月 5 日在泰美尔的访谈笔记。
④ 据 2015 年 3 月 24 日在泰美尔的访谈笔记。

之下，休息并不是必需的"①。

为了在享受节日时光的同时延长经营时间，经营者们所用的策略主要有在区内进行庆祝、尽早完成节日活动以及换班等：前两种是节日与生意之间妥协的结果。区内庆祝者的居所多在区内，但对于需要前往寺庙或是大清真寺进行宗教活动的人来说，完全区内进行的活动并不可行，出于节日活动的需要，人们往往一大早便开始前往周边的目的地，并在活动完成后回来。② 第三种常用的策略是换班。内部人员的轮流式值班可以避免节日期间无人值守的情况，且适用于各种类型的商铺，包括旅店、书店和纪念品商店等。这种情况在非实物交易的地方更为适用。由于其经营的并非价值较高的实体商品，经营者也可以放心地将经营权交出，并回家庆祝节日。反之，在经营贵重物品的商店，事情就没有那么简单，一些商店甚至因为找不到合适的长期合作者，宁愿牺牲节日的经营时间。

（二）"回家"

对于在泰美尔讨生活，尤其是来自加德满都谷地之外的人而言，"回家"并不以工作日为时间单位无限循环。对外国人来说，"回家"尤为麻烦，多数人需要在飞机、汽车和火车这几种交通工具中来回倒腾，才可以到达远方的家。以下兹举两例。

> "我今年没有回家，去年也没有。"一位克什米尔穆斯林说道，"并不是不想回家，回家太不方便了"。店里的工作很忙，他需要从早上六点忙到晚上九点。平时他会去泰美尔的小清真寺做礼拜，周五的时候去珠宝公园（Ratna Park）附近的清真寺做礼拜。那个时候，来自尼泊尔、印度、巴基斯坦和克什米尔的穆斯林们都会去那儿。他们相互问好，交流近况。节日期间，这位店主常常开着店铺。当开斋节和宰牲节到来的时候，他会和朋友的家庭一起做一些

---

① 据 2015 年 6 月 1 日在泰美尔的访谈笔记。

② 这也是一些人日常作息的规律，不过与平时相比，由于活动更多，节日期间对时间安排的要求更为紧凑。

克什米尔美食。不过，在他看来，自己的家庭是没有办法替代的，即便是再好的朋友，都不能用以替代家庭。因此，对他来说，最理想的状态是能在开斋节期间回家，并在家里待上一个月。

"我辞职回家了。"一位曾在一家中国超市做管理工作的中国人说道。尽管丰富多彩，但没有亲人的生活实在太寂寞，在春节到来之前，他还是辞职回了家。那些作为老板的中国人对此更是深有体会——雇用的中国员工常需顾及家里的老老少少，因此，一般干个一两年便会回中国，很难有愿意长期合作的人。即便是经营者本人，每年也会回去一两趟。加德满都到国内的来回机票在4000—5000元，遇到打折季，还可能买到两三千元的往返机票。正因为回家的不便，每逢回国的机票有特价活动，人们都会相互分享信息，以期能有一次成本较低的回家机会。

对于泰美尔及周边的东道主而言，回家并不是件麻烦的事情，他们每天在这一带穿行，对家庭和生意的影响甚微。不过，由于游客时间中存在的季节性和本地时间的节日规律并不吻合，回家常常造成经营上的损失。最为典型的例子，是公历10月底前后的得胜节，这一节日刚好和年底游客高峰相冲突。正如前面开斋节和春节对穆斯林和中国人的影响，得胜节期间，也是尼泊尔外地人回家的时候。一些雇员虽然答应好老板在节日期间留守店面，但到了节日期间，却偷偷溜回家过节，令他们的老板大为头疼。"我知道老板会生气，可我还是要回去"，一位尼泊尔雇员说，"得胜节应该是家人团聚的日子，当我母亲打电话叫我回家的时候，我实在忍不住离开了。老板也要回家，可他却不能原谅我们的过失"。[①] 事实上，在雇用本地员工的店铺里，得胜节前后往往是老板与雇员关系紧张的时间段。有的雇员希望能在得胜节前辞职回家，有的希望请到足够的假期，造成店铺里普遍的人手短缺。很少人愿意在过节的时候待在这个游客的天堂，这里有的是挣钱的机会，可人们只想要过节。

———————————

① 据2014年10月3日在泰美尔的访谈笔记。

四　小结

图 2 - 2 显示的是东道主时间与游客时间的关系。从最简单的二元关系上看，东道主和游客之间的时间是相互影响的。因为前者的构成呈现多元化和全球化的特征，如文化、民族和时区上的多样性，相较东道主时间内部的异质性，其表现出的差异更为明显。游客时间具有临时和单向的特征，即大多数人都是在目的地暂时性地游览而非长期生活，且在游览和购物结束后，人们在短期之内也不会回到泰美尔，而是返回原来的生活世界。因此，前者是在惯常的场域中对日常生活的实践，而后者则是在缺乏地方性知识的情境下，对出发地时间的重复及对当地时间的模仿。在全球化的前提下，前述命题的考察涉及了其双重时空性，以及其中所蕴含的不平等的张力。①

图 2 - 2　东道主与游客的时间

基于前面的讨论，二元关系因日常和节日的区别而分裂出两套时间机制，即图 2 - 3 所显示的三类时间的重叠。首先，从东道主的视角出发，其时间可从日常时间和节日时间两个层面进行分析。在泰美尔之外的商铺中，日常时间和节日时间的重叠常导向"回家"的应对策略；但在区域之内，由于游客时间的无序性和与东道主时间不兼容的季节规律，"回家"的可能性受到了一定程度上的压制。其次，在这一模型中，因其是在较长时段内循环往复而非单向运行，本地人的日常时间呈现出较为稳定的特征，而节日时间则因文化、国家和地区等因素，表现

---

① 郑震：《论日常生活》，《社会学研究》2013 年第 1 期，第 65—88 页。

出非均质的属性。因此，在日常生活的时间秩序中，具有破坏性的游客时间对东道主时间产生的影响常常大于东道主对游客的影响；同时，在反日常的节日秩序中，由于消费场所的关闭，游客时间亦常为东道主的时间所影响。

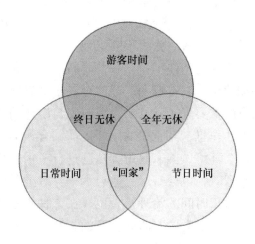

图2－3　东道主与游客的时间机制

在早期吠陀教教徒的经验中，时间是与献祭活动相伴而生的。因此，其时间观念渗透着人与神之间的交流与合作，是人性也是神性的体现。① 然而，当机械钟表所标志的精确时间被发明出来，世俗时间与神圣时间开始相互脱离。在所有全球化进入之前，承载着贸易活动和资本主义萌芽的都市社区中，特殊的节律也开始形成。② 科技发展极大地压缩了人们与目标地所在的时空差，造成了现代都市空间中的双重时间性（double temporality）。③ 这种双重性被用于批评人类学家在写作与研究时的时间差和民族志的时间政治（politics of time），同时也切实地存在于人们的日常生活中，并通过人与人之间的交集，改变着原有

---

① ［印度］雷蒙多·帕尼卡：《印度传统中的时间和历史：时间和羯磨》，载［法］路易·加迪等《文化与时间》，郑乐平、胡建平译，浙江人民出版社1988年版，第66页。

② ［苏联］A. J. 古列维奇：《时间：文化史的一个课题》，载［法］路易·加迪等《文化与时间》，郑乐平、胡建平译，浙江人民出版社1988年版，第331—333页。

③ ［英］尤瑞：《游客凝视》，杨慧等译，广西师范大学出版社2009年版。

的时间秩序。①

　　在被浓缩进一个小社区的世界性社会，或是显示出世界性属性的小社区之中，时间的概念显得尤为复杂。② 除了格尔茨的"前人""后人"和"同代人"，人们还要面对文化意义上与己差异巨大的他者，并在本我与他我的感知之中不断地重构这个世界。③ 泰美尔提供了一个世界性"互视"的案例，即在东道主与游客的时间关系中，现代与传统、妥协与反抗、规则与无序的矛盾与张力不断呈现。

　　综上，这一案例的启示在于：其一，时间的矛盾和错位并非人类学书写所遭遇的特殊境遇，它普遍而广泛地存在于世界性社会之中，是民族矛盾和人群张力的重要来源；其二，东道主与游客的时间关系不仅涉及区域内二者的生活作息，其意义的阐释还需结合人类学整体论，从广泛的民族文化、社会环境、国家政策等角度进行考量；其三，当这一案例与中国的案例并置时，也会带来一些启示——有类于尼泊尔历和其他历法的关系，境内对于时间的治理是否也存在这种中心典范—边缘历法式的对立。至于在这种对立中，时间秩序的相互磨合是否或是如何得到合理的解决？这又将是另一个话题了。④

<hr>

　　① ［意］马力罗：《时间与民族志：权威、授权与作者》，吴晓黎编译，《民族研究》2014 年第 5 期。

　　② 高丙中：《海外民族志与世界性社会》，《世界民族》2014 年第 1 期。

　　③ ［美］克利福德·格尔茨：《文化的解释》，韩莉译，译林出版社 2014 年版，第 424—433 页；［德］埃尔蒙德·胡塞尔：《生活世界的现象学》，上海译文出版社 2006 年版，第 172—174 页。

　　④ 高丙中：《民族国家的时间管理——中国节假日的问题及其解决之道》，《开放时代》2005 年第 1 期，第 73—82 页。

第三章

人　　群

第一节　市场中的民族流动模式

谈到泰美尔的时候，当地英文报纸通常以旅游飞地（Tourist Ghetto）指称。就民族向度而言，ghetto 类似于 enclave，是由于社会、法律或是经济方面的压力，某一民族的聚居之所。韦氏词典将其解释为位于异国或犹如位于异国的一块独特的领土、文化或社会单元。[①] 从领土管理角度看，飞地指由某一行政区管辖，但却不与之毗连的区域。[②] 广义的"民族飞地"（Ethnic Enclave）可指特定民族的居住地，同时又指聚集了大量以单一少数民族为主要劳动力来源的区域。[③] 在过去有关民族飞地的研究中，这一区域常和寓居异域却又与故乡保持密切联系的"离散"（Diaspora）民族相互联系。[④] 除了那些以单一族性为基础形成的民族聚居地，如唐人街、小印度和韩国城，那些外来族裔混合居住的地方，如香港的重庆大厦，也构成了如今都市中有如旅游景点一般的民

---

① Merriam-Webster, *The Merriam-Webster Dictionary*, Merriam Webster, 2004, p. 237.

② 张娜、吴良全：《费尔干纳盆地的飞地问题——对 20 世纪 20—30 年代中亚地区民族—国家划界的反思》，《世界民族》2013 年第 1 期，第 29—37 页。

③ Alejandro Portes and Leif Jensen, "Disproving the Enclave Hypothesis: Reply", *American Sociological Review*, Vol. 57, No. 3, Jun. , 1992, pp. 418 – 420.

④ Merriam-Webster, *The Merriam-Webster Dictionary*, Merriam Webster, 2004, p. 305. 段颖：《Diaspora（离散）：概念演变与理论解析》，《民族研究》2013 年第 2 期，第 14—25 页。

族飞地或景观。①

在国内，民族互嵌型社区是近年来讨论较多的一个概念。互嵌，即相互嵌入，被用来形容区域内两个以上不同民族成员共同居住、生活、互动及由此形成的共同体。② 出于加深与拓展这一概念相关理解的需要，内部居民多元化的泰美尔也可以划归民族互嵌型社区的概念之下，并进行具体结构上的实证分析。基于这一基本预设，本小节试通过对泰美尔区内房东、商户和游客的民族结构，分析诸民族进入这一区域的流动过程，并将这一结构进行理论抽象，以探讨市场中的民族流动模式，及这一模式对社区中民族互嵌关系带来的整体影响。

一 泰美尔本地房东的民族结构

在都市化进程中，过去单一民族聚居的传统居住空间，常常受到外来移民的影响，逐渐变成多元民族共同分享的空间。③ 在城市发展过程中，来自其他民族的新移民有可能将现有的社区作为其居留的重要选择，并使其发展为以本民族为主的社区空间。如 1983—2003 年，在多伦多的唐人街西部，尽管越南人在人口总数上依然不如华人，但主要由香港人经营的生意逐渐被越南人替代。一些城市发展出属于同一民族却相互区别的民族互嵌类型，如在纽约的塞内加尔村和小非洲，虽同为以非裔美国人为主体居民的飞地，但前者居住的多是中产阶级，后者则以

---

① ［美］麦高登：《世界中心的贫民窟：香港重庆大厦》，Nicole Yang 译，青森文化 2013 年版。笔者认为，在旅游这一向度上，飞地可以分为"度假型"和"候鸟型"两类。第一类是度假型。投资商和地方政府若是对当地居民的旅游参与不予考虑，且投资商与地方政府之间也不存在利益往来的情况下，投资商所兴建的旅游度假区将可能会发展为专门以游客为服务对象、脱离本地语境的度假型。比较典型的例子有印尼巴厘岛的努萨杜阿。这类飞地有两个特点：第一，由于大量国际资本的介入，当地企业通常要面对经济和地理位置的双重边缘化；第二，这种边缘化不仅引起了店主—顾客之间鸿沟的扩大化，也进一步导致了当地货币在市场中的贬值。第二类是候鸟型。候鸟型网络常见于民族之间差异程度较小、跨国资本影响较少、旅游业迅速发展的欠发达地区。候鸟型旅游区内，第三产业在其发展中发挥重要作用，而游客人口多呈现出季节性变动。以中国九寨沟县为例，旅游旺季时的城镇人口数倍于其常住的城镇人口；第三产业发展的同时，退耕还林、退牧还林工程的实施则使得当地第一、第二产业快速萎缩。

② 杨鹍飞：《民族互嵌型社区：涵义、分类与研究展望》，《广西民族研究》2014 年第 5 期，第 17—24 页。

③ Chiu M. Luk and Mai B. Phan, "Ethnic Enclave Reconfiguration: A 'New' Chinatown in the making", *Geo Journal*, Vol. 64, No. 1, 2005, pp. 17–30.

工人阶级为主。[1] 同其他国际飞地一致的是，泰美尔也表现出文化变迁和社会适应。半个世纪前，在泰美尔商业逐渐发展起来的时候，民族结构的多元化也开始了。[2]

表 3 - 1 区内铺面房东结构

种姓或族名	铺面数（个）	所占比例（%）
纽瓦尔族	631	76. 4
古隆族	76	9. 2
山地婆罗门	55	6. 7
山地刹帝利与塔库利	30	3. 6
夏尔巴族	11	1. 3
西藏移民	11	1. 3
私人机构	6	0. 7
政府	3	0. 4
马德西人	2	0. 2
其他	1	0. 1
合计	826	100

表 3 - 1 是泰美尔内房东的民族构成的调查结果。结果表明，泰美尔 3/4 以上的商铺的房东是纽瓦尔人。此外，泰美尔还有少数房东属于古隆族、山地高种姓、夏尔巴人及西藏移民。其他民族或者外国人房东的数量极少。

（一）纽瓦尔人

虽然人们常常为泰美尔的流动性所吸引，但这一区域作为纽瓦尔人的传统聚居地，同样有较为稳定的一面。从 17 世纪中期到 20 世纪早

---

① Diana di Zerega Wall, Nan A. Rothschild and Cynthia, "Copeland Seneca Village and Little Africa: Two African American Communities in Antebellum New York City", *Historical Archaeology*, Vol. 42, No. 1, 2008, pp. 97 - 107.

② B. E. Harrell-Bond and E. Voutira, "Anthropology and the Study of Refugees", *Anthropology Today*, Vol. 8, No. 4, Aug., 1992, pp. 6 - 10.

期，纽瓦尔人，尤其是纽瓦尔人中的佛教徒，在与西藏的贸易中扮演着重要的角色。[1] 作为加德满都谷地的原住民，纽瓦尔人掌握着都市中大多数商铺的所有权。以刘易斯（Todd T. Lewis）研究的阿山集市为例，这是加德满都市最主要的市场之一，主营从中国各地进口的食用油、谷物，从印度进口的电子产品、食品，以及产自中国、南亚、东南亚乃至世界各地的服装箱包等。依1987年的调查结果，在阿山的商户中，祖籍加德满都的人占到总数的95%，此外还有1.6%祖籍巴德岗的纽瓦尔人。另有关于阿山店主的统计，祖籍加德满都的纽瓦尔人占到了85%，巴德岗的纽瓦尔人为2%。从民族角度看，阿山基本就是纽瓦尔人的集市。[2]

1951年尼泊尔实施民主制之后，其他民族的城市化进程也开始了。移民涌入加德满都，一些纽瓦尔人将名下房屋出租给外人。一部分其他民族的尼泊尔人则买下了这里的土地和楼房，成为泰美尔的新居民。[3] 不过，泰美尔的传统一面依然具有强烈的纽瓦尔基调：地名中的纽瓦尔词汇、坚实而怀旧的纽瓦尔建筑、纽瓦尔人引以为自豪的古老语言和社会组织文化，都是而今泰美尔民族大杂烩背后的底色。以周、月、年为时间单位的固定族内活动在一定程度上确保了区内民族的稳定性。即便族人搬离了泰美尔，他所属的古提依然会在区内进行传统的节日庆祝和日常的圣歌活动。此外，随着泰美尔房租上涨，一些纽瓦尔人可以仅靠房租解决开支问题而无须费心去别处打工。因此，在游客频繁流动的背景下，泰美尔的日常生活也因他们的在场而

---

[1]　Mallika Shakya, "Economic History through the ethnic Lens", in *Nationalism and Ethnic Conflict in Nepal*, London & New York: Routledge, 2013, p. 59.

[2]　Todd T. Lewis, "Buddhist Merchants in Kathmandu: The Asan Twah Market and Uray Social Organization", in *Contested Hierarchies*, Delhi: Oxford University Press, 1995. pp. 38 – 78.

[3]　尼泊尔的人均GDP在世界上排名较低，但加德满都的地价、房价在过去20年间一路上涨。造成房屋涨价的初因是1951年尼泊尔民主化之后开始的自发的城市移民潮。加德满都的环境和饮用水污染长期受到诟病，但它作为尼泊尔境内最大的政治与商业中心，对加德满都周边、尼泊尔境内甚至于北印地区的人们都颇具吸引力。1996年开始的人民战争，也刺激人们向更加安全的都市迁移。而今加德满都的市郊遍布着外地移民新建的楼房。在寸土寸金的泰美尔，后来的生意人想买下一栋体面的小楼或是不错的地皮已不是一件容易事情。这里的街道狭窄，房屋林立，很难找到一个宽敞的立足点。价格上，数百万元人民币一套的房屋也非小商户们容易接受的数字。

呈现出传统和稳定的一面。

纽瓦尔房东中数量最多的 12 类种姓如表 3 - 2 所示。[①] 综合而言，表 3 - 2 中纽瓦尔种姓在泰美尔区表现出两个特征。第一，房屋数量与种姓等级的相关性较弱。在纽瓦尔人内部，也有种姓之分和高低之别。以这 12 类种姓为例，祭司种姓（Vajracharya）在种姓系统中的地位最高，而屠夫种姓（Shahi）的等级最低。一些传统上等级较低的种姓也排入了数量最多的房东群体，可知房屋数量并非在种姓内部均匀分布；第二，雪斯塔是占有铺面数量最多的房东种姓。就其分层而言，雪斯塔内部还存在六姓（Chathariya）、五姓（Pancthariya）、四姓（Charthari-ya）及其他，数字越小在内部等级中地位越低。[②] 在访谈中，地位最高的六姓雪斯塔即那些血统可以上溯至谷地贵族及精英阶层（医生、律师、官员等）的雪斯塔种姓，更倾向于将自己与其他雪斯塔相互区分开，这一点也表现在表 3 - 2 中被单独列出的雪斯塔种姓中。不过，由于这一种姓的人数众多，且在类别上难以定义，其内部组织也具有较强的伸缩性。[③]

---

① 除了前述种姓，泰美尔区的纽瓦尔人还有 Maskey、Dongul、Prajupati、Suwal、Pradhanang 等。其中 Pradhan、Bajracharya、Dongul、Suwal、Manandha 是佛教徒，Maskey 等则信奉印度教，区内的宗教身份还存在很大程度上的混合，即认为自己既是佛教，又是印度教。区域内的大姓包括 Pradan、Bajracharya 和 Mahajan。Pradhan 生活在 Bhagwan Bahah 一带，属雪斯塔六姓，意为贵族，可与 Joshi、Maskey 等贵族种姓通婚。Bajracharya 集中在 Kwa Bahah 和 Mushya Bahah 周边，负责这两座庭院的日常祭祀与管理，是纽瓦尔人种姓系统中最顶层的佛教祭司。Maharjan 则是纽瓦尔种姓系统中的农民，过去常从事农业和体力劳动，而今也从事各种职业，在泰美尔经常可以看到他们的店铺。

② Declan Quigley, "Sresthas: Heterogeneity among Hindu Patron Liheages", in David N. Gellner and Declan Quigley, *Contested Hierarchies*, Delhi: Oxford University Press, 1995, pp. 82 - 84.

③ Declan Quigley, "Sresthas: Heterogeneity among Hindu Patron Liheages", in David N. Gellner and Declan Quigley, *Contested Hierarchies*, Oxford University Press, 1995, p. 106.

纽瓦尔人常说，任何人都可以说自己是雪斯塔。由于拉纳王朝时期政府给予雪斯塔种姓在高级公职上的优先权，越来越多的纽瓦尔人宣称自己是雪斯塔。同时，由于国家法典的限制，雪斯塔人又严格地被与纽瓦尔人之外的民族区分开来。

中国也有类似的例子，如贵州安顺地区的屯堡文化。除了最早的明代戍边明朝军士及其家属，清代的新移民亦扩大和丰富了飞地的人口。在明清数百年形成的基础上，屯堡人形成了相对封闭的生活策略。屯堡人不与周边的少数民族通婚，因而汉文化的特色得以保留和维持；同时由于形成了严格和封闭的家族系统，屯堡的各家族注重血缘的纯洁性，而排斥收养外姓人。

表 3 - 2   铺面数量最多的 12 类纽瓦尔房东种姓

纽瓦尔房东种姓	铺面数（个）	传统职业及说明
Shrestha	159	雪斯塔，纽瓦尔种姓中第二大的一支
Sakya	51	释迦人，传统职业是祭司与金银匠
Vajracharya	25	巴甲阿查亚，佛教祭司
Tuladhar	23	商人
Maharjan	21	农民，纽瓦尔中最大一支
Rajkarnikar	18	制糖者
Manandhar	18	榨油工
Pradhan	16	贵族，属六姓雪斯塔
Kansakar	15	青铜匠
Karmacharya	10	祭司，属六姓雪斯塔
Shahi	8	屠夫
Joshi	5	占星师，属六姓雪斯塔

（二）古隆人

在纽瓦尔之外，古隆人拥有的铺面数量排名第二，与纽瓦尔人的内部种姓相比也仅次于雪斯塔。[①] 这一民族主要起源于尼泊尔的北部山区，尤其是甘达吉（Gandaki zone）一带，与加德满都相距较远。在谈论泰美尔古隆人的时候，尼泊尔人通常以"Manange"或"Manang ko manche"，即玛南人指代。[②] 据记载，1785 年，普里特维·纳拉扬·沙阿在尝试统一尼泊尔的时候，玛南人以对其表忠的方式，换来了在沙阿政权管辖下进行贸易的优先权。[③] 他们数百年前就在南亚、东南亚甚至更远的国度从事利润丰厚的贵金属、麝香、宝石和药材的买卖，是历史上富有传奇色彩、闻名遐迩的商人群体。例如，拉特纳普拉克（Prista

---

① 据 2011 年的人口普查，古隆族总人口为 522641 人，刹帝利为 4398053 人。

② 泰美尔的古隆族房东主要来自甘达吉的玛南地区（Manang），但甘达吉以及其他地区也有古隆人分布。因此，古隆人和玛南人两个概念不完全吻合。古隆人不能用于指代玛南人，但玛南人多是古隆人。

③ Prista Ratanapruck, "Kinship and Religious Practices as Institutionalization of Trade Networks: Manangi Trade, Communities in South and Southeast Asia", *Journal of the Economic and Social History of the Orient*, Vol. 50, No. 2/3, 2007, p. 331.

Ratanapruck）在对南亚与东南亚玛南人的研究中，提到在槟城做珠宝生意的玛南人"在与旅馆主成为朋友后，会在旅馆拥有为他们预留的大房间，这些房间被标记为 G 号房间，因为 G 是古隆的首字母，而古隆是玛南人的普遍姓氏"。[1][2] 获利的玛南人常在加德满都购买房产，在当前城市化的背景下，玛南地区的人口持续下降。据 2011 年的人口普查，这一地区的人口在十年间下降了 31.8%，是尼泊尔人口流出最显著的地区之一。

玛南人的生意经

"我会说马来语、缅甸语、印地语和泰语，东南亚的国家，我全部都去过。"在 2015 年 4 月地震之后，泰美尔的生意清淡得很，但一谈起过去的事情，坐在店铺里的玛南老大爷便瞬间摆脱了黯淡的表情，显得格外激动。他告诉我，当廓尔喀王国的君王计划统一尼泊尔边境时，他的祖先们表示，愿意服从廓尔喀的统治。作为对其忠诚的奖励，玛南人获得了在廓尔喀统治境内自由贸易的权利。身为无须印度签证的尼泊尔人，除了传统的西藏—尼泊尔—印度商道，玛南人还利用英国人打通的南亚—东南亚殖民地，前往缅甸和马来半岛。

过去，他们通常将藏南的麝香、岩盐和药草卖到加尔各答，用加尔各答的小商品换取阿萨姆和不丹的土特产，或是从加尔各答乘坐英国的渡轮前往仰光购买宝石，然后搭乘飞机，去往由航线连接的南亚与东南亚大城市：新加坡、曼谷、加尔各答……并将这些昂贵的小石头转手。他向我展示了几颗来自缅甸和泰国的宝石，演示了几句我听不懂的马来语和缅语，还对我描述起了吉隆坡的玛南人珠宝生意。对于头脑灵活的玛南人而言，在国外生活并不是很麻烦的事情，他曾经频繁地往来于尼泊尔和马来西亚

① Prista Ratanapruck, "Kinship and Religious Practices as Institutionalization of Trade Networks: Manangi Trade, Communities in South and Southeast Asia", *Journal of the Economic and Social History of the Orient*, Vol. 50, No. 2/3, 2007, p. 331.

② Ibid. , p. 327.

间。通常，他会在马来西亚做一个月生意，等签证快到期，再回尼泊尔备货，等到一个月满，他又可以申请新的马来签证，把手头的存货销出。

（三）房东中的其他民族

在泰美尔区还有一些其他民族的房东，也有一定规模。第一类群体是山地高种姓，即山地婆罗门、刹帝利与塔库利，在房东总数中占到了一成。这些民族在经济上的优势可追溯至 1960 年以来的盘查亚特政体（Panchayat Regime），但事实上这种优势的历史至少可以追溯至廓尔喀王国时期。统计显示，与沙阿王朝首相拉纳家族同种姓的商铺有 19 家，占到刹帝利与塔库利类别下约 2/3。释迦（Mallika Shakya）认为，山地高种姓在文化和起源地上都和旅游热点地区没有什么关联。但作为单一民族主义（Mono-ethnic nationalism）所庇护的精英民族，他们在社会地位、教育乃至资本积累上都有一定优势。[①] 第二类群体是中国西藏移民。中国藏民与尼泊尔人的贸易往来由来已久。在早期对尼泊尔市场的研究中，他们在商业上的成功被归因为移民们对贸易活动的依赖以及在与纽瓦尔人交易中的长期接触与密切联系。[②] 第三类群体是夏尔巴人。源于中国西藏的夏尔巴人过去主要居住在索伦昆布的高海拔地区。对他们而言，1951 年后登山业的兴起意义非凡。在尼泊尔登山业发展的 60多年中，他们是行业中专业化程度最高、介入时间最长、牺牲人数最多的民族。这一高风险行业给他们带来了丰厚的收入。[③]

前述种姓相对单一的房东结构反映出民族性对尼泊尔商贸历史的影响。在全球化日益加强的如今，和商户及顾客相比，房东结构整体比较稳定。在国家政策的保护下，泰美尔房东的所有权不会受到国际资金流

---

① Mallika Shakya, "Economic History through the ethnic Lens", in *Nationalism and Ethnic Conflict in Nepal*, London & New York: Routledge, 2013, p. 67.

② Todd T. Lewis, "Buddhist Merchants in Kathmandu: The Asan Twah Market and Uray Social Organization", in *Contested Hierarchies*, Delhi: Oxford University Press, 1995, pp. 38 – 78.

③ *National Planning Commission Secretariat Central Bureau of Statistics*, Government of Nepal, *National Population and Housing Census 2011 (National Report)*, Kathmandu, Nepal, November, 2012, p. 3.

动的显著影响。① 总结泰美尔房东民族的发迹历史，则多可以追溯到跨境贸易。如纽瓦尔人、藏民长期保持与中国西藏的贸易往来，古隆人在南亚和东南亚长期经营高利润生意，夏尔巴人占据绝对优势的涉外登山业等。即使山地高种姓在商业上的成功，也被归因于与印度马尔瓦利人（Marwari）的合作。② 总体而言，这些民族都在贸易上长期保持优势地位。此外，泰美尔区的道路修建和整体规划并未破坏其总体的街区格局。加德满都环城路造成的旧街区变革，对泰美尔却没什么影响，这也保证了区内纽瓦尔人在房产上的持续性优势。

二　泰美尔商户的民族结构

由于各国移民政策和贸易政策的不同，旅游业所在的区域有时会演化成为本国人主导的贸易中心，有时则会演化成为国际化的贸易中心。后者典型例子如博茨瓦纳的奥卡万戈三角洲，因向游客提供商品与服务，批发业和零售业发展了起来，旅馆、机场和公路等旅游活动所需的基础设施也逐渐完善。然而这些资源仅仅集中在游客们触手可及的区域。资本输出国垄断了资源带来的主要利润，并将其抽离飞地。③ 泰美尔的情况则与此不同。区内的商铺主要经营低成本的手工制品，资本要求比较低，垄断程度不高。加上主要旅游资源和居民之间已建立起紧密联系，国家政策一贯倾向本地贸易保护主义，导致泰美尔市场的商户依然主要由国内商户构成。

对泰美尔商户国籍、民族的抽样调查结果如表 3－3 所示。与房东相比，商户的民族结构更为多元化。在比例上，纽瓦尔人的数量优势明显减弱，而山地高种姓即山地婆罗门及刹帝利与塔库利两类的总和已超过纽瓦尔人。非优势民族穆斯林、达利特和马德西人在商户中也占到一定

---

① 截至 2015 年 4 月，尼泊尔政府对外国商户购买土地房屋、经营特定行业都有相应的限制。为规避政策，一些外国人与本地人通婚，或让本地朋友代为购买和注册经营。

② Mallika Shakya, "Economic History through the Ethnic Lens", in *Nationalism and Ethnic Conflict in Nepal*, Routledge, 2013, p. 59. 马尔瓦利人源自印度拉贾斯坦邦西南。这一民族善于经商，20 世纪曾一度垄断印度的黄麻、棉花和糖等行业。其影响力不限于印度，还包括周边及世界其他国家。

③ Joseph E. Mbaiwa, "Enclave tourism and its socio-economic impacts in the Okavango Delta, Botswana", *Tourism Management*, 2005, pp. 158－172.

比例。这一相对多元的民族结构表明，泰美尔的商业机会并未完全被优势民族垄断。由于"任何种姓和民族都可以在此获得成功"，泰美尔现已被许多不同民族的尼泊尔人视为改变生活的梦想之地。在被问到其种姓的时候，一名达利特店主用玩笑的方式调侃了这一问题。他说，"我是店老板（Sahuji）种姓——没错，谁都可以是店老板，这和种姓没关系"。① 这种多元化还反映在自营房东的比例上。对房东自营比例的调查结果如表3－4所示。泰美尔租金昂贵，纽瓦尔人仅靠租金便可以维持生计。因此房东自营的数量较少，区内绝大多数商铺为外来租客所租。

表 3 - 3   区内店主国籍、种姓、民族

国籍	店主种姓或民族	店铺数量（个）
尼泊尔人	纽瓦尔人	287
	山地婆罗门	241
	刹帝利，塔库利	107
	少数民族	123
	穆斯林	10
	达利特	11
	马德西	26
	森亚希	8
	其他尼泊尔人	5
其他外国人	印度人	40
	西藏移民	6
	中国人	3
	巴基斯坦人	3
	合计	870

注：调查集中在临街的店铺，而中国人经营的商铺主要分布在楼房二层及以上，另外，西藏移民对调查的配合度通常较低，因此，这两类外国经营者的比例存在被低估的可能。此外，笔者还曾在重点访谈中遇到2例尼泊尔基督徒。但由于他们在样本中数量较少，且在民族认同上依然认同于原民族，故此处不做单独讨论。

————————

① 据2014年6月20日在泰美尔的访谈笔记。

表 3 - 4   商铺自营比例统计

类型	房东自营	租客
数量（个）	61	778
比例（%）	7.3	92.7

（一）本国商户

波特（Portes Alejandro）1973—1976 年对迈阿密古巴移民的研究表明，有相当一部分的新移民选择为来自同一民族的老板服务。威尔森和波特将这一现象阐释为学徒制，即劳工是为个人事业走上正途进行相关学习与准备，同时他们也批评了过去将移民的低报酬作为剥削制度的简单分析。[①] 尽管其解释存在一些争议，但飞地可为都市新移民带来工作机会的观点已被普遍接受。从出生地来看，有的商户世代在此经商或出生于泰美尔。另一些人则可能刚进入城市不久，希望通过劳动致富。对于后者而言，泰美尔是一个相对不错的选择。因为在国际游客密集的泰美尔，非优势民族同样也有致富机会。一方面，泰美尔区别于单质化的移民飞地，通过血缘、地缘的纽带，为尼泊尔主流社会所排斥的弱势民族也能在此找到新工作。[②] 另一方面，即便没有太多家族资源，泰美尔也有许多开放的机会。在那些长期经营的商户中，拥有优秀商业禀赋和能力的人也可以在此取得成功。[③] 例如，一位马德西店主白手起家。他常向人提起他自大学毕业后便开始的创店经历，并认为"泰美尔带来的机会可以改变我们的生活"。

（二）国际商户

区内有四类较为常见的外籍商户，分别是印度人、中国人、中国西藏移民和作为整体概念的外籍穆斯林。

---

① Portes, Alejandro, "Modes of Structural Incorporation and Present Theories of Immigration", in Mary M. Kritz, Charles B. Keely, and Sylvano M. Tomasi, *Global Trends in Migration*, Staten Island, NY: CMS Press, 1981, pp. 279 - 297.

② Roger Waldinger, "The ethnic enclave debate revisited", *International Journal of Urban and Regional Research*, Volume 17, Issue 3, pp. 444 - 452.

③ Suzanne Model, "A Comparative Perspective on the Ethnic Enclave: Blacks, Italians, and Jews in New York City", *International Migration Review*, Vol. 19, No. 1, 1985, pp. 64 - 81.

1. 印度商户

于印度而言，尼泊尔是一个开放的"异国"，印度人可以不需护照自由进出尼泊尔，因此印度商户的数量要明显高于其他外国商户。在尼泊尔，有二十几万印度人，其中约30%的人从事着与商业有关的工作。此外，他们还从事裁缝、理发师等服务行业。印度人在尼泊尔经商由来已久。自15世纪起，印度穆斯林得到了马拉王朝的许可，在尼泊尔经营羊毛制品，这类店铺经营者多来自印度北部诸邦。[①] 在泰美尔，一些印度人受雇于本地人、负责精细而耗时的绣花工艺。不少印度家庭也有自己的房屋与商铺，主要经营羊毛、珠宝、皮制品、刺绣和北印旅游纪念品。街面上，还有一些流动的印度人在泰美尔从事水果零售和为游客绘制海娜文身，街头也常见从印度来的乞讨者。

开果汁店的印度人

今年35岁的木吉亚在加德满都开了一家果汁店，他的村庄在离比尔干则三四小时车程的印度北部。为了谋生，家里的三个兄弟都在加德满都经营着自己的果汁店。果汁店占地面积不大，这样的店铺月租合人民币200—500元。而每杯果汁的利润在2—6元。"我们又不怎么花钱，赚的钱都要用来养家的"，木吉亚拍拍自己洗了太多次以至于发黄的白衬衫，对我伸出三个手指，"我们三兄弟的父母、老婆、孩子都在印度乡下，他们需要用钱"。他一两年回家一次，其他时间都在店里，从早上九点到晚上九点。村里的一个小孩不想上学，在他的店里帮忙。"我的孩子可不能这样"，他笑嘻嘻地看着这个孩子，"他们都还在村子附近的学校上学，受教育可是很重要的事情"。

2. 中国商户

不同于印度人对各个零售行业的渗透，中国人在泰美尔的生意可说是以餐厅及宾馆为本，兼营物流、换汇、军刀、零售等业务。也有中国

---

① B. C. Upreti, *Indians in Nepal: A Study of Indian Migration to Kathmandu*, Delhi: Kalinga Publication, 1999, p. 75.

商人以其他生意起家，如水果、木材、药品、菩提子，进而投资餐厅和宾馆。现存最早的中国饭店是位于女神庙一带的长城餐厅，建店时间在1997年前后，如今已数次易主。泰美尔当前的中国餐厅和宾馆主要有凤凰、长城、成都、加都一号、泰山和长江等。这些餐厅的经营者来自国内不同的省份如福建、浙江、河南、四川等，因地缘关系和经营餐饮的优势，四川来的经营者要多于其他地区的经营者。

3. 西藏移民商户

1959年起，大量藏人自西藏出境。此后，每年都有藏人从中国边境偷渡尼泊尔，而今依然有为数不少的西藏移民在泰美尔谋生。为取得尼泊尔公民身份，一些人会以夏尔巴（Sherpa）、木斯塘巴（Mustangba）、玛南巴（Manangba）、达曼（Tamang）作为自己的民族，并在名后加上"Lama"或"Sherpa"以适应相应的身份转换。[1] 对故地的脱离使在尼藏民的早期生活十分艰难，但马亨德拉国王建立的难民营及尼泊尔政府的优惠政策，使得藏人逐渐摆脱了贫困，并在20世纪80年代藏毯的热销中摇身变为富庶的资本家。[2] 除了藏毯，泰美尔藏人的主要业务还有藏式工艺品和藏式珠宝。在2013—2015年尼泊尔菩提子价格暴涨期间，泰美尔街头时常可见藏人中介和小贩。比较之下，他们在这类贸易中的位置，类似朝鲜族人作为中韩两国沟通的桥梁的机制。这不单是语言相通的结果，民族认同和国籍的交错也会有利于信任的生成。[3]

4. 作为整体概念的外籍穆斯林

穆斯林是唯一以宗教而非语言、人种为界的群体。前述印度人中也有一部分穆斯林，由于这一群体在社会关系上的跨国属性，此处单独进行讨论。按起源地划分，在泰美尔经商的外籍穆斯林主要有印度穆斯林、克什米尔穆斯林、巴基斯坦穆斯林和西藏穆斯林四类。外籍穆斯林内部也一直存在国籍与认同的偏差，这一点尤其体现在克什米尔穆斯林身上。即便身为印控克什米尔的居民，享受着这一国籍在尼泊尔带来的

---

① 这几类认同所指向的民族或区域都信奉藏传佛教。

② Dagmar Bernstorff, Hubertus Von Welck, *Exile as Challenge*: *The Tibetan Diaspora*, New Delhi: Orient Longman, 2004, pp. 312 – 321.

③ 周大鸣、杨小柳：《浅层融入与深度区隔：广州韩国人的文化适应》，《民族研究》2014年第2期，第51—60页。

便利，一些人在认同上也并不自觉是印度人。在访谈时，经常出现印控克什米尔穆斯林商户坚持自己是巴基斯坦人的情形。出于战争的历史记忆，还有一些克什米尔穆斯林的国家认同并非印度或巴基斯坦，而是坚持认为"我来自克什米尔的克什米尔"。[①] 种种差异之外，宗教依然是形成穆斯林认同的关键因素。因为对穆斯林来说，清真寺是重要的集会场所。在清真寺内，区域带来的差异将被打破，陌生人们也会如兄弟一般相互问好，并相约共餐。作为宗教场域内友好关系的延续，合作也体现在泰美尔内部，如中国穆斯林所开的餐厅里，餐牌上印着克什米尔羊绒店的中文广告，巴基斯坦穆斯林通过中国穆斯林的支付宝收账，而印度穆斯林也会在礼拜时选择合适的合作伙伴，以应对贸易活动中的各种危机事件。

综上所述，泰美尔的外国人商户多处在"非此非彼"的生存状态。印度人常有机会享受本国人待遇；克什米尔穆斯林的认同常常因场景变化而在印度、巴基斯坦和克什米尔之间转变；尚未取得尼泊尔公民身份的西藏移民是真正意义上的离散者；中国商人则常因签证和语言问题遭遇跨文化交际上的麻烦。从比例上看，泰美尔的外国商户并不多。除了临近的印度人，由于签证、政策、文化的差异性，外国商户相对尼泊尔人的营业成本总是更高。但他们也有自己的优势，即更容易招揽本民族或本国的客户。

三　泰美尔的游客构成

对于游客而言，泰美尔是开放和便利的，因为这里能满足他们几乎所有的消费需求。在泰美尔，初来尼泊尔的国际游客可以在完备的社区服务中达成初步适应，这与移民飞地有着相似之处。如在广州的韩国人社区，有一系列韩国特色鲜明的文化要素，初来乍到的韩国人能够在飞地形成的文化生态中达成早期的文化适应，强化自身的文化认同和优越感，达成与周边社会的"深度区隔"。[②]

---

① 据 2014 年 6 月 1 日在泰美尔的访谈笔记。

② 周大鸣、杨小柳：《浅层融入与深度区隔：广州韩国人的文化适应》，《民族研究》2014年第 2 期，第 51—60 页。

　　图 3 - 1 反映了 2002—2014 年，到访尼泊尔的六类主要外籍游客。
印度在总量上长期保持领先。中国的数量在近年来迅速上升，甚至已经
逐渐接近印度游客数量。斯里兰卡出现过大幅波动，而美国和英国总体
表现为稳定和缓慢增长。在所有这些游客中，印度游客和中国游客所占
比例极高，对市场往往有决定性影响。[①] 尼泊尔官方媒体称，抵达尼泊
尔的国际游客中，有 80% 以上会访问泰美尔。[②] 来自世界各地的游客在
此形成一道独特的民族景观，尼泊尔的年轻人们甚至会专门跑到泰美
尔，只为了观看满大街的外国人。[③] 泰美尔的主要客户也是这些国际游
客。因此泰美尔的客户构成可以从尼泊尔入境游客的总体构成来推断。

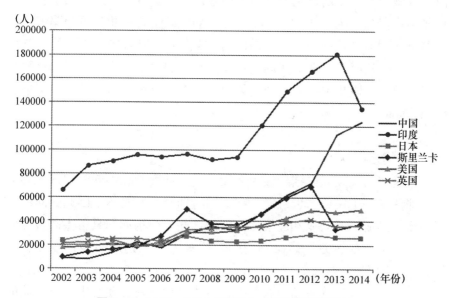

图 3 - 1　2002—2014 年尼泊尔主要外籍游客统计

资料来源：Ministry of Culture, Government of Nepal, *Nepal Tourism Stasistics* 2013, 2014；尼泊尔
文化部公布的 2014 年旅游统计数据：http：//www. tourism. gov. np/page. php? nav = 30。

---

　　① 不过，根据利希蒂的观点，印度人并不偏向于在泰美尔进行消费，他们通常在新街一带
住宿和购物，其对性服务的消费偏好还使这一带形成了固定的招妓区域。参见 Mark Liechty, *Out
Here in Kathmandu：Modernity on the Global Periphery*, Kathmandu：Martin Chautari, 2010.
　　② Abup Ojha, "Thamel Shopkeepers Shooing Flies as Business Dries up", *Ekantipur*, 09/06/2015.
　　③ ［美］阿尔君·阿帕杜莱：《消散的现代性：全球化的维度》，刘冉译，上海三联书店
2012 年版，第 43—44 页。

事实上，泰美尔的印度和中国游客的数量确实最多。对印度人而言，印度人口规模庞大，文化上与尼泊尔较为接近，且印度人享受特殊政策，可以不受护照和签证限制进出尼泊尔，因此印度人在泰美尔的经营、工作和消费中具有一定优势。对中国人而言，2012 年之后中国游客的暴增已经使尼泊尔的商户结构产生了显著变化。在此之前，泰美尔商户并不认为中国游客的数量比其他国家多。他们反而常常会提道，"十几年前，这里有很多日本人"。2012 年以来，随着赴尼中国游客的猛增，在泰美尔的中国人店铺出现了明显的增长。泰美尔街面上还陆续出现一些新的中餐馆，包括九鼎园、九鼎香、山东饭店、中华面馆等。由于这些中餐馆的消费主力是中国游客，中国游客的增速与其中餐馆的扩张趋势保持一致。此外，中国人经营的其他商铺也时见于泰美尔。2013 年 8 月至 2015 年 4 月，仅在连接泰美尔路和加雅塔路段的一条窄巷道内，陆陆续续出现了两间由中国人经营的菩提子店及一间中餐馆，由于加雅塔路段是中国人商铺的集中地，人们已经将这一带称为中华街（China town）。

四　小结

泰美尔的民族互嵌结构极为多元化。不同民族在不同时期进入泰美尔，即使同一个民族，也可能是在不同时期进入泰美尔。因此在同一空间内还会形成不同的亚互嵌模式。然而这些亚结构如同具备生态多样性的热带雨林一般，并不妨碍不同的人群进入并识别属于他们的、有着"家"的重要性的场域。[1]

在进行这一民族流动模式的具体分析之前，首先要考虑到三方面的因素：（1）历史。公元 1500 年以前，加德满都谷地的马拉（Malla）王朝便开始了与米提拉（Mithila）王国及西藏的交流与贸易。这片土地上的贸易国际长期存在，然而一直被低估，直到 19 世纪初期霍金森（Brian Houghton Hodgson）对此产生兴趣之前，尼泊尔还是英国人眼中

---

① Hillary Jenks, "Urban Space, Ethnic Community, and National Belonging: The Political Landscape of Memory in Little Tokyo", *Geo Journal*, Vol. 73, No. 3, 2008, pp. 231 – 244.

的一块处女地。① 而今，泰美尔的多元已与这一对尼泊尔的历史叙述相去甚远，然而，过去的历史仍部分体现在稳定的民族结构中，影响人们的观念，从而潜在影响着泰美尔的当下发展。（2）政治经济生态。其他国家和地区的政治与市场环境将在很大程度上影响外籍商户对飞地经济吸引力的判断。例如，克什米尔商户常喟叹家乡经济的不景气，中国商户则认为这里的同行竞争少，生存成本低。② 同时，外籍商户通常更重视飞地市场的未来，而非加德满都或是尼泊尔的未来。因为"只有这里，才有我们的顾客"。所以关注泰美尔，必须同步关注周边国家尤其印度和中国的政治经济状况。（3）民族性。在布迪厄的场域的界定中，关系是定义空间概念的关键变量，即场域的成立便意味着客观关系网络（network）及构型（configuration）的存在。③ 1981 年，波特在对飞地的定义中指出，飞地包含了"集中于特定地点并组织一系列企业，以为其民族市场和（或）大众市场服务的移民群体"④。反观泰美尔，它的产生有赖于资源和特殊历史环境带来的就业机会。在不同民族商户的发展史中，民族关系为店主提供了获得劳动力的简易方式，使家长制的工作安排合法化，并在区域内形成一个市场；而近年来，市场的开放性逐渐增强，商户的组成结构也随之日益多元化。⑤

为进一步研究泰美尔的民族生态，以下以一个简单模型来模拟泰美尔内部的民族流动特点。如图 3 - 2 所示，"全球化飞地"泰美尔的民族生态可从四层结构上进行分析：（1）L——泰美尔房东（Landlord）。纽瓦尔人在商铺房东构成中占有压倒性优势。他们世居于此，建造或购买了泰美尔区的大多数房屋，古隆人、夏尔巴人等少数民族亦有不少房

① Mary Shepherd Slusser, *Nepal Mandala: A Culture Study of Kathmandu*, *Volume 1: Text*, Kathmandu: Mandala Book Point, 1998, pp. 65 - 71. Davi Waterhouse, *The Origins of Himalayan Studies: Brian Houghton Hodgson in Nepal and Darjeeling*, Oxon: Routledge Curzon, 2005, pp. 5 - 6.

② 克什米尔商户主要集中在泰美尔，在尼泊尔人看来，这是因为他们经营的刺绣纺织品价格过于昂贵，只有外国游客才有能力消费。

③ ［法］布迪厄、［美］华康德：《实践与反思》，李猛、李康译，中央编译出版社 2004 年版，第 133—134 页。

④ Portes, Alejandro, "Modes of Structural Incorporation and Present Theories of Immigration", in Mary M. Kritz, Charles B. Keely, and Sylvano M. Tomasi, *Global Trends in Migration*, Staten Island, NY: CMS Press, 1981, pp. 279 - 297.

⑤ Ibid. .

子。这些民族，尤其是纽瓦尔人的活动是以泰美尔为中心，构成了区内因循传统的一面。（2）N——本地商户（Nepali Shopkeeper）。在这类商户中，山地高种姓和非优势民族的表现存在很大差异。山地高种姓商户的经营规模要显著超过平均水平，而非优势民族的经营规模要显著低于平均水平。鉴于这两个群体进入泰美尔的时间都较短，没有广泛的本地关系，这种经营差异很大程度上是由种姓资本所致，而商铺的流动性也比房东要强。[①]（3）F——国际商户（Foreign Shopkeeper）。这一类商户主要包括印度人、中国人、西藏移民以及外籍穆斯林。每一类国际商户都有特定的客源和资源优势，且存在较大的商铺文化差异。这类商户的流动性是与具体民族在尼泊尔的历史相连的，其民族流动也往往伴随着特定门类的商品流动。（4）T——游客（Tourists）。国际游客是泰美尔商户的主要顾客。在所有国际游客中，印度游客一直是泰美尔最主要的顾客群体，但是近年来中国游客数量猛增，已经在数量上接近印度游客。整体而言，游客的流动性最强，因其行程具有临时性的特点，他们的流动性具有很强的时效性，在整体结构上也容易受各种因素的影响。

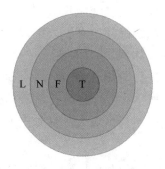

图 3-2　泰美尔民族流动的万花筒模式

　　泰美尔房东、本地商户和国际商户，分别代表着传统贸易精英、新兴贸易精英和跨国贸易精英。他们在飞地内的共同在场，构成了泰美尔

---

　　①　在关于经营规模的统计中，山地高种姓平均雇佣人数水平显著高于平均水平，达到了将近6人。而非优势民族（达利特、穆斯林和马德西人），雇佣人数较少，平均不足3人，多为2—3人的小店。纽瓦尔人和少数民族店主的雇佣人数在两者之间，平均为3—4人。

复杂的经济文化生态。然而，在游客结构逐渐多元化的情况下，泰美尔的多元特质又不仅限于前三个层面，中国游客和印度游客的例子表明，游客同样也是引发区内民族流动性变化的重要因素。因此，内部四类身份的相互影响与关联，又促使整体流动模式发生相应的变化：（1）从属性上看，四重结构的流动性由外向内逐渐加强，即 T > F > N > L。与之相应，人们对于当地文化的认识和地方关系也顺应了这一规律。（2）作为中心部分的 T，也就是顾客群，其消费需求和偏好很大程度上影响了外三层民族的经营状况和策略，并使其流动模式发生转向和变化。在目前的尼泊尔政策环境下，这一影响力遵循着 F > N > L 的规律，其中 L 所受的影响最小。换言之，中心结构的变化投射到外三层的日常生活之中，并引起相应的流动变化，如同万花筒转动时引起的连锁效应，使每一个单元内的碎片群进行不同程度的新组合。

综上，本小节主要探讨了泰美尔区民族流动性及其互嵌结构的生成过程，可以得到基本结论：首先，由于现有政策对国际资本的限制，万花筒内部的房东结构存在较强的惰性；其次，在结构的外部，商户结构更容易受到顾客的影响；最后，市场也是一个重要变量。伴随市场发展，国内各民族、种姓都在加速涌入泰美尔经商。而一些原本并不在此经营的国际商户群体如中国人，也会在中国顾客增多、菩提子价格上涨的大背景下，毅然投入到区域中的经济贸易中来。

第二节　边缘群体

一　定义"边缘"

假设人们将注意力放在泰美尔 24 小时无休的巡警上，和尼泊尔的其他地区相比，这里的治安应该更好而不是相反。旅馆主们常常在店里遇到前来巡查的警察，游人们即便是迷路，也可以向这里的警力寻求帮助。然而，游客的聚居在此形成了一个巨大的金矿，除了那些守在店铺里的商贩，区内还时常可见一些在此讨生活的流动人群。他们是流动小贩、导游、乞讨者、性工作者和童工。和前一小节所讨论的人群不同，这些人工作的临时性更强，或是由于其生计方式的违法性，不得不选择流动的工作。就这一点看来，他们就像泰美尔的灰色地带，在琳琅满目的商品之外，折射着尼泊尔普遍存在的贫困现实。

同时，这种边缘的色彩又是人们界定泰美尔的方式。在谈论泰美尔的阴暗面时，在边缘流动的人群总是首先被谈及的事物。那些生活在区域之外的人也常常用这些边缘的刻板印象去看待在泰美尔工作和生活的人，毕竟，这里提供的机会太多，但需要面对的诱惑也不少。

二　人群

（一）流动小贩

除了菩提、老虎油、低端珠宝、简易玩具和海娜印章，有时也可以见到妇女们在此出售手缝布袋。在这些人中，出售索伦琴和长笛的人通常是歌手种姓（Gaine）。不过，这类商业活动对种姓并没有要求。即便是对那些无力支付成本的人来说，要成为街头小贩也并没有什么难度，一些人甚至在附近的商店里就近进行小额批发，走到大街上进行零售，并将零售得来的钱用于抵消批发产生的费用。一名小贩曾声称自己拥有店铺，但当他被追问到店铺地址的时候，他摊开自己挂满首饰的双臂，说这就是他的店铺。由于没有独立店铺，他们所能够展示的商品数量极其有限。尤其是那些手持货品的贩子，他们的机会在于通过吆喝、招呼和搭讪而获取短时间凝视。

水果小贩也是流动的，他们通常推着装有水果筐的三轮车，守在街边的空地上。和前一类小贩不同，这些水果小贩在泰美尔之外也时常可见。泰美尔的固定店铺中也偶有他们的门面分布。大多数水果小贩都是印度人，或是声称自己的家在印、尼边境，以模糊自己的国家身份。此外，还有一部分水果贩是马德西人。他们所贩售的水果也主要来自印度和加德满都郊区的水果市场，因此，他们常常能在尼泊尔的水果淡季提供来自印度的橘子、西瓜和来自中国的苹果，却很少贩售那些尼泊尔土产或是容易腐烂的水果，如番石榴、桑椹和李子。

在这些流动的小贩中，也有一些人为游客提供海娜手绘的服务。泰美尔最著名的海娜手绘者，要算一家长期流动在此的印度人，对外他们多以中文名如李小龙、李芳芳、李双双、小龙女等自称。有的中国旅行社在他们的语言能力上看到了商机，希望雇用他们为其带团，不过，由于价格谈不拢，几个人的服务又不到位，合作并不顺利。在尼泊尔人眼中，这一家印度人的生意令人觉得可笑又眼红，因为，在他们看来，200 卢比就能购买到的服务，中国人竟然愿意花 2000 卢比。据有的游客反映，他们也会带着人们去超市买东西，然后在对方离开后向商店索要佣金，或是要求退款。由于他们的中文流利，又会讨中国游客喜欢，这项看似违背市场规律的服务却常常受到中国人的光顾。以下这篇关于手绘两姐妹的中文报道描绘了普通游客眼中的二人。和长居于此的人们不同，报道的资料主要来自姐妹二人的口述。当和本地人谈论的事情相互并置的时候，二者显得并不相符。

待到春华时　芳香自然来
——记美丽坚强的尼泊尔姐妹花（节选）

"你好，你好漂亮，你是哪里的？你要画这个吗，很便宜的。你画了你的男朋友一定会更爱你哦，会带来好运，画一个吧。"

她叫李芳芳，今年 15 岁。她的妹妹叫李春华，今年才 13 岁。这对漂亮的小姐妹说着一口流利的中文，穿梭在泰美尔区的街头靠给游客画"海娜"谋生。自从父亲生病后，沉重的家庭负担便落在了这两个小姑娘的肩上。三年前这对打算勤工俭学的小姐妹从她们的妈妈那里学会了画"海娜"的技术，在学业不忙的时候便开始在泰美尔区街头凭自己的"手艺"赚取一些零用钱。

芳芳告诉我，在泰美尔区，中国人是最多的，但她只会英文，所以一开始生意并不好。所以一年前她和妹妹便开始学习中文。没有钱读中文学习班，她便跟着中国游客学，别人教她一句她就记一句。这两个极具语言天赋的尼泊尔姑娘经过一年的学习，基本就能用流利的中文和游客进行日常的交流与对话。她说，现在在泰美尔区不会中文是不行的，不会中文就意味着赚不到钱。所以这儿的每个尼泊尔人都在努力学习汉语。而她也正是因为学会了中文，生意才越来越好。①

---

① 国际在线专稿，2015 年 10 月 28 日（http：//gb. cri. cn/42071/2013/07/29/6931s4199089. htm）。

另一类小贩则具有更隐蔽的属性。他们同样坐在泰美尔的街头巷尾，以极其小的声音，向来来往往的游客们叫卖着他们的商品。和其他商贩相比，他们之所以显得如此低调，是因为他们出售的是违法的大麻。在加德满都郊区的街头巷尾，大麻并不是难于寻觅的植物。但在泰美尔，来自官方的监管处处可见，即便贩售者可以在制作地不以为然，却需要时时警惕泰美尔周边的情况。对于大麻小贩来说，并不是所有的顾客都是需要招揽的，但那些梳着脏辫、抽着香烟的外国人却总是他们聚焦的目标。至于笔者，由于是一个"不抽烟的中国女性"，尽管听过了许多关于这些小贩的传言，但他们从来没有将笔者作为推销的对象。

（二）导游与掮客

在临近景区的地方，导游的活动也相当活跃。然而，由于旅游活动存在季节性的特点，多数在景区附近寻找机会的导游像候鸟一样，有规律地往返于泰美尔的生意及家乡的生计之间。在旅游生意不景气的季节，一些山区徒步的向导和脚夫也会来到人气较旺的市区碰碰运气。不过，由于缺乏监管和行业规范，游人们遇到的导游常常良莠不齐，且在工钱结算上存在欺诈行为。还有一些导游会允诺带着客人逃票，对他们来说，潜在的危险来自景区秩序的维护者。"我必须特别小心那些警察。"一个导游说道，"因为我们经常带着游客逃票，他们会把我抓住，关上好几天。"由于身处政府监管的灰色地带，他们需要在人群中掩饰自己的身份，而在价钱方面，他们开出来的价格往往十分低廉，却与最后结算的价格差别甚远。

泰美尔的游客骗局

刚到泰美尔的游客常常会遇到一些自称是导游的人，他们常常声称为游客提供免费的导游服务，并热情地尾随上来。"我出门的时候遇到了一个矮个子男人，他说他没有钱，可以给我当导游。我说我不需要导游，他说，没事，我可以陪你逛杜巴广场。就这样，他陪我逛了两个小时。我担心他会跟我要钱，他就安慰我说，我不用给他钱，只需要给他的孩子买一点吃的就好了。"一个独行的女性背包客叙述道，"他带我去了一个超市，拿了一袋大米和一桶油，结账的时候我吓坏了——2000多卢比！"另一位女士则抱怨导游的反悔："本来已经说好了，带我逛这几个景区只要我 300 卢比，可是最后呢，他向我要 3000 卢比！"

除了游览服务，导游也常常身兼各大旅馆和餐厅的捎客，并从中抽成。一些经验丰富的捎客也会向满意于此次交易的游客收取一定数额的小费，如每销售一个价值 800 卢比的房间，捎客将拿到 200 卢比的回报，或是每销售 1000 卢比的房间，商人会从中抽出 200 卢比给捎客。捎客的存在对双方都有用，但在不少人眼中，他们舌灿莲花、油腔滑调，是非常不受欢迎的人物。如一个以导游为主业的捎客，他原本与一家旅店老板关系甚笃，但因对老板索要中介费，被老板大骂了一顿，并赶出了旅店。另一个捎客曾在一家中国人开的中餐厅打工，但由于为其他商人和客人做中介，被老板赶了出来。后来，他没有再去寻找一份固定的工作，凭借其多语言的能力，他游离在泰美尔不同的交易场所，帮助商人们出售那些价格昂贵的商品，在双边出现摩擦的时候，则负责做打圆场的工作。

（三）乞讨者

对游客来说，印度教苦行僧是常见的索取者。他们身着色彩鲜艳的橘色服装，在脸上画着各种图案，蓄有长须和长发，并以令游客们频频回头的异域装束引来获得捐赠的机会。但泰美尔的乞讨者并不只有苦行僧，还有流浪者们。

除了游客，店主也是乞讨的对象。为了打发他们，店主们总会在手边备上一些硬币和零钱。这种准备不仅是一种慈善，同时也是化解危机的必要手段——一些店主谈道，假如不施舍给他们这些钱，他们就会赖着不走，或是在商铺门口破口大骂。更令店主们头疼的是那些年轻的乞讨者，他们在区内拉帮结派，向店主们要求高额捐赠。对此，多数店主采取的对策是满足他们的要求而不是报警，因为在他们看来，这些年轻人和警察或是本地社区之间有着某种联系，报警将导致对方的报复，并使自己陷入更糟糕的境况。

在泰美尔的外围地区，特里德维路及泰美尔外的坎提大道上，有许多流动的乞讨者。除了在马路上裸露伤疤的残疾人，还有不断穿梭在汽车之间的妇女和儿童，他们敲打出租车的窗户，向车内的人们要求施舍，假如遇到有人解囊，就将那辆车团团围住。"他们是从特莱平原以南来的印度人"，一位受访者谈道，"如果你给一个人钱，其他的人也都会跑来向你要。没有东西吃的时候，除了乞讨，他们还会去捉猫，把它们煮熟并吃掉"。

和其他地区相比，泰美尔的街景算得上是整洁干净。随处可见的警察、门卫和店老板将负责处理掉那些有碍观瞻的人物，因为这会给客人们带来不好的印象，也不利于店铺的日常经营。一天，一个没穿裤子的流浪汉坐在曼陀罗街附近的街面上，很快引来了许多人围观。他的存在也很快吸引了警察们的注意力，在经过一番沟通后，警察们带走了这个没穿裤子的人。不过，泰美尔的街头依然时常可见衣衫褴褛的流浪者，他们通常栖身于公共空间中主客交往的死角，如超市外的墙角，或是那些不开门的店铺门口，只要警察不来找他们麻烦，他们就能在那里睡上一觉。

（四）性工作者/性伙伴

历史上，加德满都谷地的卖淫业一直都处于地下状态。和印度、泰国、菲律宾的红灯区不同，加德满都并没有发展出可被观察到的色情行业聚集地，而在规模上，那些不时发生在旅馆里的钱肉交易也被认为是松散和无组织的。这种情况终止于20世纪60年代到80年代，随着加德满都消费文化的快速发展，在交通便利的王后水池（Rani Pokhari）、珠宝公园一带开始形成公认的性工作者聚集地。70年代，嫖客们可以花50卢比带一个女孩离开，再花50卢比在泰美尔或是新街（New Road）一带的宾馆里开一个房间。在利希蒂看来，这两个地点之所以成为性工作者的热门居所，是因为它们具备临时性、嘈杂性和商业性的特征，这使得她们所从事的交易行为具有不为人察觉的匿名性。

比较之下，泰美尔的卖淫活动的规模远远不如新街，因为消费性工作者服务的人主要是来自印度的游客、商人、司机等，他们的活动主要集中在新街一带，至于泰美尔其他国家的游客，截至90年代的社工报告中，都没有性工作者为南亚地区以外的客人提供过服务。[1] 不过，泰

---

① Mark Liechty, *Out Here in Kathmandu: Modernity on the Global Periphery*, Kathmandu: Martin Chautari, 2010, pp. 231 – 237.

美尔从事卖淫活动的人也并不限于尼泊尔女性,一位乐衷于夜生活的男性报道人常对别人描述他在泰美尔夜店、赌场和酒吧的经历,他也曾经遇到过中国籍的性工作者,对方对他开出的价格与国内中小城市价格相当。

即便离开性工作者这个标签,在泰美尔的性也常常具有临时性,而且,这些性也不总是收费的。在泰美尔工作的一位中国男性总是会抱怨中国女性的随便。因为在他看来,女人们总是会莫名其妙地被尼泊尔商人和克什米尔伙计迷得神魂颠倒,以至于"哭着喊着和他们上床"。但这种性冲动常常好景不长,一个克什米尔店主声称他有过三个中国女朋友,但是等她们回国之后,他们就再也没有联系过。此外,那些漂在尼泊尔的中国商人和代购者们也并不甘寂寞,一个中国男性商人经常在街头找刚来的中国女孩搭讪,但在对方离开后,他又会寻找下一个猎艳的目标。在关于夏尔巴人的研究中,奥特纳也谈到夏尔巴人和他们的女雇主之间的关系——夏尔巴人常常说他们的女雇主在"寻找性伙伴"。她举了 1978 年安娜普尔纳女性探险队的例子。随着队伍中的成员先后和夏尔巴人发生了性关系,一些夏尔巴背夫和向导也开始对她们表现出性骚扰的举动。在登顶的事情上,两个成员靠着夏尔巴人的帮助成功了,而另两个坚持不要依靠夏尔巴的成员则再也没有回来。[1]

比较之下,由于不涉及高海拔地区危险的物理环境,在泰美尔发生的性关系并没有显示出发达国家—第三世界、女权思想—男权社会、优越感—经验主义的两极对峙,但这里的性依然是具有张力的。除了过去奥特纳所看到的欧美女性,来自东亚的女性也卷入了这种主顾之间的性关系。沿着前三对概念的逻辑分析,由于长期生活在男权社会,亚洲国家之间的权力失衡并不如西方—东方之间的明显,加上许多尼泊尔人的雅利安体征,东亚的女性通常对尼泊尔的男性抱有浪漫主义的幻想。此外,《等风来》对寻找幸福的隐喻也推动了这种幻想的产生——因为这些男人都生活在一个"世界上最幸福的国家",所以,面对这些"世界

---

① Sherry B. Ortner, "Borderland Politics and Erotics", in *Making Gender: The Politics and Erotics of Culture*, Boston: Beacon Press, 1996, pp. 181-212.

上最幸福的人"，女孩们很容易在幻想中丢掉理性。

（五）童工

在泰美尔的餐厅、旅社和茶馆，存在普遍的雇用童工问题。这一问题也不仅限于泰美尔区。据一项较早的调查报告显示，在尼泊尔，大约有71767个童工为约20505间餐厅和茶馆工作。而在加德满都，大约有4225个餐厅和茶馆，雇用了14787个童工。[①] 从性别上看，这些童工通常是男孩，他们来自那些贫困的家庭，主要从事送茶、送饭、切菜、洗菜及餐厅的清洁工作。

和成年人相比，童工的薪水数量极少，通常只有同类成年工的1/4—1/3。而在一些案例中，这些男孩对自己的薪水并不知情，只有当他们需要用钱的时候，他们才会向雇主索要酬金，以作日常消费，或是拿给他们的家人。此外，在童工中间，辍学的情况也十分常见，对一些童工而言，上学常常不如做工来得有用。因此，许多童工并没有接受完整的中级甚至初级教育，有的孩子甚至不会说尼泊尔语，只能和他们的雇主说老家的方言，如米提拉语或印地语。

拉姆的打工经历

拉姆今年16岁，自两年前起，他就随父亲到了泰美尔。和那些五六岁就辍学的孩子相比，他会一点英文，也因此可以到薪酬相对较高的旅馆业工作。他一共有过三份工作：第一份工作中，因为对方经营不善，他被旅馆主人辞退；而在第二份工作中，他的父亲和旅馆主关系不睦，在父亲的建议下，他离开了。而今，他的月薪是3500卢比，每日的工作主要是招呼客人、烹饪食物并值夜班。因此，他的任务繁重，在客人不那么守时的时候，常常要从早到晚地工作。晚间，他就睡在接待处的沙发上，为深夜归来的客人们开门。"薪水的事情都是父亲跟老板谈的。"在谈到工资的时候，他表示并不在乎，"对我来说，多一点少一点都一样，因为总是要交给父亲的，他会替我存起来，给我以后用"。

---

① Mark Liechty, *Out Here in Kathmandu: Modernity on the Global Periphery*, Kathmandu: Martin Chautari, 2010, p. 112.

三　小结

在对比加德满都其他区域时，生活在泰美尔的边缘人群依然表现出不大一样的特点。这里的流动商贩十分清楚，自己的顾客主要是那些游客，因此，在商品上也主要经营那些可能受到游客欢迎的门类。导游通常以外国游客为目标顾客群。另外，乞讨者和性工作者的服务对象则不仅限于游客，但由于他们没有固定的工作地点，泰美尔依然是众多选择中不错的一个。此外，泰美尔的童工问题也时常可见，因其受教育程度大多较低，受限于语言能力，童工多隐藏在客人们可见的范围之外，他们在此谋生，但除了那些具有跨文化交际能力的孩童，他们总是与主客交往的空间保持距离。

第四章

商　品

第一节　物的流动

对于多数旅游商品而言，泰美尔是一个重要的集散中心。在时间一章中已经谈到，这个集市并不是中国农村具有周期性的集市，而是全年无休的国家中心市场。和施坚雅所描述的中心市场概念一致，泰美尔在整个尼泊尔旅游商品的流通中具有重要的战略性位置，且兼具批发的职能，而其主要的功能可分为两个方面。

首先，它能够接收从各地输入的商品，并对其进行区域内的再分配。即便走到纳加阔特的深山里，也会有孩童向游客们推销从泰美尔批发来的手工艺品。另一个例子来自博卡拉的湖滨区，从商品的类目上看，湖滨区几乎是泰美尔的翻版，又因其较弱的中心地位，而在商户和商品的种类上都相对单一。这种影响在境内并非均质的，在特莱的边境市场中，泰美尔的辐射力明显减弱，取而代之的是来自印度的纺织品。

其次，它也连接了其他中心市场，或是级别更高的都市中心。[①] 对那些没有单独形成中心市场的商品如服装和羊毛制品而言，泰美尔的地位尤其重要。同时，对于在尼泊尔境内另有中心市场的商品，如佛像、银器和唐卡来说，泰美尔也并没有因为其商品资源的相对分散而显示出弱势，相反，在经营时间上，这些位于泰美尔外的中心市场总是受到地方节假日体系的影响，且表现出强烈的周期性特征。在探访地方市场

---

① ［美］施坚雅：《中国农村的市场和社会结构》，史建云、徐秀丽译，中国社会科学出版社 1998 年版，第 7 页。

时，那些来自境外的顾客们常常会在假日里空手而归，并在泰美尔选择相对昂贵的替代品。

泰美尔本身的中心集市地位决定了其物品流动的特殊性，即其顾客的多元构成将作用于本地的物品生产网络，使之迎合消费需求，实现物品的多样化。本节主要通过泰美尔与物品流动相关的现象，讨论物品流动性之下，几个相互关联的子问题，包括物品在流动过程中形成的象征符号、具有流动性的物品追逐者及流动带来的民族文化变迁。

一 流动的符号

尽管泰美尔是个能满足游客各种需求的市场，但它并未在全球化的浪潮中完全沦陷。退一步来看，在泰美尔的杂货店里找到可口可乐、杜蕾斯和玉兰油，或是在书店里找到《时代》《经济学人》和《孤独行星》并非难事，但与此同时，跨国公司旗下的企业却并不多。除了特里德维路上的北面（North Face），还有加雅塔路上的中国安踏，这里的商铺和旅馆大都由个人、家庭或是家族打理，因此，有着全球化消费习惯的人们恐怕会对这一带感到失望——他们不得不花十分钟时间前往国王路，因为只有那里，才有麦当劳和必胜客，新秀丽和美国旅行者的箱子，以及手机故障时不得不前往的苹果专卖店。希望购买到牛仔裤和斯文衬衫的人们也会失望而归，因为各类品牌服饰专卖店也在国王路，而在泰美尔，他们能找到的是三种类型的穿衣风格：一是购买那些宽松而邋遢的吊裆裤和绣花上衣，再挎上一只五颜六色、印有反战图案的亚麻挎包，从而成为一个嬉皮士；二是入手一套速干T恤、速干裤、溯溪鞋和冲锋衣，把自己打扮成风尘仆仆的背包客；三是像那些步履蹒跚的尼泊尔老头一样，扣上一顶自己一辈子只会戴一次的小花帽，然后开始头疼——要到哪里去找与此相配的、更为"尼泊尔化"的服装。

与国王路麦当劳化的全球化市场相反，尽管身在不同国籍游客的凝视之中，泰美尔的空间内，处处是对本地文化符号的强调。佛陀之眼、男士小花帽、国旗都是面向游客的，和那些弥散在境外的尼泊尔象征一致的是，这些象征物被剥离了具体的民族躯壳，成为典型的"尼泊尔纪念品"，而不是"纽瓦尔纪念品"或"夏尔巴纪念品"。它们的经营者并没有像在祖国之外的劳工那样失去与故乡的联系，他们生活在周边或是谷地内更远的城镇，自更远的地区迁徙而来，却在泰美尔充满矛盾感的时间和空间中失去了自己的地方属性，变得更符合游客对"尼泊尔"的定义。

就"尼泊尔化"一题，音像店是一个典型的例子。在巴德岗，纽瓦尔族的年轻人们通过网络下载他们想要的印地语、英语、纽瓦尔语和尼泊尔语流行歌曲，但在堆满中国盗版影像光盘的泰美尔音像店，纽瓦尔店主们却总是重复播放尼泊尔民谣和宗教音乐——比起那些哪里都能找到的流行歌曲和电影，这些产自本土的 CD 更容易作为旅游纪念品被推销出去。

另一个例子来自女性对洗化用品的选择。虽然宝洁公司的品牌在货架上占有一席之地，但在选择旅行纪念品的时候，对洗化品牌相对敏感的女性游客常常希望"买到在自己国家买不到的特色品牌，而不是背着自己国家生产的东西回家"。因此，尽管市面上除了制作工艺简单的手工皂，没有严格意义上的尼泊尔洗化产品，但比起充斥于超级市场上的海飞丝和佳洁士，更多游客愿意买一套产自印度的喜马拉雅洗化带回家，即便这一品牌的价格要比那些跨国公司所产的还要高一些。

综合而言，来自不同国家的人们更愿意为那些"尼泊尔"式，或是相比而言更像纪念品的商品付钱，而不是像本地的中产阶级那样，选择性价比高的进口产品或者国际品牌。

在一个传统社区当中，一旦旅游进入，社区生活中的经济关系则会随之发生变化。这种商品会导致当地原生文化的变迁，并造就另一种意义上的"舞台真实"。[1] 最早研究文化商品化的学者格林伍德对这一现象报以悲观的态度，认为这一过程使产品丧失了本质和原本的内涵，也使得当地人失去了生产的热情。科恩则反对这种绝对化的倾向，认为与其对商品化抱持消极的态度，不如在一个"自我认知的、程序化的框架下，提供详细的实证证据来验证这种影响"。[2] 泰美尔所提供的例子更近于科恩的观点。在本地符号的生产和发明中，生产者和消费者都发

---

[1]　[美] 麦肯奈尔：《旅游者：休闲阶层新论》，张晓萍等译，广西师范大学出版社 2008 年版。
[2]　[以色列] 科恩：《旅游社会学纵论》，巫宁、马聪玲、陈立平主译，南开大学出版社 2007 年版。

挥着自己的主观能动性，将文化符号广泛地运用到种类多样的纪念品制造中。例如，在经营手工刺绣的 T 恤店里，人们可以找到印有各种图案的 T 恤，譬如佛陀、圣人、大麻、安娜普尔纳大环线、尼泊尔地图、用梵文和藏文写就的六字真言。在帽子店、刺绣店、羊绒店等经营不同类目的商铺里，消费者常常会被告知，"如果你没找到想要的，你可以把图片发给我，我们来做"。刺绣 T 恤的店主们还常常向人们打包票，不管提供任何图案，他都能手工绣出来。

在文化商品化的过程中，本地文化符号通过市场得到复兴，被顾客带到全球各地，以彰明自己"去过尼泊尔"。同时，全球化的消费文化和商品符号也被纳入这些生产过程，但当它们与地方化符号并置的时候，产生的组合又是地方化的。2013 年好莱坞动画电影《卑鄙的我 2》上映之后不久，帽子店里就出现了新款的小黄人羊毛帽子，此外，源自好莱坞动画的设计也常见于店内。另一个例子来自户外品牌北面。尽管特里德维路上便有该品牌的专卖店，但比起满大街遍布的山寨北面产品，正品的势力显得颇为单薄。这一品牌的正品要在山寨货的 10 倍以上，因为在许多户外专卖店里，最低端廉价的山寨货往往贴着这一品牌的商标。JP 学校以西的路上，人们就能买到各种品牌的商标，对于那些小规模的工厂而言，用这些商标包装出便宜又受欢迎的仿制品，要比购买品牌代理权划算得多。

"尼泊尔"式的商品是帮助尼泊尔改变贸易中劣势地位的一个途径。尽管有侨汇和国际援助缓解压力，但由于对进口商品，尤其是汽车、机器部件、电子产品等的依赖，尼泊尔的对外贸易依然长期处于贸易逆差的状态。在贸易出口增长中心（TEPC）尼历 2071—2072 年度的报告中，进口额为 504983522 卢比，接近出口额 56920257 卢比的十倍。出口量居前列的产品主要有小扁豆、小豆蔻、药用植物、面条、生姜、植物油、精油、天然蜂蜜等。列表中，在泰美尔较为常见的商品还包括成衣、羊毛、羊绒制品、手工纸制品、银器及珠宝、茶叶、包袋、手工艺品（绘画、雕刻与神像）、鞋类等。[1] 出口商品的年度总价达到 28.2 亿卢比，以围巾为主的羊绒制品相比前一年度增长迅速，同样迅速增长

---

① 其中，生姜的出口主要是为了满足印度、孟加拉国等地对香料的需求。

的银饰品则得益于技术的改良和 GIZ 等国际非政府组织的帮助。同时，在本地市场中颇具影响力的中国商品并没有在泰美尔得到广泛的青睐。例如，在登山用品商店中，店主常常会备有中国甚至欧美国家进口的货物，但是由于成本太高，多数人依然主要依靠本地工厂所提供的货源。

需要注意的是，泰美尔既是优质旅游商品的集散中心，也是仿制品和假货的集散中心。通常情况下，游客初来乍到，对于商品的辨识能力十分有限。面对需要鉴别的商品，他们并不是总能从沙子里挑出珍珠。一位从事旅游业的报道人常对笔者埋怨这里大量的仿制珠宝，以及女人们不够谨慎的购物态度——她们常常会花 10 万卢比买一颗塑料。因此，尽管泰美尔存在大量优质的货物资源，但在更地方化的语境里，这里也是廉价、粗制滥造和假冒伪劣的代名词。这种坏名声既是事实的反映，也来自商品代理人对泰美尔的污名化——生产和消费之间常常存在更多的环节和代理人，他们与泰美尔的销售者存在竞争关系，且因客流量的问题长期处于劣势。在巴德岗，尽管许多唐卡学校都与泰美尔的商铺有着生意上的联系，但在进行两地对比的时候，这些学校的销售者通常会表示，自己的商品要比泰美尔的好得多。

二　流动的追逐者

从覆盖的区域来看，泰美尔是尼泊尔境内最高级的旅游商品集散中心。除了那些狂热追逐利润最大化的人们，对初来乍到的商人而言，泰美尔通常是进行小额旅游商品批发的最优地点。这些进行批发的商人们来自世界各地，并在各自的国家拥有固定的店铺。和重庆大厦相比，这里没有廉价的二手手机、各类服饰、建筑材料、家具或是大量的欧帕石精品，也没有随处可见的非洲商人，但这里的结算便利，信息通畅，依然有许多藏人、汉人乃至欧美商人自异国而来，并于此居留。就这些人的国籍而言，商人中数量最多的来自中国。其中，许多藏族商人自小就在西藏和尼泊尔之间为了货物流转奔波，而中国境内其他族裔的商人则是近几年出现的。在他们的经营下，自泰美尔售出的商品很快流动到日喀则的纪念品商店、拉萨的八角街、成都的文玩市场、北京的潘家园及中国境内离尼泊尔更远的地方。

商人追逐着泰美尔的商品，泰美尔的商人也追逐着流动的客人。当个体商户的资本积累达到一定程度，这种竞争将从泰美尔脱嵌出来，进入真正的全球化阶段。在泰美尔生意红火的时候，做唐卡生意的纽瓦尔报道人通常就已经开始筹备前往中国参加博览会；而经营菩提的达曼人也开始计划脱离泰美尔，将他们的小凤眼直接销往北京。珠宝商人们的路线则连接了更广阔的地域，他们可以前往斋普尔和斯里兰卡批发红蓝宝石和月光石，也可以为了镶嵌纯银嘎乌盒，在重庆大厦选购用于蜜蜡雕刻的机器，而当泰美尔生意清淡的时候，他们也会前往北京、成都和拉萨，为他们的客户带去价值不菲的订单。

随着通信技术的发展，商业活动也扩大到了游客内部。并不以经商为业的人们也会用社交网络向顾客们展示泰美尔门类繁多的种种商品，并为他们进行代购。这种活动在区内形成了一定规模，以至于一些店主描述，区内存在至少20余人的中国籍代购者。

为什么是中国籍，而不是其他国籍？事实上，在泰美尔，其他国家的代购者也屡见不鲜，但由于其基数较少，国籍分散，不容易被察觉。至于印度人，对他们而言，尼泊尔的旅游纪念品并没有在类别上超过印度的特产，而在价格上，由于拥有世界级的原石和纺织品集散地，加之同样价格低廉，印度的珠宝和纺织品往往要比尼泊尔的更有优势。答案在于，多数中国人并不打算前往印度购买这些更加便宜的商品，由于境内媒体对印度各种负面新闻的频繁报道，对他们而言，尼泊尔是比印度要安全得多的选择。另一个原因在于尼泊尔和西藏之间存在的陆路通道，在2012—2015年樟木贸易繁荣发展的阶段，可以很容易在镇上观察到那些背负着大件行李的中国年轻人。他们通常依靠廉价的公路交通，往返于拉萨和加德满都这两个中心市场之间，并在繁荣的拉萨八角街夜市中销售自己从泰美尔批发来的商品，如羊毛和羊绒制品、茶叶、珠宝和菩提。据这些人回忆，在2013年西藏旅游最为鼎盛的时期，每个对"鬼街"生意有些心得的人，月收入至少有五位数人民币。

三　流动与民族文化

泰美尔中心集市地位的确立，引入了全国范围内的竞争。在前一章的讨论中可以看到，那些在跨国贸易中长期居于优势的民族，也在泰美尔占有一席之地。其中，纽瓦尔人在房产和土地上占有压倒性的优势，夏尔巴人在登山相关的产业上领先于其他的民族，古隆人则依靠其长期的海外贸易，在这里购置了大量房产。然而，面对变幻莫测的市场，每一个民族都不能保证自己是最大的获利方。在那些被单一民族垄断的商品背后，供求关系的变动很可能导致民族生计方式的整体变化，而在那些不容易被民族垄断的商品市场中，竞争关系则可能涉及其他民族的进入，甚至延伸到外国经营者。

（一）物品的民族标签

对于泰美尔的珠宝行业而言，那些生意红火的商人并不局限于靠近珠宝集散地的印度人。在对这些店铺进行分类的时候，其物品也能体现出行业内多样化的民族特性和相应的优势。例如，在选择宝石的时候，印度人的店铺通常能提供更多的选择，而在款式的设计和工艺的精细度上，纽瓦尔人、苏瑙尔人的店铺则更有优势。但对于那些进入行业较早的商铺来说，这些民族性已经显得不那么明显。因为他们可以靠着长期积累下来的资本，方便地往返于世界各地，以取得他们想要的原石资源，或者在和当地人打交道的过程中，累积下一批可靠的本地工匠。

从夏尔巴人到尼泊尔人：户外用品业的历史变迁

户外用品行业的兴起与尼泊尔登山业的发展密切相关。据经营户外商店的夏尔巴人回忆，十几年前，户外用品业基本上由夏尔巴人垄断；现在，正如登山向导和背夫已非夏尔巴人的专利，不同种姓的人也都进入了户外用品业。在尼泊尔市面上，人们可以找到几乎所有世界上著名品牌的登山包、服装和鞋子。其中，一些户外用品来自中国的广州和义乌，但更多的来自尼泊尔本地的工厂。一位拥有工厂的纽瓦尔店主谈道，尽管广州和义乌的货源充足，但价格却很高。在他的工厂里，除了本地品牌夏尔巴不能生产，其他所有品牌的户外用品都可以制作，而且，在尼泊尔，这类涉嫌侵权的伪货并不会受到法律制裁。他向笔者展示了两只分别来自中国和本地工厂的登山包，如果不仔细看的话，二者的颜色与款式几乎没有区别。但本地工厂生产的仿品却要比中国的真品便宜一半甚至2/3。即便是在本地工厂的商品中，也同样有着高低价之分，最廉价的包袋合人民币不过二三十元，而做工较好的中小型登山包则在100元上下。

　　这种民族与商品之间的传统关联依然影响着客人们的判断和本地人的表述。一些曾经为特定民族和种姓垄断的商品已经超越了民族的边界，但和现实相反，在选择商品的时候，顾客们反而追求着他们想象中的真实性和原生性。面对这种询问，并非传统经营民族的人们通常有两种反应：一类是否认自己属于该民族，但在第一次打交道的时候，他们也常常会承认自己确实是这个民族的人，以促成生意的达成。最常见的情况来自关于夏尔巴人的询问，由于夏尔巴人在影视和文学作品中的出镜率过高，使得那些从事登山相关业务的藏源民族常常自称或是承认自己是夏尔巴人。另一类，在全球化的语境下，笔者所接触的传统经营民族也并不会强调自己与经营商品之间的原生式联系。当笔者提及"你们种姓的神画"，画师种姓的受访者还会特别指出，神画是大家的，不属于他们。综上，这种与物品相关的本真性在不同的利益相关者眼中总是存在着差异，而对于多元化的经营民族而言，他们对本真性的追求并不与族群之间的文化边界相互吻合，面对顾客对商品和服务的想象，他们需要对自己族性中原生的特点做出阐释，或是冒着失去顾客的风险否认这种想象。

　　在泰美尔，跨国的竞争关系也普遍存在于那些高利润行业内。虽然在土地和房屋上不占优势，但外来民族也可以通过他们所掌握的物品获得利润，如印控克什米尔的穆斯林，以及印度北部诸邦的穆斯林与少部分印度教徒。其中，前者主要经营来自克什米尔地区的羊绒和羊毛制品，而后者则在区域内拥有许多珠宝店。前者的货物通过大宗物流运达尼泊尔；而后者则因为体积小，也常常通过携带运至泰美尔。不过，这种物品垄断上的优势也有可能被其他民族在技术上的突破打断。据经营羊绒类商品的克什米尔人回忆，在尼泊尔人开发出羊绒围巾之前，他们的围巾生意还不错。但在 2000 年前后，本地人也开始经营尼泊尔羊绒。尽管尼泊尔人的羊绒原料需要在西藏提炼后才能运回来加工，但相比之下，他们的产品除却羊绒羊毛本身，还有成本高昂的绣花工艺和长途货运的支出。因此，当人们需要价格略低的羊毛与羊绒制品时，昂贵的克什米尔制品便很容易受到冷落。

（二）物品流动与语言学习

每次在讨论工资的时候，画师报道人们都会相互揶揄，"画唐卡是不赚钱的，你如果想要赚钱，最好是去泰美尔开一家卖画的店"。在进行比较的时候，很容易发现，多数"尼泊尔"式的商品是手工艺品或初级产品，大多数商品属于劳动密集型产品，比如唐卡、神像、珠宝、刺绣、木雕和手工藏毯等，都以耗费时间长、工艺复杂而出名。掌握第一手货源的店主通常需要雇用长期或者临时的劳动力，以保证店内货物的供应。在管理这些劳动力的时候，工资一般按照工作时间或是按件计算，因此，销售的收入与工人们并不直接相关，在交易中受益最大的，往往是那些直接与游客打交道的销售者，通过跨文化交际及语言能力，他们连接了生产与消费，并能对消费需求的变化直接进行回应。

当某类客人的数量增多，泰美尔的人们就会开始考虑去学习对方的语言。对于多数本地经营者来说，中文的使用开始于日常招呼、数字和商品名称。从经营者的角度来看，这些语言的使用目的在于出售手中的商品。最开始，由于缺乏直接沟通的语言能力，经营者常常遇到麻烦，而不得不求助于中介者。但语言能力也是可以提高的，当经营者的语言能力达到一定程度，从生产到消费的中间链条将可能大幅减少。因此，店主们常常说起："六七十年代，泰美尔到处都是欧美人，因此，人们都跑去学英语；八九十年代，这里成了日本人的天下，于是大家都去学日语；而今，这里又挤满了中国人，结果大家又要开始开发新的语言技能了。" 2013 年到 2015 年，在泰美尔店主朋友们的介绍下，笔者旁听了四场不同学校和机构的中文课，这四场课中，有三场位于泰美尔区内，一场在加德满都市区特里布万大学的外国语学院，价格在每个月1000—4000 卢比不等，而讲授者则都是中国人。在旁听的时候，笔者发现自己遇到了许多来自泰美尔的老朋友，他们在空闲时间参加这些课程，通常在课程结束后，就要赶往位于泰美尔区的上班地点。

除了可以习得的口头语言，街面上的招牌也在随主要的客户群变化。以本地人为主要客户群的店铺并不以英文为招牌，但从街面上的招牌看来，在泰美尔，英语的使用率往往要高于天城文的使用率。在泰美尔之外，很多信息的获取受限于本地语言和文字，这给出行造成了一定的困难。鉴于此，自由行的旅客也愿意待在泰美尔，因为这里除了各种各样的商品，还有他们所需要的语言服务。一位游客说，在泰美尔，他"起码可以随心所欲地和外国人聊天"，但如果走出这里，他就会发现，连砍价都成了一件不那么容易的事情。就这一点看来，泰美尔犹如一个包价旅行的氧气泡，通过语言和文字，人们被与外界的文化震撼隔离开来。另外，对语言能力单一的游客，泰美尔也非万能的氧气泡。"我不懂英语，问价的时候我就让他们按计算器。好在有些人会说一点中文，这样的话我就能和他们讲价了。"

四　小结

掌握第一手货源的人们都知道，泰美尔是获取高利润的最好地方，为此，他们会尝试在此直接寻找顾客和推销商品。因此，比对杨庆堃定义的"虚假的现代化"，泰美尔似乎跳出了地方集市与中心市场之间的陷阱。① 然而，泰美尔的物品流动表现的却是另一种"虚假的全球化"。

首先，这种地方和中心之间的关联，是建立在物品属性的基础之上。在泰美尔，旅游商品的消费者如此集中，使其生产者和销售者不可避免地要与之发生联系，而在泰美尔之外，许多集市的内部交通系统依然没有实现现代化，给人员与商品的流动带来了较大的困难。

此外，尽管它看起来非常地多元和时尚，但这些并非建立在境内的发展水平之上，而是来自外力，即游客的主力——过去的日本、法国，以及现今中国带来的变化。一旦游客的兴趣或是他们所使用的通道发生改变，中心集市内的经济活动也会随之受到影响。例如，在2015年4月20日地震后，由于樟木到加德满都的道路损坏，截至当年的8月初，泰美尔的街面上都人气低迷，一度满街都是的中国游客也不见了踪影，归结起来，除了地震，这种变化还来自中国顾客本身的结构特点——由于顾客中有相当一部分是由陆路进入加德满都的学生和背包客，而这些人群的预算通常较低，故也不会转而选择飞机等方式继续行程。在进行比较的时候，这种"虚假的全球化"也同样见

---

① 由于现代交通体系的建设，基层市场体系与中心市场出现了商业化的趋势。同时，由于其内部的道路系统并没有跟上外部体系发展的步调，商品依然是通过传统的道路向那些定期集市流通，而不是被运往中心市场。

于其他位于发展中国家的旅游市场或是游客区，如在暹粒、巴厘岛，在游客区外生活的本地人并不能享受到网络、电器和大量的进口商品所带来的便利，而一旦进入区域以内，便似乎从人类的上一个世纪进入了下一个世纪。

除此之外，在泰美尔这个地方符号经济的中心集散地，物的流动究竟带来了什么变化？

显然，物品的流动重塑了地方符号，使之脱离了民族性，成为国家的象征。这种影响来自生产过程中的文化符号主义，同时又产生于以物品为中心，且有违本真性的跨文化流动。商品的文化符号主义是以国家为单位的，而跨文化流动则是基于国家级中心市场的地位和"虚假的现代化"之上，是将地方与异国相连的关键。从原生性产生的小生境来看，流动性并不会使族性消解，而是削弱狭隘的小民族主义，也更有利于族群边界的融合。与此类似的还有本地人的族性。和族群政治中被严格定义且讲究血统纯正的身份标签不同，在泰美尔，人们的民族身份是可以随着物品的属性而转换的。附属于族性上的语言习得也在转换中发生着变化。

其次，物品的流动引入了不同国家和地区的资本所有者。这些人的购买行为表明，全球化中的商品流动并不仅是资本主义世界体系理论中的从中心到边陲，或者重庆大厦的从半边陲到极边陲，还包括从所谓的极边陲国家，到达半边陲甚至中心国家。这种运动的反向特征一方面来自对"尼泊尔制造"的消费需求，另一方面又是新兴经济体在消费上所表现出来的文化特征。对于第一点而言，全世界满足温饱的中产阶级都将产生对异域文化的消费需求，而在尼泊尔，使这种流动迅速繁荣起来的却是第二点，即中国经济的崛起和与之相伴的新型消费主义。在这个主题之下，波罗的海的蜜蜡、墨西哥的蓝珀和印度的小叶紫檀都是值得研究的例子。既然本书主要关注泰美尔，那么接下来笔者将用一小节，讨论一下尼泊尔凤眼菩提的跨国流动。

第二节　泰美尔与菩提热

2012 年，当笔者第一次来到泰美尔的时候，这里的菩提生意还没有那么引人注目。一年后，菩提生意很快在泰美尔的各个小商铺中占据一席之地。书店、杂货店和珠宝店等不同类目的店铺里，也特别为菩提留出了空间。2014 年，泰美尔开始出现中国人经营的菩提商铺。次年 10 月，当笔者结束村落的田野调查，重新回到泰美尔，这里由中国经营者打理的菩提商铺达到了四家。除了这四家门类专一的店铺，大部分中国餐厅和旅行社都兼营或是通过社交网络及电商平台出售菩提。

在诸多菩提之中，价格增幅最快、最引人注目的是名为 Buddhacitta（音）的凤眼菩提①，尼泊尔人平日将其称为 mala②。大约从 2011 年起，文玩逐渐在中国内地升温，而凤眼菩提的价格也随之迅速攀升，最为昂贵的小凤眼，价格翻了数百倍。历史上，凤眼菩提作为商品在泰美尔出售的年代久远，但在文玩热兴起之前，这些小串和工艺品店里的塑料珠子、牦牛骨头一样，合人民币不过十几二十元钱，最昂贵的小凤眼，则在千元上下。

对人类学研究而言，民族内部的个体经济行为常需追溯到其文化的整体性。尽管贸易常被抽象成具有独立性的事件，但其发生却很难与其他因素的影响相互隔离。个体经济行为在其所处的家庭、社区乃至社会环境中的嵌入方式，不仅与政治和社会关系相关，还与传统习俗有着诸多牵连。③ 同理，泰美尔为一个菩提增值的重要节点，在其价格的上涨过程中，它一边连接了雷德菲尔德定义的"小规模社会"，即对应小传统，以农村文化为特征的小社区，另一边连接的又是另一个国家反映精英审美的大众商品市场与主流消费文化。④ 由于中国人的介入，这些社区所具有的地方性发生了微妙的变化，通过中国人的跨国流动，小社区内产出的资源，被直接与中国内陆的文玩市场相连，成为经济全球化的一个注脚。

---

① 又有 Boddhicitta 的说法。

② 尼泊尔语，意为佛珠、项链。

③ ［日］栗本慎一郎：《经济人类学》，王名等译，商务印书馆 1997 年版，第 7—8 页。

④ ［美］雷德菲尔德：《农民社会与文化》，王莹译，中国社会科学出版社 2013 年版，第 94—95 页。

一　从村落到泰美尔

达曼，即 Tamang，藏文之意为贩马者。尼泊尔的达曼人主要聚居在北部喜马拉雅山区及加德满都谷地周边的山地，以农牧业为传统生计方式，信仰藏传佛教。本节所论的达曼，主要指生活在加德满都谷地东南 D 区 A 村以及邻近村落的达曼人。凤眼菩提集中分布在这几个村落，如村民所言，"只有我们这一带有凤眼菩提"，且"就算其他地方也种植菩提树，他们收获的种子也不会有我们的质量好"。在民间传说中，这一带的凤眼菩提树是由莲花生大师带来的佛珠种子长成，当时莲花生在村落附近闭关修行，这些菩提树便成了他留给村民们的礼物。

而今，这一区域的菩提已经成了大买卖，不少达曼人只要一提到"mala"两个字，便会双眼放光，说："你知道吗，一串就要 10 万卢比呢。"10 万卢比并不是上限，综合尺寸、密度和皮色等因素，更加昂贵的凤眼菩提可以卖到 30 万卢比以上，折合人民币约 2 万元。根据长期在菩提生长区生活的访谈对象回忆，2011 年起，菩提的销量开始上涨，但真正让他们意识到凤眼价值的是 2012 年以及 2013 年。这两年，进村的中国人渐渐多了起来，在中国人的挑选过程中，产量稀少的小尺寸凤眼菩提很快销售一空。在小凤眼供不应求甚至严重断货的情况下，村民们纷纷开始抬高价格。"一串珠子 10 万卢比"的口头语也是这两年产生的。[①] 2014 年，小凤眼的价格再次翻了好几倍，这不仅意味着菩提树价格的上涨，在这一区域内外，也掀起了种植凤眼菩提树的新一轮热潮。除了种子，树也是人们争夺的资源。据一些报道人回忆，过去的树并不昂贵，在菩提价格上涨之前，还有人以千元的价格购买过成年的菩提树，一些颇具商业头脑的族人也在民族内部入手了一些菩提。而今，人们对价格已经十分敏感，低廉的价格已成为历史。

由于一年到头都有果实成熟，因此达曼人需要对菩提树严加看管，以避免盗窃带来的损失。为看守位置较远的菩提树，有的人家专门修建了便于看守的房屋。房屋不供奉神明，只有简单的床铺和烹饪设备。和其他达曼人的家屋结构一样，通常床铺设在二楼，厨房则在一楼。成熟

---

① 一串珠子 10 万卢比，尼泊尔语为"Euta mala ek lakh"。

的菩提采摘之后，进行晾晒、剥皮和果核清理，然后送到村中收菩提的人那里，或是自己送去加德满都出售菩提的店铺进行打孔穿串，之后在泰美尔、博达那或是猴庙的店铺中出售。为避免途中遭遇盗贼，一些家户请来警察押运小菩提。也有人将小凤眼留下来单独出售，通过中介，或是在加德满都做生意的达曼人，直接出售给中国人。而今，菩提生意已改变了菩提树生长区一带达曼人的生计方式。除了等待中国商人的到来，达曼人也形成了一系列的菩提产业链，加大了其他民族的介入困难。此外，其他尼泊尔民族也时常尝试与达曼人打交道，并从中分得一杯羹。

　　表面上，在达曼人木头变黄金的过程中，泰美尔并无特别之处。然而，在这一变化中，泰美尔所扮演的角色却是至关重要的。其角色之所以关键，可从菩提在市场上流动的层级图（见图4-1）中得以窥之。

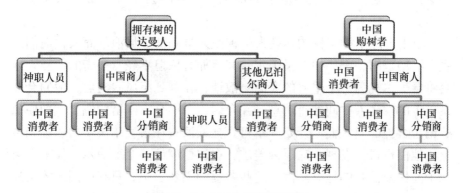

图4-1　尼泊尔菩提流动链

　　图4-1既是对所涉民族的简单说明，又可看作菩提流动的基本线路。实际情况中，买卖的行为可能因为转手次数的增加而显得更为复杂。在左侧的线路中，村落中的菩提买卖既以家户为单位，又存在收购菩提的个人，但村落里仅出售原籽，并不提供打孔、穿串等服务。到了加德满都的几个菩提商户聚集地，原籽将进行加工和穿串。而当这些穿好的菩提来到泰美尔，人们不仅可以购买到108颗的菩提佛珠，还能购买到进行了重新设计的佛珠和手链，并定制自己喜欢的款式。另外，购树的中国人虽然基本避开了达曼人严密的价格策略，但价格却不会比

本地人低——不管是达曼人还是中国人都知道，霉菌、蛀虫、盗贼及对丰富鉴别经验的要求，使得"这东西实在很麻烦"。因此，他们也形成了一种微妙的默契，即在竞争中保持着价格的一致性。

这一线路中，还有两类人需要做出特别说明。首先是神职人员，在菩提买卖的热潮中，他们出现的频次并不高，但其经手的货物却是在跨族交易中最有可能违背市场规律的。如一位中国佛教徒曾花 2 万元买下一串市价约在 2000 元的菩提佛珠，因为这串佛珠来自一个寺庙里的喇嘛，对方声称自己"花了三年时间盘玩它"。此外，笔者也曾听闻有人从喇嘛处获赠凤眼佛珠。其次是处在流动关系最底层的，即作为菩提消费者的中国人。和专门从事菩提买卖的商人相比，他们手中的资本有限，但数量却比商人要多得多。他们是菩提的消费主力，也是分销商打交道的重要对象。总体而言，同处一个层级的商人之间存在竞争关系，当这种竞争遇到资源供不应求的情况，就可能会导致价格上涨和购树行为。

以上，除了拥有树的达曼人、神职人员和部分尼泊尔商人，他们的主要活动范围，都集中在泰美尔。甚至拥有树但不经营商店的达曼人也会将泰美尔视为一个重要的商品集散地，在拿到小凤眼之后，他们会在泰美尔的达曼人中间散布消息，并允诺给予中介方丰富的酬金。即便那些销售菩提的商人们一开始并不打算把钱浪费在泰美尔昂贵的店铺租金上，他们也很快发现，除了泰美尔，在加德满都甚至尼泊尔，找不到第二个能快速盈利的地方。因为这些菩提的消费者中，只有中国人才会通过他们购买菩提，而同样信仰藏传佛教的尼泊尔各民族，则总有办法直接找到拥有树的达曼人，并获得更加低廉的价格。

然而，泰美尔并没有对木头变黄金的原因做出直接解答，以下将从经济制度和人群两个方面，讨论凤眼菩提进入泰美尔前后的价格生产机制。

二　关于经济制度的讨论

卡尔·波兰尼（Karl Polanyi）认为，互惠、再分配和家计三种组织原则，构成了西欧以至封建末期的各种经济体制。相较之下，市场制度则更为宏观，且对社会整体也存在决定性的影响，这意味着社会关系是嵌于经济体制中的，而非相反。① 当下关于市场的经验研究，可分为金融市场，以时尚、酒类为代表的审美市场和具伦理色彩、以人寿为代表的市场三类。这三类市场研究之所以得到社会学家的关注，是因为市场内的商品价值与商品属性相脱节的现象，换言之，这些市场中商品价格的定型，更多地来自其经历的社会化建构。② 本案例中所讨论的菩提，或可划归第二类审美市场，在这类市场中，价值的社会建构十分明显，其间，用于衡量价格的诸项标准被树立及体系化。在商品进入泰美尔所连接的市场前，虽然供求关系依然是价格的决定因素，在达曼人内部，带有更多原始经济特色的前三者却是稳定价格的关键，因此，三者与市场间亦是并行的关系。

（一）互惠、再分配和家计

1. 互惠

在马林诺夫斯基（Bronislaw Malinowski）笔下的特罗布里恩德岛，作为礼物的臂镯和项链形成了互惠的库拉圈，它连接了不同区域内的交易伙伴，也开启了日常其他物品的交换渠道。③ 菩提生意中的互惠现象则与这种循环式的赠予有一些区别。

首先，臂镯和项链是在库拉圈的内部循环的，但菩提的出售对象却是具有流动性和不确定性的中国商人，这意味着，除去那些以此为主业的商人，交易双方很难在成交之后继续打交道（特别是停留时间较短的游客）。其次，不同于以物易物的原始经济，中国人始终是用金钱购买菩提，对于达曼人来说，大量的金钱并非村落生活中的必需品，这使得他们有充足的时间去评估手头资源的价格。尽管如此，菩提交易中依然存在互惠的现象，如对中间商的互惠。对于促成买卖的本地中间人，达曼人多以现金方式进行结算；而对于给予帮助的中国商人，这种互惠也时常以货物赠送的方式进行。生意之外的互惠也对生意本身起着重要

---

① ［匈］卡尔·波兰尼：《巨变：当代政治与经济的起源》，黄树民译，社会科学文献出版社 2013 年版，第 126—129 页。

② Jens Beckert and Patrik Aspers, *The Worth of Goods: Valuation and Pricing in the Economy*, Oxford University Press, 2011, pp. 30–31.

③ ［英］布罗尼斯拉夫·马林诺夫斯基：《西太平洋上的航海者》，张云江译，中国社会科学出版社 2009 年版。

作用，但其目的很难被定义为是道德和义务的。例如，一位达曼人不时会邀请购买货物的中国客人在他的店铺喝茶，并向他们赠送额外的礼物，如手串和配件，同时他也提道："做生意才是重点，如果对方给出的价格太低，我也不会给他们什么东西。"

由于每一个给予帮助的家庭都对回馈有所期待，流动性与跨国性又常常导致回馈链条的断裂，因此，比起鱼龙混杂的都市，具有节律性的互惠在乡村经济中更为常见，如爪哇的"gotong-rojong"互助，泰国乡村对互惠行为的重视，及菲律宾个人联盟中的义务性互惠。[1] 达曼人的互惠亦基本是在民族内部，即具亲缘性与稳定性的自己人间进行。霍姆伯格关于达曼人剥削铁匠种姓的解释也适用于理解这一现象，即"达曼人试图在付出最少的前提下，从铁匠种姓那里最大限度地获得回报，而铁匠种姓也将要求最大化，却不愿给予回报"[2]。但达曼的互惠体系并非完全不对外开放，如在与周边古隆人的接触中，尽管达曼人不愿与之分享小米粥和水烟，却可以共享大米和玉米粥。[3] 比较之下，中国人在互惠中的位置更类于与达曼人为邻的铁匠种姓，因所有资源上的不对称，加之无法融入达曼人以亲属网络为基本结构的互惠循环系统，而被最大限度地剥削。

网格状和以核心家庭为单位，决定了达曼人内部信息交流的便利。通过人与人之间的互动，商品的供需情况、成交价格、商品信息等都能够及时传递到家族甚至民族其他成员处，从很大程度上杜绝了外人"捡漏"的可能性。就文化传统的稳定性而论，这种互惠沿袭自达曼人的生产习俗。与纽瓦尔、古隆等民族相似，达曼农民的田野劳作常常是以 nang 为单位集体进行的。[4] 组织劳作的主人家需为劳动者们提供午餐与香烟。通常情况下，参与劳作的人们虽不会从劳动中直接获得酬劳，

---

[1]　［美］詹姆斯·斯科特：《农民的道义经济学：东南亚的反叛与生存》，程立显、刘建等译，译林出版社 2001 年版，第 216 页。

[2]　David H. Holmberg, *Order in Paradox: Myth, Ritual, and Exchange among Nepal's Tamang*, Ithaca and London: Cornell University Press, 1989, p. 71.

[3]　Ibid., pp. 72 – 73.

[4]　nang 为达曼语，指农业生产中的集体单位，对应尼泊尔语中的 parma。后文中的 goremos 亦为达曼语，意思与前者相近，但有正式组织者（naike），且规定酬报时间为一年三个月（加入后不能临时退出），比前者的组织方式更为严格。

但获益于相互之间的帮助。这一劳动组织是非正式的，且无领导者。虽然松散，但其平等互惠的理念却保证了其活动的有序实施，而成员的加入与离开也遵循着"得到多少，就要付出多少"的原则。[①]

另外，互惠的现实动因来源于以上社会关系在经济方面产生的效应。作为生活在熟人社会中的个体，"不会因要取得物质财物以保障个人利益而行动；他的行动是要保障他的社会地位、社会权力及社会资产"[②]。例如，一个访谈对象表示，他的亲戚们在城里总共开了十几间菩提店，即便是那些相距较远的亲戚，大家相互之间也经常往来。聊天时，菩提是最为寻常的话题。因此，不管是哪个季节，这些店铺所开出来的价格虽然有高低之别，但是底价相差并不会太大。他们最常对外人说的一句话是，"你去别的店看吧，我给你的一定是最好的价格"。事实上，他们对别的店铺所开出的价格早已心中有数，因为在族人里面，如果按低于约定价格出售，便意味着家人的谴责。这也意味着这一地区的达曼人之间，存在"互信互赖的长期关系"。这种关系在消解达曼人内部竞争关系的同时，也能将物品的低价流动保持在民族内部。这意味着，在面对外族的时候，价格将严格按照市场规律制定，但在对内转手的时候，互惠因素将会影响价格的形成。

2. 再分配

再分配具体表现在人们为权力中心提供财富和服务，且中心对个体进行返还的过程。和尼泊尔的印度教诸种姓不同，达曼人的社会相对更加平等。例如，他们部落之间存在对等的平级合作，两性关系中男性多对女性地位保持尊重，祭祀文化所体现出的等级观也不如印度教一般森严。因此，在菩提交易中，前述的给予与返还非以权力等级为中心，而是以财富资源为中心的。获取了财富的达曼人，常会在日常与节假日的集会中表示出慷慨，如主动为亲友支付餐费和茶费，并增大其在得胜节期间的礼品和礼金支出，在这几类支出中，餐费和茶费的范围可以涵盖

---

① Gérard Toffin, "Mutual assistance in agricultural work among western Tamangs: Traditional and new patterns", in *From Monarchy to republic*: *essays on changing Nepal*, Kathmandu: Vajra Books, 2013, pp. 187 –188.

② ［匈］卡尔·波兰尼：《巨变：当代政治与经济的起源》，黄树民译，社会科学文献出版社 2013 年版，第 113 页。

交易中的三方，但礼金支出仅指向比自己年幼的亲戚，坚果和糖果等礼品则用来赠予年长的亲戚。窦非也有谈及达曼的财富积累机制，认为一些原因将阻止达曼人进行财富积累。如达曼社区中的葬礼，富者的花费往往在穷者花费的 4 倍以上。又如，达曼富者中存在"出借和赠予食物及财富，并无所谓收支相抵"的再分配机制。因此，在他看来，达曼人"最富之人需要在集体与家庭诸事务上投入比别人更多的财富，依照传统的道德价值与规范，（达曼人）财富上的任何不均仍可得以纠正"。[①] 整体言之，富者日常的义务支出理应远远大于穷者。

3. 家计经济（house holding）

达曼人的生意是以核心家庭为单位的。"就其构成而言，家户组成了一种小经济。"[②] 进行买卖时，性别的因素体现得并不明显。议价过程中，比起小辈，家中的权威将决定货物的最终价格。因此，当购买者前往村内进行购前咨询时，并非所有家户成员都对价格的高低有决定权。

比较之下，村落和店铺中，母亲作为权威的情况通常多于父亲。这或许可以归因于达曼人内部的性别分工，在菩提生意上，女性多从事采摘、晾晒、串珠等活动，带货进城则主要由男性操作。生意之外，男性更多地选择前往村外及其他国家打工，女性在结婚前虽有参与这些外出务工，但在结婚后便主要负责料理家庭事务。[③] 这意味着，比起女性，达曼男人更容易进入流动的状态，他们长于与中介和中国人打交道，而无暇顾及找上门来的生意。另外，达曼女性养育子女的活动与其日常生产密不可分，甚至在怀孕期间，她们也能照常进行劳作。[④] 就这一点而

---

① Gérard Toffin, "Mutual assistance in agricultural work among western Tamangs: Traditional and new patterns", in *From Monarchy to Republic: Essays on Changing Nepal*, Kathmandu: Vajra Books, 2013, p. 196.

② [美] 马歇尔·萨林斯：《石器时代经济学》，张经纬、郑少雄、张帆译，生活·读书·新知三联书店 2009 年版，第 91 页。

③ Thomas E. Fricke, Arland Thornton and Dilli R. Dahal, "Family Organization and the Wage Labor Transition in a Tamang Community of Nepal", *Human Ecology*, Vol. 18, No. 3, Sep., 1990, pp. 283 - 313.

④ C. Panter-Brick, "Motherhood and Subsistence Work: The Tamang of Rural Nepal", *Human Ecology*, Vol. 17, No. 2, Jun., 1989, pp. 205 - 228.

言，母亲对子女的影响常常大于常年在外的男性，因而在家庭式经营中，"作为拍板者的母亲"并不罕见。不过，最终参与到销售中的，可能并非其中的权威人物，因为权威人物也会对家庭占有的资源进行授权，让其他人进行代理销售。而且，在树的所有权分属不同家庭成员的情况下，其他家庭成员也不会过多干预交易者的议价过程，加上成员之间原本便在价格的问题上有过沟通，他们的对外交易表现出相互独立却内部统一的特性。

同时，家户生产模式阻止了达曼人所获得利润向资本的转化。这种停滞不前一部分来源于漫长的资本运作周期，以萨林斯的话论之，"除非家户劳动力的生产能力真正得到提升，或导致产量提高的先进技术出现，否则家户经济不可能提升到一个新的高度"①。另一部分则源于自给自足对市场与货币的影响。这看上去与高涨的价格相互矛盾，但在与富裕外族的博弈过程中，却是让达曼人保持气定神闲的必要条件。由于这种生产模式具有"追求的是生活的途径，而非量化的财富"的特性，达曼人宁愿抬高菩提的价格，以少许劳动换取更高利润，也不乐意满足中国人"低价且大量"的需求。②

（二）市场交换

虽然一手资源由达曼人掌握，但市场却是在中国，这一特点使得泰美尔成为成交的热门区域。换言之，即便互惠、再分配和家计经济能在达曼人内部有效地运作，但那些暂居于泰美尔的中国商人的喜好，依然是启动这一系列经济制度的关键。

一方面，购买者内部虽存在使用—投资价值、个体—关系价值以及功能—象征价值的差异化认知，但关于价格的共识却是在中国境内的市场里达成的，这部分市场活动阻碍了达曼人对中国人价格体系的了解。③另一方面，菩提价值在中国的社会建构与达曼人并非同一，如达曼人的菩提生意比中国近年大范围兴起的文玩热要年代久远得多，其对

---

① ［美］马歇尔·萨林斯：《石器时代经济学》，张经纬、郑少雄、张帆译，生活·读书·新知三联书店2009年版，第102页。

② 同上书，第100页。

③ Jens Beckert and Patrik Aspers, *The Worth of Goods*: *Valuation and Pricing in the Economy*, Oxford University Press, pp. 11 – 12.

菩提的认知却和中国人并不完全一致。以凤眼菩提树产出的凤眼菩提为例，不少达曼人认为，价格和其大小并不相关，但在北京的文玩市场上，只有小尺寸的凤眼菩提才卖得起高价。作为销售者的达曼人尽管将凤眼的价格均一化，但只有小尺寸的才能按照他们预设的高价卖出。这导致他们进一步提高凤眼的整体价格，并在提高价格的同时，开始关心尺寸和价格的关系。另外，凤眼菩提的加工方法和价格评价体系也有了很大变化。因为中国消费者尤其偏爱新籽和小尺寸，大尺寸的菩提虽然同样罕见，但其价格始终难以与小的比肩。此外，为了方便菩提保存而一度多见的酥油煮制法现在也因中国买家的挑剔而被谨慎使用。经过双方的互动式交易，达曼人才试探出了金矿的精准位置。

三　木头变黄金背后的内外网络

在菩提跨国流动的过程中，中国商人的资本单向地流入达曼人的口袋。在资本运作的过程中，这一切显得有些吊诡，因为商人的努力经营和扩张并没有榨干达曼人日常的劳力，相反，在改变他们贫困的同时，商人们还得忍受一日一新的价格涨势。至此，木头变黄金的过程似乎已较为明晰。仅从简单的事件发展来看，菩提价格的上涨似乎与南红、青金石、翡翠等文玩珠宝差别不大。但具体到这个案例，达曼人在尼泊尔种姓与民族体系中的地位、文化与观念，亦是值得探讨的首要问题。

（一）网格状与亲属关系里的"自己人"

20世纪，关注南亚地区的研究者多将种姓及相关的宗教观念与经济活动联系在一起，其中，与业（karma）和转世（samsarad）关联的教义，被视为制约经济发展的一大因素。[1] 就生计方式而言，种姓与民族的影响当下依然清晰可见。都市中的达曼人，依据比斯塔的描述，是那些在加德满都街头，"用头带负重，身着束腰外套，缠腰带，冬季穿着短袖羊毛夹克，还常把库库里军刀塞在腰间的人们"。[2] 最早进入尼泊尔进行人类学研究的海门多夫则认为，"达曼人对谷地文化的贡献无

---

① John Harriss, "South Asia", in *A Handbook of Anthropology*, Edward Elgar Publishing Limited, 2005, p. 530.

② Dor Bahadur Bista, *People of Nepal*, Kathmandu: Ratna Pustak Bhandar, 2013, p. 57.

足轻重。作为负重者和伐木者，他们的经济地位或许很重要，但他们的社会地位却是低的，他们进入高种姓者和纽瓦尔人的居所，多是因为身为奴仆或是雇工"。① 这意味着，在加德满都谷地的都市生活中，达曼人多从事着体力劳动，社会地位相对较低。

回顾 1856 年，拉纳家族颁布的尼泊尔民法大典（Muluki Ain）中并未提到达曼人，而是称其为西藏人（Bhotiya）。尽管达曼人多被认为来自西藏，但他们并不认同西藏人这一称谓。在 1769 年的文献中，他们被称为 Murmi 或是 Lama，并作为"可被奴役的饮酒者"见诸记载。② 在窦非的分类中，尼泊尔人可分为五种：山地印度教种姓（Parbatiya Hindu castes），以藏缅语系语言为母语的民族（或言部落），纽瓦尔人，主要分布在南部特莱平原的马德西人，藏人。③ 其中，达曼人属第二类，即以藏缅语系语言为母语的民族。另一种更为粗略的分类方式更能说明达曼人与印度教社会之间的分立，即在尼泊尔社会中，各族群可简单分为印度教种姓与其他本土民族（janajati）。④ 作为整体概念的达曼人属于本土民族，常被描述成"相对贫困，不能像高种姓或是上层阶级那样接受较好的教育"。

除了一些特例，如在尼泊尔西部商道上具有控制权的塔卡利族，以及广泛分布在加德满都谷地，以其丰富多彩的文明和"谷地土著"之名闻名的纽瓦尔人，相比身处印度教社会的诸种姓，在政治、经济和教育等方面，诸少数民族常被认为是不具优势的群体。这种比较之外，还存在民族和种姓内部的区别。区别不仅表现在具体族别，也表现在地域的差异上。在霍姆伯格研究的村庄中，达曼人比古隆人及铁匠种姓占有

---

① Christoph von Furer-Haimendorf, "Unity and Diversity in the Chetri Caste of Nepal", in *Caste and Kin in Nepal*, *India and Ceylon*, New Delhi: Sterling Publishers, 1966, pp. 11 – 66.

② Andras Hofer, *The caste hierarchy and the state in Nepal*, Lalitpur: Himal Books, 2004, pp. 124 – 125.

③ Toffin 将穆斯林划入 Parbatiya 或 Madhesi 中，未单独列出。Gérard Toffin, "The Janajati/Adivasi Movement in Nepal: Myths and Realities of Indigeneity", *Sociological Bulletin*, Vol. 58, No. 1, Special Issue on Development of Democratic Routes in the Himalayan "Borderlands", January-April 2009, pp. 25 – 42.

④ 根据笔者 2014 年 9 月 14 日对宾诺德·博卡拉教授（Binod Pokharel）的访谈整理。尼泊尔人将 janajati 翻译成 nationality，法国人类学家 Toffin 认为，这种译法源于中国使用的少数民族（minority nationalities），而与社会意义上的国家（nation）关联甚少。

更多资源。但当达曼人走进城市，面对长期居住于此的刹帝利、婆罗门和纽瓦尔等民族/种姓，其优势地位则难以为继。[①] 由此可见，菩提价格的暴涨，不仅是族内策略的运作结果，也是长期以来都市民族竞争中，达曼人弱势地位的反映。

"自己人"，尼泊尔语为 afno mannche。在尼泊尔人类学家比斯塔看来，对尼泊尔人言之，自己人的概念，并非严格意义上以种姓（或民族）为辨识方法的，除了出身，还需要考虑到与自己人相处时所花费的时间、共享的知识，以及相应维持这种关系的方式。[②] 但语言和地域并不是唯一的判定因素，如生活在达曼人周边的铁匠种姓（属不可接触者），尽管他们能说流利的达曼语，且与达曼人的社区一衣带水，却依然被排斥在达曼人的互惠关系之外。[③] 自己人有类于社会学家库利所提出的"初级群体"概念，即面对面交往，关系亲密的人们。对于群体中的个体而言，初级群体直接影响了人性的形成，因为"个人的最早、最完全的社会生活经验是源于这里的"。[④] 自己人包含了达曼人的亲戚朋友，由于他们多以从属藏缅语系的达曼语交流，因而基本可限定在达曼人的民族内部。

在菩提生意之前，达曼人在泰美尔便形成了以族别为界的关系网。如一家身在马来西亚的达曼人，他委托自己的中学同学——另一个达曼人管理一间位于泰美尔的餐厅，他的同学则通过亲戚招来了村里几个务工的年轻人，其中有他的远房侄子和外甥。对这几个年轻人而言，作为雇主的亲戚意味着不那么紧张的雇佣关系，通过简单的协商，他们可以在假期和薪酬上获得一些优待。在泰美尔，这一类由达曼人经营管理的产业也成了信息交流的重要节点。同乡经营的餐厅和旅社是他们集会的首选，即便只是吃顿便饭、喝杯尼泊尔奶茶，对他们来说，也可以获取

① David H. Holmberg, *Order in Paradox: Myth, Ritual, and Exchange among Nepal's Tamang*, Ithaca and London: Cornell University Press, 1989, p. 71.

② Dor Bahadur Bista, *Fatalism and Development: Nepal's Struggle for Mordernization*, Kolkata: Orient Longman, 1991, p. 57.

③ David H. Holmberg, *Order in Paradox: Myth, Ritual, and Exchange among Nepal's Tamang*, Ithaca and London: Cornell University Press, 1989, pp. 71 – 72.

④ 贾春增主编：《外国社会学史》，中国人民大学出版社 2008 年版，第 156 页。

不少信息，因为来自家乡的人们在加德满都打拼，其中不少人干着搬运工之类的体力活，类似的交流不仅可以帮助他们在乡音中适应都市，也可以带来更多可靠的工作机会。

自己人不仅是货源，也是销售渠道。在价格差别不大的情况下，达曼人会先考虑将手中的货物销售给拥有商店的亲戚。而在急于将商品低价出手的情况下，达曼人也会优先考虑自己人。如果有人手中有小尺寸的凤眼，他便会在日常的集会中告知其他成员，其他人将利用手中的客户网络帮助他进行销售。这种委托销售的方式有两种实现途径：第一种是将货物交由对方，委托其进行销售；第二种则是让对方在寻找到客源的时候打电话，届时再自己带着货物前往客户所在地。在实际操作中，两种实现途径并不矛盾，比如将菩提交给朋友，再由朋友从自己的关系网中找寻，或是当对方找到买家的时候，再将货物移交给对方。

从结构上看，自己人所构建的信息网基本呈现出并不复杂的网格状，且辐射范围也被限制在达曼人内部。这一信息网的存在，反映了凤眼菩提价格的稳定性和可控性。以两家达曼人开的凤眼菩提店铺为例，两家出售的价格都大致相同，其中一家以较高的价格成交后，其店主便会跑到旁边亲戚家的店内聊天，谈论自己今天的生意和成交价格。如果成交价格高于市场价，亲戚便会流露出羡慕之情；相反，假如成交价格比市场价低，亲戚便会认为他卖得太便宜，不划算。一位受访者曾经表示："我才不会把自己手上的菩提便宜卖掉。现在价格这么好，便宜卖掉不仅对不起自己的辛苦，还会让亲戚们笑话。"另外，前述的委托销售也预示着价格的向上浮动，因为在进行委托的时候，达曼人往往会报给对方一个预期的成交价格，受委托的一方将尽力以比这个预期高的价格出售，以获取作为中介的利润。

"自己人"的传统道德观念保证了这一信息网不为市场的供求关系破坏。在商业活动中追逐利润是正常现象，但达曼的民族传统中，对说谎者有着相应的社会惩罚。如作为佛教徒的达曼人并不杀生，但在一年一度的得胜节宰牲仪式上，负责举起砍刀的那些人，是公认的说谎者。

斯科特曾有论，农民的道德激情源于互惠准则和生存权利，其中，前者起于接受赠予而自觉应返还的规则，后者则反映了穷者对社会资源的基本需求。①对达曼人而言，商业活动中的道德感起于内外互惠及对内部互惠循环的忧思：其一，调包、以次充好等行为被大多数人所不看好，一些欺诈行为严重者，被整个民族所唾弃。一次，笔者的访谈对象曾指认一个经常在生意上耍花招的族人，并露出鄙夷的神情。尽管对方与他并不在同一个村落，但由于亲戚之间的互通，使得达曼人能够对民族内部成员的道德做出有类于非正式惩罚的判断。其二，虽然对有的人而言，"该是多少就是多少"，"我们不会欺骗客人，我讨厌说谎者"，但对收入微薄的山民而言，少许的欺诈代表的高额利润依然具有很强的诱惑力。而且，对于那些不识货的买家，即便是品相很差，或是用另外的品种替代的菩提，也能以不错的价格成交，这种情况下，大多数达曼人并不会说明真相，而在那些正义感强烈的达曼人看来，"这和说谎没有什么区别"。

（二）外族的介入

"物品的使用价值，没有交换，也能为人的利益而实现，那就是，在物和人的直接关系中实现；物品的价值却只有在交换中，在一个社会过程中实现。"②显然，菩提的价值非达曼一方所能决定的，在这过程中，中国人和境内其他民族起着重要作用。

1. 中国人

在种植—出售—加工—出售的各个步骤中，均有中国人的介入。城市中的凤眼菩提价格高昂，达曼人的内外策略又牢牢控制着一手货源的价格波动，基本杜绝了中国人"捡漏"的行为。在此情况下，为了节约成本，一些中国人开始购买菩提树的所有权。2013—2014 年，一棵树的价格在 3 万—5 万元人民币，树龄老、尺寸大的树价格更高。拥有了菩提树之后，在村庄附近出没的小偷也将威胁菩提的收成，对此，中国商人们的办法是熟一批摘一批，因为"树上果子留不得，一留就不知道去哪里了"。除了偷盗，中国商人们遭遇的还有各种各样的小花样，譬如以次充好、鱼目混珠、狸猫换太子等。但为了挣钱，即使上过

---

① ［美］詹姆斯·斯科特：《农民的道义经济学：东南亚的反叛与生存》，程立显、刘建等译，译林出版社 2001 年版，第 215—229 页。

② ［德］马克思：《资本论·政治经济学批判》第一卷，人民出版社 2004 年版，第 60 页。

不少次套,他们还是得继续和本地人打交道。

为了节省货运开支、便利看货,一些中国商人也在本地做起了菩提买卖。有的商人依然以餐饮住宿为本行,另一些人则开起了菩提商店,有的人甚至把全家人都接了过来。即便利润丰厚,菩提的收成也常常成为他们烦恼的源头。"今年是中年啊,大的没有,小的也没有,要亏死了……"2014年夏季,一位购树的泰美尔店主抱怨道。在以上过程中,中国人还开始学习尼泊尔语。他们的语言资料多来自简易的入门书籍,也有向本地人请教的情况。对于简单语言的掌握能够帮助他们更快地达成交易,也能在一定程度上防止本地人的欺诈行为。

由于牵涉货款移交和外币兑换等问题,菩提买卖将在泰美尔居留的中国商人卷了进来。这类商人多长期开放换汇业务,经营菩提者需要通过他们提取资金,以减少货币兑换中的汇率折损。在中方资金周转不及的情况下,一些商人也愿意提供担保,因此也成为另一种意义上的中介者。

2. 其他民族

中国人以外,那些非达曼人的销售者还广泛地分布在泰美尔、博达那等旅游商品市场。"外人"的存在显得尴尬又必要。是否能够跳过这些外人,直接获取丰富的利润?半世纪前,西敏司(Sidney Mintz)对于加勒比地区中介的研究已经否定了这一点。而在凤眼菩提的例子当中,"外人"不仅意味着买家数量的增加,也是打通达曼人与中国人沟通的重要渠道。

在泰美尔,作为销售渠道的外人随处可见,他们是尼泊尔和印度的各个种姓、民族,以及自中国而来的西藏移民。虽然这些人里存在购买并掌握了菩提树资源者,但大多数人仅是从达曼人手中购买了少量凤眼菩提的小商贩。他们在零售价格上没有优势,但是面对大量停留时间不长、对价格信息掌握不多的游客,以高于市场数倍的价格售出货物并不困难。还有一些外人,是掌握了中文的中介者。和小商贩的获利方式不同,他们不需要成本,而是周转于中国人和达曼人之间,依靠自身的语言优势谋取利益。符合这种双语优势的人,多是西藏移民或是难民后裔。同时,另一些中介者则是受雇于其中的一方,如为居住在泰美尔的中国人带路,或是以中文为达曼人提供销售服务。达曼人这一边,也有人在学中文，但多是半途而废。一位经营凤眼菩提的达曼人曾抱怨，中文"太难学，有这个时间还不如多在店里照顾生意"；另一个达曼商人曾经学习了三个月的中文，却坦言自己"一无所获，已经放弃"。此外，需要说明的是，对于中介而言，语言并非他们手中的全部资本，一些中介在泰美尔掌握了大量的货源与客源，并专门以此为业，和只依靠语言促成生意的中介相比，他们显得更为高明。

虽不处在价格博弈的中心位置，但其他民族在这一过程中的重要性依然不容小觑。中间商的消灭将对成本的控制起到帮助，但从数量上来看，中间商的活跃却是掌握货源的生产者所需要的。这一论点不仅符合加勒比地区的案例，也可在本案例中得到反证，即在商品销售的金字塔式结构中，大量的中间商对价格上涨的推动是有力且必需的，因为生产者能够接触到的消费者数量有限，而中间商则通过各自发散式的销售渠道，将手中的货物进行分销。就这一点来看，达曼人并非凤眼菩提价格上涨的唯一受益者。这两年，几乎所有从事菩提买卖的民族都从中获得了大量利润。有的店主坦言，虽然他并非达曼人，手头也无菩提树资源，但中国人"非常有钱，只要货好，不用担心卖不出去"。通过取货、分销，以及后续的资金周转，有的小商贩从原来的街头小贩或打工仔起家，成了在泰美尔拥有独立店铺的老板。

四 小结

在西敏司的《甜与权力：糖在近代历史上的地位》中，作为成瘾性消费品的糖不仅连接了英国与美洲加勒比地区的甘蔗园，也在政治经济关系的互动中渗入普通百姓的日常。[①] 相较英国与北美，尼泊尔和中国的贸易则因临近而更为历史久远。数世纪以前，便已有了纽瓦尔人在西藏经商的记载，在喜马拉雅地区，至少存在 18 条商用通道。[②] 在两国的进出口贸易中，中国长期处于贸易顺差的位置，以尼泊尔 2013—

---

① ［美］西敏司：《甜与权力：糖在近代历史上的地位》，朱健刚、王超译，商务印书馆2010 年版。

② 卡拉扬·拉吉·夏尔马：《中国—尼泊尔贸易现状、影响及发展路径研究》，《生产力研究》2009 年第 21 期，第 129—130 页。

2014 年十个月的统计资料为例，尼泊尔对中国的进口额为 655.8 亿卢比（约合 6.8 亿美元），出口额为 21.5 亿卢比（约合 0.223 亿美元）。[①]尽管两国贸易活动频繁，但本案例讨论的菩提与连接英国和北美的糖不同，目前还属于非正式经济的范畴，且贸易顺差也非受到宗主国与殖民地关系的影响，因此，需要和殖民地经济的研究相互区分。

除了跨国的供求关系，导致菩提升值的原因大致可总结为：

第一，达曼人的价格策略。由单一民族所垄断的资源在价格上往往是利己的。虽然市场供需对价格有着莫大影响，但其多达百倍的增值却首先要通过民族内部具有统一性的内外策略实现。就达曼传统而言，在乡土社会中形成的经济与文化影响了他们在市场交换中有类"经济的社会人"的态度，即既重视市场交换中的利润，又看重其他交换形式中的酬报关系。家计制度对民族成员财富观念的影响，阻止了个体对更多利润的追求，也会对成员的销售行为构成一定程度上的警醒，这将相对地减少欺诈行为（尽管依然难以避免），起到规范市场、促进民族内部团结的作用。同时，"达曼人"也并非一个孤立的概念，他们不仅与交易中的诸种姓与民族直接关联，也是内嵌于尼泊尔多元种姓与民族社会中，在经济与政治诸方面不占据优势地位的一个民族。

第二，泰美尔所连接的中介和消费市场。需要强调的是，案例中的达曼村落地理位置偏僻，除大巴可达的主干道之外，家户基本靠步行运输货物。这在其他山地达曼的村落中亦较为常见，它"阻碍了发展项目的实施，也有益于传统生活的维系"。[②]同理，地理位置限制了中心政权的直接干涉。尽管近年来政府试图对菩提产业进行管理，但位于山区的原产地进入困难，相比之下，对出境消费者进行征税、提高商铺税收等策略则难度较低。同样受到地理限制的还有中国人的消费市场。前往村落的人们大多是菩提批发商，那些能带来更多利润的零售需求者较少。在泰美尔，这种市场的限制被充足的游客量打破，使得菩提能够通

---

① 《本财年前十月尼泊尔对中国贸易逆差巨大，达约 6.8 亿美元》，2014 年 12 月 30 日，国际在线（http://gb.cri.cn/42071/2014/06/25/6071s4590592.htm）。

② Gérard Toffin, "Mutual assistance in agricultural work among western Tamangs: Traditional and new patterns", in *From Monarchy to Republic: Essays on Changing Nepal*, Kathmandu: Vajra Books, 2013, p.185.

过流动商贩、小摊和商店在市场上流通。同时，作为信息交流的中心，泰美尔也能让那些初到尼泊尔的商人很快找到中介，进入上一级别的批发市场。通过这里，菩提的价格得到了再一次的确认，也成为真正意义上的"达曼人的金矿"。

当这一流动完成后，达曼人的生计方式也开始变化，这将成为下一阶段菩提价格波动的重要因素。很多达曼人在获利之后，并不急于将资金投入菩提树的培植上，而是转而投资其他行业。一些达曼人将此归因于菩提买卖的季节性，因为菩提资源有限，每到断货时期，通常都是有市无货，而到了果子下树的时候，族人又急于找到菩提的买家。马克思所引爱先微格的话可用来解释这一点，"到 1823 年为止的八十年间，巴西各金刚石矿山的总产品，还赶不上巴西各砂糖咖啡种植园一年半平均产品的价格"①。即资源的稀缺性决定了整体的收益有限。由于价格和管理难度等因素，对于财力雄厚的海外资本而言，介入的难度依然较大。事实上，大多数达曼人并不具有囤积货物的资本，他们所做的仅是在菩提成熟后将其出手给中间商，此后便无事可做。如一位拥有菩提树的达曼人，虽然每日都要向大家抱怨找工作的问题，但他对于找工作并不上心，反倒觉得去铺满黄金的中国做生意才是自己应该选择的。相较中国人，达曼人在管理资本时所表现出的惰性，与欧洲早期资本主义、印度劳工阶级中显现出的传统主义或也有相通之处，即更高的收入并不意味着个体的勤奋劳动，实现资本扩张，而是使他们归乡，为女人们购买首饰，享受更长假期的诱因。②

---

① ［德］马克思：《资本论：政治经济学批判》第一卷，人民出版社 2004 年版，第 11 页。

② ［德］马克斯·韦伯：《印度的宗教：佛教与印度教》，广西师范大学出版社 2005 年版，第 147 页。

第五章

族性的动力机制

第一节　原生性、现代性与流动性

一　原生性

在探讨流动性和现代性机制之前，首先要承认尼泊尔内部存在的原生多元性。在廓尔喀王国统一境内 24 个小国之后，境内关于民族问题的争议就没有停止过。撇去单一民族内部的内婚群体和多样性不谈，即使将北部的夏尔巴人和南部的米提拉人放在同一个场景中，外人也很难认为他们属于同一个地理面积并不大的国家。因此，在认同的整合上，尼泊尔所面临的压力和困难并不比印度小。

由于缺乏对偏远地区进行社会控制的能力，一定意义上而言，尼泊尔属于米格代尔（Joel S. Migdal）所定义的"强社会弱国家"，但国家政策的影响依然不容小觑。[①]　历史上，国家对于各个民族的识别与分类造就了现今的民族分布和民族认同。例如，加德满都谷地的纽瓦尔人，尽管其内部存在自有的种姓体系，但在分类上，则被归为一类民族。另一个例子来源于在境内分布广泛的达曼人，其东西两边的民族成员彼此间并不了解，对西边的达曼人来说，东边的达曼还不如他们周边的古隆人像达曼人。然而，这种内部的分歧并未通过差异化的民族身份得以确立。[②]

---

① ［美］米格代尔：《强社会与弱国家》，张长东、朱海雷、隋春波、陈玲译，江苏人民出版社 2009 年版。

② David H. Holmberg, *Order in Paradox*, Ithaca and London：Cornell University Press, 1989, pp. 16 – 22.

与此类似的例子还有拉伊、林布和古隆人，尽管其内部存在多样性和复杂的内婚系统，其民族身份依然在更大的人群范围内被确定下来。[①]

对于而今的尼泊尔而言，原生性不仅仅意味着本地民族（janajati）所带有的本土特性（Indigenousness），长期作为主流文化的梵文化也是原生性。因此，原生性实际上包含了两个概念，即本土特性和境内诸民族在过去所经历的梵化（Sanskritization）进程。梵化和本土特性之间的关系常常是人类学家争论的焦点问题，而那些被梵化的本土民族，也因在宗教统计上表现出选择的矛盾性，而被认为是被动地接受了作为中心典范的文化。另一种对梵化和本土特性的阐释则侧重于这些民族本身的主观能动性，如塔鲁族拉纳人，他们对山地高种姓节日的选择性庆祝被认为是自主的，这种选择又进一步使他们在生计和生活方式上做出调整，并相应加强了他们的民族认同和文化自豪感。[②]

在泰美尔，族性的原生论和工具论者之间常常界限模糊。不过，工具论者总是原生论者所批判的对象和他们所想象的敌人。在原生论者看来，工具论者常常为了一己私欲，利用他们的国家和民族身份，从外国人那里博取同情。而对于那些纯粹的工具论者而言，切实的利益才是最重要的，与其为了民族或者国家利益在社会运动中献身，不如冷眼旁观以明哲保身。同时，不管是原生论者还是工具论者，几乎所有的商人和伙计都会向顾客强调"尼泊尔价格"。从其广泛的情境性来看，"尼泊尔价格"似乎是工具论的表现方式，同时，原生论者也并没有放弃自己的原则，因为他们在此并未否认自己的认同。退一步看，这个价格是人们试图将顾客纳入自己认知体系的尝试，由于对方并不属于"尼泊尔人"的体系，这种在认同上的迎合将帮助人们接受人与人之间的差异，进而在对待他者的方式上，表现得更为开明。

二　现代性

现代性总会为族性带来一些令人疑惑的特质。在关于纽瓦尔人族性

---

① Nancy E. Levine, "Caste, State, and Ethnic Boundaries in Nepal", *The Journal of Asian Studies*, Vol. 46, No. 1, Feb., 1987, pp. 71 – 88.

② Lai Ming Lam, "Land, Livelihood and Rana Tharu Identity: Transformations in Far-Western Nepal", *Himalaya*, Volume 31, 2012, pp. 23 – 35.

的争论中，盖尔纳（David N. Gellner）认为，由于语言差异、历史上的竞争关系，以及官方对种姓而非民族的推崇，纽瓦尔人的族性被极大地削弱了，因此，在过去，纽瓦尔人的民族认同常常表现得很弱，而在民族融合和竞争的背景下，其民族内部的差异性降低，民族作为一个整体的认同意识也会相应提高。[①] 奎格雷（Declan Quigley）则认为，纽瓦尔人的民族认同一直都非常弱，其内部存在的种姓也是相互分立的，并不能为之带来团结。这种事实自古代便存在，由于尼泊尔王国的统治极度依赖地方政权，加之廓尔喀王国将其统一地归为饮酒者种姓，这种内部分离的严格性不仅没有降低，反而增强了。[②] 而今，在审视海外案例的时候，纽瓦尔人则表现出与前两种观点相区别且让人疑惑的特点。在伦敦的尼泊尔聚会中，纽瓦尔人穿着尼泊尔藏源民族的传统服饰，而不是纽瓦尔人的传统服饰。他们唱的歌也是关于尼泊尔的，在歌词中，尼泊尔的民族就像是一个花环，平等而友好地于境内和平共处。前面基于纽瓦尔历史和传统所做的解释并不能使我们理解这个场景，至少，在被人们认为最为传统的巴德岗城内，没有纽瓦尔人会在节日的时候穿上藏源民族的服装，而在看到藏源民族的时候，他们也能很快地将他们与自己区别开来。

　　身处境内，泰美尔的尼泊尔人总会谈到他们身在海外的亲戚与朋友。即便走出这个看起来比别处都要时髦的消费场所，在卡布莱山区的田地里，当向来者做自我介绍时，那些打理着农活的达曼妇女也会提起她们身在海外的孩子们。那么，全球化的族性究竟以何种方式表现？在其对东南亚尼泊尔移民的研究中，哈兰德记述了一首由尼泊尔裔缅甸人洛奇·塔帕创作的歌曲《鲜花盛开，多彩明艳》：

　　　　金色的万寿菊遍地盛开，此花为何开遍这块他乡的土地？这美丽的花儿的种子是我们的，让它不要在这块他乡的土地上消失。我

---

① David N. Gellner, "Languge, Caste, Religion and Territory: Newar Identity Ancient and Modern", *European Journal of Sociology*, Vol. 27, No. 1, 1986, pp. 102 – 148.

② Declan Quigley, "Ethnicity without Nationalism: The Newars of Nepal", *European Journal of Sociology*, Vol. 28, No. 1, 1987, pp. 152 –170.

们将用金色涂抹银色的喜马拉雅，成千上万的万寿菊，让我们随身携带，珍藏于心，用万寿菊花环装饰我们母亲的身体。我们，尼泊尔人，喜马拉雅山坡上有我们的家园，纯尼泊尔血液流经我们的身体，白昼将尽，夜的黑暗降临这块他乡的土地，这花儿行将凋谢，哦，兄弟！让我们把它带回我们的国家。

这一歌曲描述了尼泊尔人的爱国之心，但塔帕本人并没有到过尼泊尔。他出生于缅甸，曾经一度将印度的音乐与尼泊尔的音乐混为一谈。直到一位英国的陆军少将告诉他，人们并不认为他们的音乐表演代表了尼泊尔文化，他才意识到，事实上，自己对于尼泊尔所知甚少。此后，他前往缅甸各地，通过散居在全境的尼泊尔人，去重构他想象中的共同体，并写下了这首《鲜花盛开，多彩明艳》。① 在这首歌中，塔帕将喜马拉雅、万寿菊等意象化作尼泊尔的象征，和其他比喻相较，这些意象的选择显得谨慎且明智。就像廓尔喀刀并不只属于骁勇善战的古隆、马嘉和刹帝利，珠穆朗玛峰也不只属于沉默而忠诚的夏尔巴人，它们和那些被具象化的国家象征，红色的杜鹃花、母黄牛、虹雉一起，摆脱了民族的族性边界，成为唤起国家民族主义的一种途径。

以上种种族性的时空错位似在验证本尼迪克特·安德森对民族的定义，即作为人类在现代性中的一次深刻变化，它是一种想象的共同体，它被想象为本质上有限，同时又享有主权的共同体。在资本主义、印刷科技和多样性语言的合作之下，方言—世俗语言共同体随之产生，而民族的原型也因此成型。② 在现代性无孔不入的泰美尔，族性并非工具论或是原生论中纯粹的一种。那些民族特质常常是人们获取认同和利益的路径，与此同时，他们也像原生论者一样，认同于族性中所谓的本真性，并愿意为此牺牲个人利益。然而，绝对意义上的本真性已不能适应新的环境，他们需要与之合作的共同体成员，以及他们所面对的审美品位都与自己差异甚远，为了统合这种分歧，或是迎

---

① 　贡纳·哈兰德：《跨国人口流动与民族认同——以东南亚的尼泊尔移民为例》，徐大慰译，《中南民族大学学报》（人文社会科学版）2007 年第 2 期，第 29—34 页。

② 　［美］本尼迪克特·安德森：《想象的共同体》，吴叡人译，上海人民出版社 2011 年版。

合顾客的本真性想象，即便是最激进的原生论者，也需要做出一些工具性的让步。

因此，现代性与族性的关联并非全球化背景下的新事物，现代意义上的国家早已对一个标准的"尼泊尔人"下了定义。首先，在成为世俗国家之前，尼泊尔的印度教精英文化为境内的众多民族提供了中心典范式的文化模板。在此背景下，由同一文化衍生的共同体意识也随之诞生。然而，和佛教、基督教和伊斯兰教所提供的平等主义世界观不同，种姓体系是这种共同体建构的尝试之一，但在共性这一论题上，其在内部造成的分化要多于团结。另一个重要的共性来自现代教育系统。自1951年始，尼泊尔的教育系统发展迅速，并在20世纪60年代引进了标准化的国家教育体系。在这个教育体系中，儿童们所受的教育使他们拥有了强烈的国家认同感。此外，通过大众传媒的传播，尼泊尔语也为全境的人们所接受和习得，并成为国家认同的基础。在温普顿（John Whelpton）看来，尼泊尔性是国家历史发展的结果，其群体认同的持续性有赖于群体内部团结感的存在和所谓的"权力感"（a sense of power）。[①] 因此，尽管人们常基于个人利益做出选择，民族边界的产生也常常是经济理性的产物，但族性认同的维持依然是不经济的，它要求成员们遵守同样的文化守则或是法律规范，以"尼泊尔规矩"维护现有的价格市场。

现代性是把双刃剑，正如前一小节中在其作用下并发的民族主义和资本主义精神一般，它在再现西方现代文明的同时，又激发了具有本土特点的原生性。当与西方世界现代性并置的时候，尼泊尔的现代性表现出许多相似的特点，如工业化和都市化进程的推进，世俗化理念的广泛传播，以及政治上公民意识的提高。这一过程中，本土的文化价值观不断受到西方普世价值观的冲击，并对此做出调适和回应。

在具体的案例中，族性的现代性常常与其内部的分化相互冲突。例如，谈到自己民族身份的时候，偶尔会有商户将他们的身份定位为"尼泊尔人"，而非境内的任一民族。在解析这一身份的时候，这些个

---

① John Whelpton, "Political Identity in Nepal: State, Nation, and Community", in David N. Gellner, *Nationalism and Ethnicity in Nepal*, Kathmandu: Vajra Publication, 1997, pp. 39 – 73.

案常常将其与自己的政治或是宗教身份相连，如"共产党员"或是"无神论者"。另一个现代性的例子来自近年来在境内传播迅速的基督教。从宗教的属性上来看，倡导平等主义的基督教更加适用于当下的尼泊尔，因为人们已经普遍接受了民族平等和文化相对主义的观念，而这些观念与过去的中心典范，即以婆罗门主义为中心的印度教价值观背道而驰。另外，现代性又是原生性的催化剂。在 20 世纪 90 年代以来兴起的民族政治中，民族平等开始进入尼泊尔人的视野。有别于达利特和穆斯林曾经发起的抗争活动。90 年代后的民族政治中，被划为中层种姓的本土民族成了一股重要的抗争力量。同时，在尼泊尔原住民族联盟（NEFIN）的推动下，各个民族的原生性成为少数民族的认同符号，被与其自身权力联系起来。

现代性也改变了种姓的含义。英国人类学家麦克法兰（Alan Macfarlane）曾论及，尼泊尔并不存在阶级，同时，种姓制度只是社会组织运作的原理。① 潘迪安（J. Pandian）认为，种姓认同主要来自仪式和政治的互动，这两方面又分别由结构与象征因素组成。仪式结构包括仪式中的洁净与污染，职业以及内婚制；象征则有种姓名称及相应的四分类（varna）标签。政治结构指那些实体权威，政治经济上的优势，象征则包括种姓头衔。就传统定义而言，种姓偏见更为强调原生的认同。但在社会发展过程中，种姓文化不断变迁，偏见也在随之重构。② 帕瑞斯（Steven M. Parish）将种姓的建构比喻成有类于濡化的过程，即"在种姓社会中生活的人们需要压制他们对自身与他人的所知。他们得找到各种方法中和他们对其他人的感受，还要在已故国王所培育的种姓花园中培养关于种姓的意识，以将不同的人相互区分"。③ 即便今日，帕瑞斯所研究的巴德岗依然充满种姓歧视现象。值得注意的是，基于压迫而产生的种姓政治早已全面展开。在一些农民种姓及低种姓的叙述中，帕氏只字未提的党派身份甚至远比种姓身份重要。这一点印证了阿帕杜莱对

---

① Alan Macfarlane, "Fatalism and Development in Nepal", in Michael Hutt, ed., *Nepal in the Nineties*, Delhi: Oxford University Press, 1994, pp. 27 - 106.

② Pandian, J. "Political Emblems of Caste Identity: An Interpretation of Tamil Caste Titles", *Anthropological Quarterly*, Vol. 56, No. 4, Oct., 1983.

③ Steven M. Parish, *Hierachy and its Discontents*, New Delhi: Oxford Press, 1993.

杜蒙的批判，即在建构一个社会文化的时候，单一的概念可以被用来连接不同的地点与文化。但种姓仅是种姓社会的一部分，而非整体。

在泰美尔，现代性的双重后果随处可见，一个典型的例子来自种姓制度在此所表现出的复杂影响。对于高种姓者而言，他们位于系统顶层的神圣属性就此停止，他们需要放弃洁净的高等级身份，对系统中层与底层的种姓提供服务。而在不可接触者的话语中，由于他们的商铺成了人们的公共空间，而其民族身份又时常处于隐藏的状态，日常经营却是从种姓系统底层向上浮动的实践过程。

同时，前述双向扁平化也体现在时间的实践当中。在神圣和世俗的分野中，为了迎合顾客的时间规律，判断等级高低的神圣时间常常被最大限度地压缩，因此，尽管二者在传统观念体系中的起点不同，却共同经历着区内的现代性，在等级上走向相近的水平。在此，民族和等级制度被贫富分化的阶级所取代。不过，当人们走出这个区域，回到他们的村庄和家庭，依然需要面对新旧交替带来的烦恼。现代性尽管走入了乡村生活，却依然没有消除种姓和民族的观念。在进行个人生活史回顾的时候，自豪感和屈辱感常常是人们经营历程的开端，高种姓者们常自豪于其在种姓体系中的顶层地位，而不可接触者则时常避谈自己的种姓身份。

三　流动性

跨越边界的流动性给以往的经典带来了一些挑战。民族主义在历史中脱离了它们所属的国家单位，因此，在多元文化国家中，民族与文化相互统一的难度也前所未有地加大了。[①] 本民族认同理论也遭遇了这种解释的困境，因为在文化大杂烩一般的后现代场景中，想象本身是动态的，除了寻找认同与故乡，人们还需要面对这种想象不停伸缩、混合以及杂交的边界。[②]

不过，流动性并非无序的，全球化时代的族性也并没有随之消散。即便人们身处另一个国家中，他们依然需要认同，以支撑他们的身份。

---

① Ernest Gellner, *Nation and Nationalism*, Oxford: Basil Backwell, 1983.

② ［美］本尼迪克特·安德森：《想象的共同体》，吴叡人译，上海人民出版社 2011 年版。

王希恩将族性的增强归因为移民社会的扩大、全球化带来的差距问题、全球化中的文化碰撞、民族观念和民族主义的信息全球化、现代技术的发达及冷战铁幕的拆除。① 与此同时，族性的特点也在发生变化，随着人们在世界范围内的扩散和定居，那些被个体记忆和国家历史所塑造的族性也渐渐地走入另一个生命历程，分解、泛化，成为全球化的族性。

族性的流动性兼具区域性和经济理性，其历史往往比现代性还要久远。典型的例子来自尼泊尔北部与西藏接壤的数个藏源民族，由于北部地形地貌的复杂性，这些民族所活动的空间都是相互分离的，且各自垄断了固定的中尼贸易线路。即便在外人看来，他们在文化上表现出统一的藏传佛教徒特点，但为了维持自身在边境贸易中获取的既得优势，塔卡利人、玛南的古隆人都将自身与周边的藏源民族区分开来。② 正因这种民族单位上的经济理性，在货物的源头上，基于民族单位的族性表现出原生性的特点，在谈到某一类商品的时候，人们也需要在其前面加上前缀，像是达曼人的菩提、玛南人的宝石、塔卡利人的菜肴或者纽瓦尔人的木雕。

在泰美尔，流动性使族性沿着其社会文化的相似性向外延展，直到跨越文化内部的差异，到达国家身份的边界。诚然，对于那些专注于经营的商人而言，客人和合作者的民族身份并不重要，许多人也对他们周边商户的民族身份一无所知。但当人们开始招募劳工和进行进一步合作的时候，民族身份却成了一个潜在的重要因素。这一身份不仅代表了双方之间存在亲缘、地缘关系的可能性，也意味着他们基于传统文化之上的合作理念是否大体相符，是否能够使用民族语言进行暗语式的商业沟通。同时，泰美尔与过去边境贸易线路中依地理条件而生的民族小生境不同，在此，国家设定的民族身份通常不足以带来足够的"自己人"，即劳工和合作者，或是满足持续发生的人员流动性。

在泰美尔，我们时常可以观察到流动带来的身份模糊。当人们去购

---

① 王希恩：《全球化与族性认同》，《西北师大学报》（社会科学版）2002 年第 5 期，第 1—7 页。

② Charles Ramble, "Tibetan Pride of Place, Nationalism and Ethnicity", in David N. Gellner, *Nationalism and Ethnicity in Nepal*, Kathmandu: Vajra Publication, 1997, pp. 377–413.

买唐卡的时候，导购会告诉他们，这是尼泊尔最好的纪念品，而绘制这些作品的人则是西藏人。事实上，店里的作品大多出自达曼族画师之手，而画师也并不认为自己是西藏人，但由于商人们认为，西藏人的唐卡更好销售，这种族性的转移依然得到了画师们的默许。在解释这一现象的时候，他们也会说，因为他们的祖先来自西藏，所以这一说法与他们的身份并不矛盾。另一个达曼人的例子来自中尼边境吉隆沟的达曼村，这里的达曼人源自尼泊尔北部，由于在中国境内居住时间长，受教育水平低，他们已失去了尼泊尔语的使用能力。在认同上，他们多自称尼泊尔裔的达曼人，接受自己的藏族身份，又一致认同于自己的中国人身份。在关于族际交往的调查方面，多数人声称自己没有尼泊尔籍朋友，这一点被认为因涉及他们的切身利益而不符事实。①

第二节　现代性与族性

一　泰美尔的现代性

国家的建立确定了国家与民族的基本关系，而族性也具有民族与国家向度的双重层次性。以认同为例，在宽泛的现代性背景下，民族—国家认同的关系主要分为共生和冲突两种：第一种关系是探讨二者共生方式的共生论，即将民族认同和国家认同的关系视作互为前提，又相互建构。② 这种情况多见于国族整合较为成功，或以单一民族为主体的多民族国家。共生视角下，民族对国家的整合往往采取适应的策略。如18世纪80年代以来，欧洲国家的犹太人解放运动中，犹太人主动对宗教教义和传统进行变革，以适应主流社会。③ 第二种关系则是强调民族与国家认同之间的冲突论。冲突论认为，民族认同与国家认同往往通过一些关键事件产生关联。而关键事件则常产生于国家对民族进行整合时的失误，或是特定历史时期的民族独立运动。④ 例如，在较为晚近的库尔

①　刘勇、纳森：《藏尼走廊吉隆沟达曼村人的族际交往与身份认同关系调查》，《中国藏学》2015年第3期，第138—147页。

②　［英］厄内斯特·盖尔纳：《民族与民族主义》，韩红译，中央编译出版社2002年版。

③　胡浩：《论近代欧洲犹太人的解放与犹太社会的转型》，《世界民族》2015年第3期。

④　袁娥：《民族认同与国家认同述评》，《民族研究》2011年第5期。

德、廓尔喀等当代民族主义运动中，民族认同往往超越了国家认同，变得相对独立。

　　作为一项重要的当代经济产业，旅游活动呈现出吉登斯笔下"时空分离"的特征，也可被视为当下现代性的表征之一。旅游与民族—国家认同的关联极为密切。在这些活动中，第一类认同是地方式的，与主—客关系中的矛盾与冲突相伴而生。例如，在英国处女岛（British Virgin Islands）旅游业的研究中，科恩将本地居民中民族认同的生成归因为当地兴起的旅游活动。[①] 第二类认同则是国家层面的，如德国的罗腾堡（Rothenburg），其旅游口号则是"最具德国特色的德国村镇"（the most German of all German towns）。[②] 这类认同源自特定国家或地区的历史，并在旅游地的形象建构中得到强化。不过，两类文献多对民族与国家认同分别进行讨论，较少将二者进行关联性的分析。

　　基于前文可知，民族认同与国家认同都可视作存在于一定历史时期及地域范围内的族性表征，而在旅游活动这一特定的现代性场景中，两类认同也受到相应的影响，并随之得以重构。以下即以泰美尔为例，为进一步理解现代性背景下的族性提供案例分析。

二　现代性下的族性生成机制

（一）群际感知

　　弗雷德里克·巴特认为，由于群体本身的归属性和排他性，以及成员资格的相对性，在判断族群认同时，应首先定义群体的族群边界。[③] 群际感知是前述边界的具体表达，主要包括两个方面：一是同属于尼泊尔这一政治共同体下，对境内其他种姓和民族的群际感知；二是对除尼泊尔人之外的外国人，即商户在日常生活中需频繁接触的游客和其他外

[①] Colleen Ballerino Cohen, *Take Me to My Paradise*: *Tourism and Nationalism in the British Virgin Islands*, NJ: Rutgers University Press, 2010.

[②] Joshua Hagen, *Preservation*, *Tourism and Nationalism*: *The Jewel of the German Past*, Aldershot: Ashgate, 2006.

[③] ［挪威］弗里德里克·巴特:《族群与边界》，高崇译，《广西民族学院学报》（哲学社会科学版）1999 年第 1 期。Barth 的读音应为巴特，巴斯为较早翻译时的误译。具体可参考有海外背景的学者著述，如范可《何以"边"为——巴特"族群边界"理论对理解"边疆"的启迪》。

国商户的群际感知。

1. 境内群际感知

泰美尔区的多元化特征和频繁的文化接触，使得这里成为新旧观念、各国信息的交汇点。对同为共同体成员的尼泊尔人，人们的沟通和接触并不完全以地缘、血缘等原生性纽带为依据。不同民族通过雇佣、租赁组成了临时性的社会团体，并与周边的商户形成新的地缘关系。

在前述语境下的跨族互动中，泰美尔的人们形成了相对开放的种姓/民族观。一些佩圣线种姓的年轻人已不再实践日常的圣线佩戴与祈福，并会在家庭之外的用餐场所中选择超出种姓和民族限制的肉类。在婚姻一题上，许多年轻人表示，现在的婚姻完全可以自由恋爱，无须考虑对方的种姓。而一位生活在区内的年轻婆罗门女性认为，虽然这里的穆斯林对她十分友好热情，但在种姓系统中，他们的等级非常低，因此她也不会考虑在他们中间选择恋爱对象。① 因此，作为整体的"尼泊尔人"在对其他民族的态度上相对宽容，但仍可观察到传统文化对观念的影响。

商户群体中，境内商户对于国内的种姓和民族政治敏感性较低。这种情况表现为政治活动参与度较低，对政治事件和民族问题的态度不明朗或敏感度较低。其直接原因则来自商户日常时间的分配。由于需要负担高额的店租，在营业时间上，许多商户选择"全日无休"或是"终年无休"的营业模式，通常无暇参与政治活动。即便遇到罢工、游行等政治活动，他们也多选择开店营业，或是半掩门户做生意。此外，区内的商户多为相对富足的小资产阶级商户。相比社会地位低下的农民和体力劳动者，这类群体与精英阶层的矛盾和冲突较小，在政治表达和诉求上也往往较为温和。由此可知，尽管在此依然能观察到对低种姓的歧视现象，但在商区之内，传统种姓和民族偏见总体上要弱于区外。

2. 外国人感知

1951 年尼泊尔对外开放以后，尼泊尔境内的外国人逐渐变得多元化。在泰美尔区今日的日常生活中，也存在大量传统种姓秩序之外的

---

① 据 2015 年 3 月 30 日在泰美尔区的访谈记录。

族类群体。由于店主与外国人的接触频繁，相应形成了一套对外国顾客的评判。其中，中国人和印度人是较为常见的顾客，2013 年分别以113173 人次和180974 人次，占到当年游客入境人次的 12.4% 和23.2%。①

问卷中统计了所有商户对各国顾客的评价。具体问题是"您认为中国/印度/尼泊尔顾客怎么样?"一题（可选回答 1—5，1 表示非常好，5 表示非常差），尼泊尔商户们反馈的结果如表 5 - 1 所示。统计结果显示，店主对中国人的评价为 2.40，对印度人的评价为 2.50，整体评价不存在显著差异。同时，对尼泊尔人的评价为 1.68，显著高于对中国人、印度人的评价，存在显著差异。可见泰美尔区内的尼泊尔商户普遍存在以国家为单位的差异性群际感知。②

表 5 - 1　　泰美尔区店主对中国顾客、印度顾客、尼泊尔顾客的评价

	对中国顾客	对印度顾客	对尼泊尔顾客
平均值	2.40	2.50	1.68
标准差	0.959	0.925	0.641

调查结果的细分如图 5 - 1 所示。从中能够观察到的主要特征有：第一，本地民族对外国人（中国人和印度人）的好感度明显低于尼泊尔人。第二，本地民族对印度人的好感度低于中国人，但两者相差不大。③ 第三，相较于其他本地民族，非优势民族对各国人的好感度都较高。综合而言，对不同国家顾客的定量分析证明，区域内的东道主商户

---

① Government of Nepal, Ministry of Culture, Tourism & Civil Aviation, Planning & Evaluation Division, Statistical Section, *NEPAL TOURISM STATISTICS* 2013, Singha Durbar, Kathmandu, July, 2014.

② 以国家为界的认同一题还可从日常的角度得到佐证。在谈论关于中国人的印象时，正面话题多关于中国人较强的消费能力和中国—尼泊尔的友好关系，负面话题则集中在大幅度的砍价和不甚热情的态度上；印度人则被认为存在性骚扰及盗窃等不良行为。尼泊尔俚语中，关于印度人的蔑称有很多，如"Kale"和"Dhoti"。前者指印度人肤色较黑，后者则是用印度人的传统裤装指代他们。中国人的指代词则限于"Chinese"和"Chiniyan"，两者都是指国籍，没有印度人称呼中的负面含义。

③ 此外，非优势民族中有一部分（马德西人）是印度移民后裔，与印度渊源甚密，这可能是其整体对印度人的认同度高于中国人的主要原因。

中确实存在以国民身份为标准的国家认同，同时，这类认同也因具体民族的不同而存在着差异。

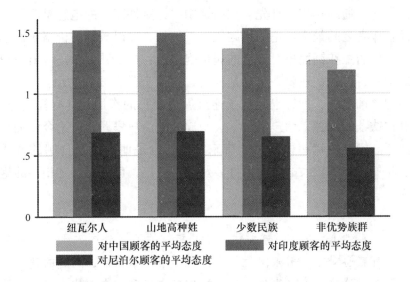

图 5-1　泰美尔区各民族商户对中国、印度、尼泊尔顾客的平均认同度

注：出于统计需要，后文按尼泊尔研究界的惯常做法，将婆罗门、刹帝利和塔库里划入山地高种姓（Caste of High Hill Elites，CHHE），达利特、马德西和其他尼泊尔人为非优势族群。少数民族包括山地少数民族和特莱少数民族，非优势民族是相对于优势民族（dominating groups）而言的，指在种姓系统中地位较低的民族，包括山地和特莱地区的不可接触者（达利特），起源于印度和特莱的马德西人以及穆斯林。因纽瓦尔人在区内为原住民，具有一定特殊性，原本应划入少数民族中，后文将做单独处理。

资料来源：参见 Mahendra Lawoti，Susan Hangen（eds.），*Nationalism and Ethnic Conflict in Nepal*，MahendraLawoti，Susan Hangen，Oxon：Routledge，2013. Dor Bahadur Bista，*People of Nepal*，Kathmandu：Ratna Pustak Bhandar，1967。

（二）族性的生产机制

前述关于泰美尔区商户群群际感知的讨论反映了两个事实：首先，尽管依然存在区别化的民族和地方认同，但人们面对本国其他民族，更倾向于选择以国家为单位相互团结，表现出具有一定内部差异的国家认同；其次，对于其他国家的族类群体，人们普遍存在以国家为单位的认同区分。以下将回到游客区这一特殊的场景中，通过几类典型的日常生活实践，进一步考察前述认同的生产过程。

1. 口头抱怨

口头抱怨常见于泰美尔区尼泊尔商户之间。从功能上看，抱怨通常起到促进沟通的作用。首先，在商铺中，针对外国人的抱怨是雇员、雇主及合作者之间最常谈论的话题之一。例如，在以较低的价格售出物品后，一位店主在铺面里对着他的雇员抱怨道："我明明已经给出了很合理的价格，可他们还要一个劲地砍价，这简直是在要我的命。"① 其次，单独的商铺之外，抱怨也起到了连接周边商户的作用，具有社交意义。在日常饮茶的间隙，商户们常常会与周边的商户攀谈，讨论今日的新闻及生意。糟糕的销售体验总能带来共鸣，也是他们进行自嘲的方式之一。此外，影响较大的负面事件涉及大量商户，也常见与之相伴的抱怨行为。

> 事件1：一天，分别住在不同旅馆的两名外国人于街头打架并恶言威胁对方，引来附近的人围观。事情结束后，周边的商户聚在一起讨论这桩突发事件。一名旅馆店主谈到，在他的店里，该国人所住的房间因排水系统堵塞，漏出的水流满了楼道和楼梯。他把打架和漏水两件事联系在一起，认为他整天都要面对"×国人问题"，这得到了另几位商户的赞同，并引起了类似的抱怨。②
> 事件2：因退款事宜与一位外国顾客发生争执之后，一位店主抱怨道："她为什么要说'尼泊尔人很坏'？没错，我们的政府很糟糕，我们很穷，而你们却是从富有的地方来的，但这样就可以表现得傲慢并忽视我们的规矩吗？"③

这两个事件都可从两个维度进行分析。一个维度是抱怨对于国家关系的复制与演绎。在具体行为中，外国顾客的刁难并没有上升到国家层面。但在对刁难的总结抱怨过程中，本地商户会将这一事件引入

---

① 据2013年8月4日在泰美尔区的访谈记录。
② 据2014年6月13日在泰美尔区的访谈记录。
③ 据2013年8月19日在泰美尔区的访谈记录。

国家的概念框架中，使一系列的小事件成为国力不平等的映射。① 另一个维度则是通过这些事件来制造认同。在前述抱怨中，商户的民族身份并未出现，只有"你们×国人"和"我们尼泊尔人"不断交互使用后，以国家为单位的认同才得以凸显，而民族认同则被极大程度地弱化了。类似的例子也常见于需要民族合作的商贸活动中，为缩小谈话间的距离感并促成生意的达成，人们总是使用"我们尼泊尔人"而非具体的民族。

2. 内外价格

在泰美尔区，通过买卖、中介，每个种姓和民族都有和其他族类群体接触、合作与竞争的机会。为了强调自己开出来的价格合理，很多本地商户会对顾客强调，这是"尼泊尔价格"。"尼泊尔价格"这个概念明显带有工具性和情境性。商户希望通过展示"尼泊尔价格"来获取对方的信任，从而达成交易。与此相似又不同的是，会说尼泊尔语的外国人也能从中受益。对于他们，这一番说辞就变成了"你会说尼泊尔语，就像是尼泊尔人一样，我们不会给你太贵的"②。

相比境内顾客，外国顾客身上显示出更多的文化差异，与之相连的则是"外国人价格"。外国人价格并不因外国人而统一。定价上通常遵循白人高于黄种人、黄种人高于本地人的规律。两类价格的差异来自商户对顾客收入的主观估计。在黄种人中间，相对日本人和韩国人而言，针对中国人的定价通常较低，或者格外地高，因为他们通常会进行砍价或者对价格特别敏感。低价可以帮助店主很快成交，而高价则能"满足他们对砍价的需求"③。此外，"外国人价格"还隐含在店主的报价单位上。面对那些使用英语的顾客，一些店主会采用美元和欧元作为计价单位；对于中国顾客，由于近年来人民币对卢比的汇率持续走高，收取人民币也成为常见的情况。

"尼泊尔价格"通常以本地货币为计量单位，代表着本国的正常消

---

① 彭正德：《土改中的诉苦，农民政治认同形成的一种心理机制——以湖南醴陵县为例》，《中共党史研究》2009 年第 6 期。
② 据 2014 年 7 月 7 日在泰美尔区的访谈记录。
③ 据 2013 年 8 月 7 日在泰美尔区的访谈记录。

费水平。以其他货币或尼泊尔卢比为计量单位的"外国人价格"则通常要比"尼泊尔价格"高上数倍甚至数十倍。一次，一位店主听到关于"外国人价格"的抱怨后，反问抱怨者，"跟我们尼泊尔人比起来，外国人都很有钱，不是吗？"① 这反映出商户们对不同国家消费水平的理解和想象，以及其对国家发展水平差异及权力失衡的不满。

　　3. 第三世界的想象

　　与前述本地商户民族—国家认同的日常实践一致，顾客也对尼泊尔人存在东方主义的想象。然而，这里的东方主义并非香格里拉式的，而是其阴暗面，即对第三世界国家贫穷、落后、肮脏和罪恶的想象。② 除去东方主义在人们脑海中产生时所具备的一切信息来源，这些想象的形成通常源于以下现实因素。

　　第一，内外价格差异。当顾客意识到自己拿到的是"外国人价格"而非"尼泊尔价格"时，常对此唏嘘不已，并认为以后要对价格多留心。第二，顾客自身存在优越感。这类顾客为数不多，但在店主们的叙述中，他们常常令人不愉快。在另一些顾客眼中，他们对待本地人的傲慢也令人生厌。一个顾客叙述自己对这类顾客的看法，认为这些人"为了打发无聊的时间，带着钞票和优越感来到这个贫穷的国家，觉得自己谁都看不上，什么都买得起，但却缺乏基本的礼貌和修养"。③ 第三，境内的一些负面体验。在泰美尔区，欺诈现象极为常见。导游们用低廉的价格吸引游客，掮客们游离在街头巷尾，依靠从游客身上挣来的抽成维持生计。外国人在谈论这些经历的时候，常常使用"有些尼泊尔人"指代他们，并总结教训。

　　如图 5-2 所示，以下用一个模型作为前述日常生活实践的总结，说明泰美尔区市场上的商户—客户之间的互动，以及互动机制下商户群体中产生的族性意识。

　　这一日常生活模型可被拆解成三个方面。在发生的次序上，三个方

---

　　① 据 2015 年 4 月 18 日在巴克塔普尔的访谈记录。

　　② 周宁：《另一种东方主义：超越后殖民认同文化批判》，《厦门大学学报》（哲学社会科学版）2004 年第 6 期。

　　③ 据 2013 年 8 月 11 日在泰美尔区的访谈记录。

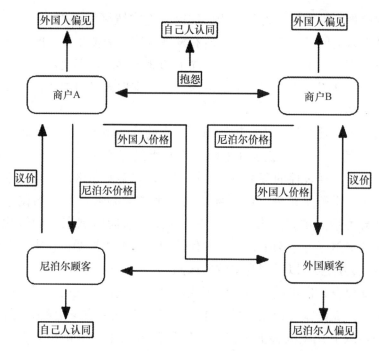

图 5 - 2　泰美尔区市场中的商户—顾客日常互动

面循环进行，同时也具有交互性。第一，根据商区交易中所获得的经验，商户们对顾客的一些负面行为进行抱怨，从而制造和回应自己人和他者的认同，并形成以国家为界的内部认同；第二，在商户和顾客打交道的过程中，认同及相应的对外偏见使报价趋向两极化，即产生了高昂的外国人价格和合理的尼泊尔价格；第三，作为对二元价格的回应，尼泊尔顾客将从尼泊尔价格中加强国家认同，而外国顾客则会在此以及其他负面因素的影响下，产生尼泊尔人偏见，这种偏见会成为商户们制造自己人认同的现实因素，并在模型中继续通过抱怨和区别性报价等日常实践表现出来。

三　小结

　　旅游行为中总是存在着诸多权力矛盾和不平等。开发者注入的资金使开发的话语权由外来群体掌握，游客的喜好引导着舞台式的真实性，其在旅游地活动中的权力又可能导致反压迫式情绪的产生……①当面对现代性引入的剧烈变迁，主客矛盾和发展困境，习惯于传统时空特点的人们总会产生焦虑、苦恼和身份认同上的孤独感。在泰美尔区，为了解决这种现代性强加于个体之上的压力，支撑本地人身份的族性得以反复生产和循环肯定。②

马克思和波兰尼认为，市场损害原有的社会规范，也使市场逐渐从社会中脱嵌。③同时，脱嵌并未如波兰尼所预言的那般，导向社会结构的灭亡。与极度理性的资本主义精神不同，在泰美尔区内，市场中的日常生活实践重塑了东道主的内部认同，使"尼泊尔人民"的概念成为维系利益关系的重要纽带，并促使单一民族认同向国家认同转化。因此，在泰美尔区的案例中，正是现代性使民族的边界变得模糊，并通过前述机制，加强了以国家为单位的认同。

由此出发，便可进一步理解现代性背景下族性认同的内部关联及前提性条件。在国家与民族的关系中，二者并非绝对意义上的相互促进，但在满足以下几个因素的情况下，确是互融共生、呈正相关性的：第一，在各民族的交往互动过程中，存在语言、文化、宗教及权力差的他者；第二，各民族之间存在频繁的合作，而这种合作能在市场竞争中为其带来经济利益；第三，各民族的时间、空间安排具备公平化、合理化的特点，在这种时空安排中，人们可以更好地处理族际的差异，并减少相应的冲突。

第三节　流动性与族性

在以流动性为题的两章中，笔者已对泰美尔区内民族与物品的流动模式做了理论与案例相结合的分析，并对流动性和族性的关联做了初步

---

① 陈修岭：《民族旅游中的文化中心主义与族群认同研究——基于大理双廊白族村的田野调查与研究》，《广西民族研究》2014年第5期。

② ［法］亨利·列斐伏尔：《空间：社会产物与使用价值》，载包亚明主编《现代性与空间的生产》，上海教育出版社2003年版，第23页。

③ ［匈］波兰尼：《大转型：我们时代的政治与经济起源》，冯钢译，浙江人民出版社2007年版，第63页。

探讨。分析之下，笔者发现，在泰美尔，南部占人口比例 26.8% 的马德西人在商铺中所占的比例相对其他两类主要民族明显较少，在 870 个样本中仅占 26 个。这一现象表明，马德西人很可能在旅游相关的行业中不占优势，或其民族流动模式并不以加德满都谷地为中心。以下将从这一假设出发，以流动性为主要分析概念，从族性整合的角度，对尼泊尔民族矛盾的历史和现实因素进行具体分析，并对尼泊尔未来民族问题的发展趋势做出展望。

一　尼泊尔族性的整合进程

从政权更迭的角度划分，现代意义上的尼泊尔通常被认为始于 19 世纪中期的廓尔喀王国，其后又经历了拉纳专政、评议会时期和民主化时期。[①] 由于不同历史时期内民族政策的差异，"尼泊尔民族"也是一个在历史向度中不断变化的概念。现阶段不同族性的形成，需置于这一时间向度，从其四个演变阶段来理解。

（一）廓尔喀人与整体民族概念的形成（1768—1846）

国内学界已有一些关于廓尔喀概念的中文解释，如王宏纬先生认为，廓尔喀并不是一个民族。[②] 胡仕胜认为，"廓尔喀"是一个地理概念，"廓尔喀人"泛指尼泊尔中部山区的少数民族。[③] 廓尔喀一名需追溯至 18 世纪发动统一战争的廓尔喀王国，王国的旧址位于而今的廓尔喀地区（Gorkha，又为 Gurkha）。1854 年尼泊尔统一后，廓尔喀地区信奉印度教的山地民族开始大量向加德满都谷地迁移。在 1814—1816 年的英尼战争中，英国人发现廓尔喀王国士兵卓越的战斗能力，随着 1815 年苏高利条约的缔定，英国被允许在尼泊尔招募廓尔喀雇佣兵，这一概念的使用被沿袭下来。[④]

---

① 评议会制度即盘查亚特制度（panchayat），字面上为"五老会"，主要特点为将地方权力下放至基层的各级机关，同时加强中央集权。John Wheplpton, *A History of Nepal*, Cambridge：Cambridge University Press, 2005.

② 王宏纬：《谈尼泊尔的民族》，《南亚研究》1983 年第 1 期，第 90—94 页。

③ 胡仕胜：《尼泊尔民族宗教概况》，《国际资料信息》2003 年第 3 期，第 16—22 页。

④ Lionel Caplan, *Warrior Gentlemen：Gurkhas in the Western Imagination*, Kathmandu：Himal Books, 1995.

在北印的印度教高种姓到来以前，廓尔喀地区主要居住着使用藏缅系语言的部落民族，如马嘉、古隆人等。在此，需要提及的还有山地高种姓形成的主要人口基础——卡斯人（Khas）。因山地高种姓是尼泊尔政要和公务员的主要来源，卡斯人被视为自尼泊尔王国形成之初便"起到中枢作用的民族"，后来通行的尼泊尔语，即卡斯语（Khas Kura）。然而，而今卡斯人已经是一个历史遗存式的民族概念，在尼泊尔的官方人口统计中，卡斯人已不在列表之上，而在笔者的田野调查中，也没有一位山地高种姓者愿意承认自己是卡斯人。比斯塔认为，由于其他婆罗门和刹帝利常常鄙视卡斯人，因此，这一族群更加倾向于认同自己的高种姓身份，即以刹帝利而非卡斯作为自己的民族标识。[1] 这种做法进一步导致了卡斯人被主流的种姓文化所同化，丧失了官方的民族认同。

作为现代尼泊尔国族概念的开端，"廓尔喀"也是当下爱国主义的象征和民族整合的表现形式之一。[2] 对于尼泊尔人而言，尽管他们不使用"廓尔喀人"作为尼泊尔人的代称，但在日常谈论印、尼领土争端的时候，常会使用廓尔喀领地（Gorkha land）这一概念，以指代廓尔喀王国鼎盛时期，包括锡金等地在内的尼泊尔领土。同时，廓尔喀军刀也是当下尼泊尔最常使用的国家象征之一。[3] 此外，自 20 世纪初期始，"廓尔喀"还成了在印尼泊尔人的认同标志，大吉岭的尼泊尔人长期以"廓尔喀领地"为政治口号，要求从印度的西孟加拉邦分离出来，建立独立的行政区划。

（二）以种姓等级为基础的族性整合（1846—1951）

1846 年，在忠·巴哈杜尔·库瓦尔（Jang Bahadur Kunwar）夺权后，拉纳王朝（Rana period）开始了。[4] 出于整合内部多元语言及文化

---

[1] Dor Bahadur Bista, *People of Nepal*, Kathmandu：Ratna Pustak Bhandar, 1967.

[2] 在廓尔喀兵的英勇蜚声于世之后，廓尔喀人的概念常常被外国人等同于尼泊尔人。类似的概念错位还发生在尼泊尔北部的山地少数民族，尤其是夏尔巴人身上，因其在媒体和学术书写中的曝光率远高于其他民族，外界常将其文化视为尼泊尔的缩影。

[3] 尼泊尔民间通常认为，在廓尔喀兵的民族来源上，英国人更愿意招募来自山地的部落民族而非印度教种姓，这使得廓尔喀兵主要由来自山地的藏缅语系民族组成。因此，廓尔喀实际也有民族指向性。

[4] David Gellner, *Nationalism and Ethnicity in Nepal*, Kathmandu：Vajra Publication, 1997, p. 4.

的需要，1933 年，廓尔喀地区的通用语言、卡斯族的母语卡斯语成为尼泊尔王国的官方语言。这一时期，尼泊尔对于印度教的推崇达到了历史的顶峰——通过 1854 年国家法典（Muluki Ain，MA）的制定，统一后的尼泊尔开始对其内部极为多元的民族进行不平等的族性整合。另外，拉纳家族也有意识地采取闭关锁国的政策，以杜绝外来势力对国家安全产生的威胁。

依路易·杜蒙的定义，种姓是以血缘为界、将整个社会划分为大量继嗣性群体的系统。这些群体的内部依靠三个特征以相互区别和联结：首先，通过婚姻和接触（包括直接和间接的接触）实现的隔离；其次，传统或是理论上，每一个群体成员都需从事的劳动分工；最后，按照等级上的优劣将这些群体排列起来的高低秩序。① 随着都市化和全球化带来的人口流动，这一概念的稳定性和可靠性受到越来越多的质疑。在对印度种姓制度的评论中，一种观点是将自农村迁入城市的种姓视作都市文化的一部分，即基于社会网络而相互分离的群体，而非一个具有整体性和阶序性的系统。② 另一种观点则将种姓视作阐释性的而非实质性的概念。在印度都市化的背景下，家庭和个体这两种单位正在生产中发挥越来越重要的作用，种姓则越来越趋向为一种个体的心理状态，而非社会控制的方式。③

和印度相仿，尼泊尔种姓内部存在以内婚制为基本特征的等级秩序。韦伯曾谈及印度种姓普查带来的混乱，认为因其争议性和变异性，种姓的阶序属性"实在难于确认"。④ 当被问到其种姓（jat）的时候，多数尼泊尔人会给出如下几个答案：（1）其种姓内部分支的名字；（2）其种姓的名字；（3）瓦尔纳四种姓（varna）之一。⑤ 就传统而言，种姓代表着受访者的职业、其在村落共同体中所扮演的角色及其在政治

---

① Louis Dumount, *Homo Hierarchicus*, Delhi: Oxford University Press, 1988, p. 21.

② A. M. Shah, "Caste in the 21st Century: From System to Elements", *Economic and Political Weekly*, Vol. 42, No. 44, Nov. 3 – 9, 2007, pp. 109 – 116.

③ KanhayaL. Sharma, "Is there Today Caste System or there is only Caste in India?" *Polish Sociological Review*, No. 178, 2012, pp. 245 – 263.

④ ［德］韦伯：《印度的宗教》，康乐、简惠美译，广西师范大学出版社 2005 年版。

⑤ 印度教对种姓的四大分类为婆罗门、刹帝利、吠舍和首陀罗。

与经济诸方面具有的影响力。① 严格意义上，尼泊尔非印度教的诸民族并不属于这一系统。但在 1854 年的国家法典中，尼泊尔的各民族均被纳入种姓等级制度中。以种姓和民族身份为依据，"尼泊尔民族"的内部认同及相应的族际边界得以确立。②

表 5-2 所示的六类等级中，佩圣线（janai）、可奴役、可受水③、可接触这四个特征成为人们的等级属性。高种姓者通过这些属性被定义成神圣和洁净的。而越是系统底部的种姓，便越容易被视作不洁。另一条与秩序构建有关的规定来自对米饭（bhat）的接受程度，由于米饭的接受范围仅限于种姓内部和比自种姓高等的种姓，这一项所规定的等级秩序比前述几类更为严格。④

表 5-2   尼泊尔种姓等级

等级排序	名称	佩圣线	可奴役	可受水	可接触
1	婆罗门	√	×	√	√
2	其他佩圣线种姓	√	×	√	√
3	不可奴役的饮酒者	×	×	√	√
4	可奴役的饮酒者	×	√	√	√
5	不受水但可接触者	×	√	×	√
6	不可接触者	×	√	×	×

资料来源：Andras Hofer, *The Caste Hierarchy and the State in Nepal*, Lalitpur: Himal Books, 2004。

山地高种姓，即婆罗门、刹帝利和塔库利，为佩圣线的种姓。纽瓦尔人内部的等级秩序与这一法令的构成类似，存在从佩圣线到不可接触者的阶序性分类。其他本土民族的内部常存在类似的等级分层现象。在

① J. Pandian, "Political Emblems of Caste Identity: An Interpretation of Tamil Caste Titles", *Anthropological Quarterly*, Vol. 56, No. 4, Oct., 1983, pp. 190 - 197.
② Nancy E. Levine, "Caste, State, and Ethnic Boundaries in Nepal", *The Journal of Asian Studies*, Vol. 46, No. 1, Feb., 1987.
③ "可受水"即 water-acceptable，指的是在洁净的种姓内部，可以相互接受对方的水，不洁的种姓在内部也可以相互接受；相反，在洁净的和不洁的种姓之间，水的接受却是单向的，即不洁的种姓会接受洁净种姓的水，但洁净的种姓却不能接受不洁种姓的水。
④ Andras Hofer, *The Caste Hierarchy and the state in Nepal*, Lalitpur: Himal Books, 2004.

这一时期的规定中，关于本土民族的信息十分有限，仅有几个主要的本土民族如古隆、马嘉、达曼等有记载，且因其与中心政权的关系，被区别性地归入第三、第四等级中。在军事活动中做出突出贡献的马嘉人和古隆人被标记为不可奴役的饮酒者。基拉特人（Kirata）及其他起源于西藏的民族都是可奴役的饮酒者。[①] 同时，法典还规定了部分外国人的等级。[②] 身为婆罗门，印度婆罗门在法典中却为非佩圣线种姓，他们与刹帝利的关系也很模糊不清。法典中规定，印度婆罗门等级在刹帝利之下，但在一些具体规章中，印度婆罗门的洁净程度又在刹帝利之上。穆斯林和欧洲人被视作可接触的不洁种姓。[③] 此外，比对尼泊尔当下的民族结构，1854 年法典依然有一些没有涉及的民族，如在还未迁移至特莱地区的马德西人中，因其内部种姓系统与北印相仿，身份也非尼泊尔公民，故尚未被列入国族整合的范畴。

（三）以印度教高种姓为中心典范的族性同一化（1951—1990）

1960 年 12 月 16 日，马亨德拉国王解散了尼泊尔大会党和议会两院，随着 1962 年评议会制度的施行，尼泊尔的族性整合进入了同化时期。评议会制度将国家的所有权力，包括行政权、立法权和司法权都划归国王名下，且禁止一切党派和政治团体的活动，否认阶级斗争的存在。[④] 在 20 世纪 80 年代初期，尼泊尔政府禁止谈论民族问题，在官方上也统一口径，向外宣称尼泊尔的主体民族是"尼泊尔族"，以强调其作为一个独立王国在内部的同一特征。因此，对于当时的研究者来说，民族问题的研究困难极大。[⑤] 受到官方舆论的影响，在国内早期对尼泊尔民族的研究中，尼泊尔的主体民族被认定为"尼泊尔族"。[⑥]

与官方对多元族性的否认相悖，自 1951 年拉纳统治结束、尼泊尔对外开放而始，由于喜马拉雅地区其他国家对外国人研究的限制政策，

---

① Andras Hofer, *The Caste Hierarchy and the State in Nepal*, Lalitpur: Himal Books, 2004. 基拉特人为古基拉特王国的遗民，被认为起源于缅甸和尼泊尔东部，主要有拉伊、林布等民族。

② 回顾 19 世纪尼泊尔的外交史，自异邦而来的外国人如穆斯林、森亚西、印度婆罗门等分别以商业和朝圣等理由进入尼泊尔；同时还有一些欧洲人在统治者的许可下进入尼泊尔。

③ Andras Hofer, *The Caste Hierarchy and the State in Nepal*, Lalitpur: Himal Books, 2004.

④ 王宏纬：《尼泊尔》，社会科学文献出版社 2015 年版，第 133 页。

⑤ 根据 2015 年 12 月 1 日对王宏纬先生的访谈整理。

⑥ 王宏纬：《谈尼泊尔的民族》，《南亚研究》1983 年第 1 期，第 90—94 页。

欧美人类学者对喜马拉雅地区的研究逐渐集中在尼泊尔——基于尼泊尔周边各国的整体政治形势，对于海门多夫、奥特纳、费舍等欧美人类学家而言，那些处于中心典范文化之外、与藏文化毗连的北部本土民族，是更吸引人的研究对象。因此，尽管尼泊尔政府在官方上极力强调内部族性的同一性，但其差异依然通过这一时期内大量的学术和文学作品得以体现。

同一化的民族政策引起了山地高种姓之外其他民族的抵制。除了原本便与中心典范文化存在诸多差异的山地本土民族，自这一时期始，与印度接壤的特莱平原地区也被纳入了尼泊尔管辖的领土范围之内。20世纪50年代初，特莱地区以印地语、米提拉语为母语的马德西人反对尼泊尔在教育、商业上所推行的单一语言政策，并在特莱发起了一系列暴乱活动。此后，尽管政党遭禁，但民族团体依然通过文化团体的形式组织起来，且在90年代恢复政党后，迅速转化为以民族为名的政党。

（四）多元一体的民族共同体（1990—　）

多元一体格局的概念是由费孝通先生提出的，用以表述3000年以来，以汉民族为凝聚核心，多民族相互交融、平等共生且形成中华民族这一集体认同的统一格局。① 在尼泊尔的语境下，这一概念可用于类比和理解尼泊尔人类学之父比斯塔定义的"尼泊尔人民"（People of Nepal）。比斯塔使用了单数的人民，而不是"peoples"，表达了他对消解民族矛盾、增强国家内部凝聚力的期望。② 尽管这一以国家共同体为单位的民族概念提出于20世纪60年代，但其对于民族平等的理论设想，直到1990年尼泊尔民主化后，才得以进入国家的议题。盖尔纳认为，这种多元化范式的发展可以分为两个阶段：第一阶段为1990年至2006年，尼泊尔政府为族性之间的整合做出了一些形式上的努力，但优先印度教高种姓男性的非正式规则依然普遍存在，因此，这一阶段政府宣称的民族平等常常流于表面；第二阶段是2006年之后的时间，在这一阶段中，考虑到政府保证了所有选举系统中实质性的民族平等

---

① 费孝通：《中华民族的多元一体格局》，《北京大学学报》（哲学社会科学版）1989年第4期，第1—19页。

② Dor Bahadur Bista, *People of Nepal*, Kathmandu: Ratna Pustak Bhandar, 1967.

及联邦制对多民族利益带来的保障，尼泊尔也初步实现了多元一体的国族整合理想。①

对服务于尼泊尔政府的本土人类学家而言，多元一体的整体性民族概念与学科的基本立场是吻合的，但在民族研究政策逐渐放宽的这一时期，本土学界所做的工作集中于过去被忽略的"多元"，而不是"一体"。在这一背景下，尼泊尔诸民族的多元性得到了前所未有的关注，以至于在2011年的人口普查中，出现了许多过去并不在列的小民族。特里布万大学社会学与人类学学院还对过去"受到高度排挤"的42类民族做了详细的民族志研究，以"帮助人们理解尼泊尔社会的多元性"。②

二　流动性：民族矛盾形成关键

由前可知，20世纪90年代以前的同化政策并没有完全消解社会资源分配不均带来的民族矛盾，在社会资源的分配中处于劣势地位的种姓与民族强调平等主义和文化多元主义，并批判单一化的印度教国族主义和婆罗门主义（Bramanism）。国家恢复民主化后，以山地高种姓为尊的秩序很快为族性的多元性所打破，成为民族政治所反对的主要内容。

笔者认为，现阶段尼泊尔族性整合的根本问题，在于境内三类主要民族在中—印—尼三国疆域中呈现的不同流动性及其相互作用的后果。假设将过去的整合视为以山地高种姓为圆心的同心圆结构，而今，这一结构中的多元民族则以流动性为基础，在政治竞争中相互抱团和独立，形成各种内部矛盾。三类民族的结构是由人口比例和文化亲缘性决定的，首先是山地高种姓③，占到总数的31.25%。山地起源的本土民族占人口总数的27.21%（含4.99%的纽瓦尔人）。近年来民族主义情绪高涨的马德西人，包括8.59%的马德西本土民族、13.08%的马德西种

---

① 根据2015年10月10日对盖尔纳教授的访谈整理。

② Central Department of Sociology/Anthropology, Tribhuwan University, *Social Inclusion Atlas of Nepal: Ethnic and Caste Group*, 2014. 笔者认为，由于研究主要侧重于特莱地区的本土民族，这种对多元性的强调也是对部分以马德西人为认同的民族进行整合的尝试。

③ CHHE, Caste Hill Hindu Elite 的缩写。

姓和 4.41% 的马德西达利特，则占总人口的 26.08%。[①] 此外，尽管学界常将穆斯林（4.39%）和山地达利特（8.12%）的问题归入本土民族运动中，但这两类民族所占人口比例相对较小，其在宗教文化中的异质性和种姓体系中的底层特征又使其难以与其他民族团体结合，便在主要政治团体对垒中被边缘化了。[②]

（一）本土民族的流动性

广义上的本土民族运动（Janajati movement）泛指山地高种姓和马德西种姓之外的民族运动。[③] 狭义的本土民族则指尼泊尔本土民族联盟（NEFIN）所称的本土原住民族（adivasi janajati），指在廓尔喀王国统一尼泊尔前便已生活在境内的民族，这些民族广泛分布在尼泊尔的四个不同区域，拥有区别于统治者（山地高种姓）的文化、宗教和语言，占到总人口的 37.2%。在接受梵化前，这类民族多非印度教徒，且多为蒙古人种。盖尔纳认为，这类民族的政治运动又可视作蒙古人种对雅利安人种统治的反抗。[④]

在传统流动方式上，本土民族明显区别于马德西人。以下以两个区域内具有代表性的本土民族生计方式为例，说明这种流动性的区别：（1）山地地区。在喜马拉雅和中部山地的本土民族中，有许多过去以经商为生，或在贸易和游牧中逐渐从喜马拉雅北麓迁至南麓的民族。同时，这些民族也是主要的中尼跨境民族。其中，喜马拉雅地区如索伦昆

① Central Department of Sociology/Anthropology, Tribhuwan University, *Social Inclusion Atlas of Nepal: Ethnic and Caste Group*, 2014. 需要注意的是，在这一结构中，马德西本土民族由于同时拥有区域性和原生性两类民族标签，常被本土民族联盟和马德西联盟都归入旗下。

② 尼泊尔本土民族联盟提供的本土民族列表中不包括穆斯林和达利特。尼泊尔北部的穆斯林主要来自克什米尔，其中，还有一小部分来自中国西藏和伊拉克，而特莱地区的穆斯林则主要起源于印度的苏丹政权。总体而言，相比印度教与佛教之间相互混合的暧昧关系，尼泊尔的伊斯兰教与主流宗教之间关系较为紧张。2005 年，尼泊尔国家穆斯林论坛建立，其要旨之一是在尼泊尔国认同的背景之下，建立穆斯林社群的内部认同。在山地印度教种姓和特莱种姓中，都有达利特的存在，纽瓦尔人内部也有不可接触者。山地达利特文化与山地高种姓保持着一致性，但其不洁净的秩序属性却使其难于融入主流社会。为此，许多达利特加入了达利特联盟，以政治运动的方式对其他种姓和民族的歧视进行抗争。

③ Mahendra Lawoti and Susan Hangen, *Nationalism and Ethnic Conflict in Nepal*, Oxon: Routledge, 2013.

④ David N. Gellner, "Caste, Ethnicity and Inequality in Nepal", *Economic and Political Weekly*, Vol. 42, No. 20, May. 19 – 25, 2007.

布地区的夏尔巴人、玛南地区的古隆人、木斯塘附近的塔卡利人等，这些民族在长期的边境贸易中形成了自己的小生境，各自的流动范围具有互不干涉、相互区别的特点。① 就如拉铁摩尔在《中国的亚洲内陆边疆》中所论及的一般，这些西藏边缘的居民并非严格意义上的西藏人，而是为山岭所包围的"袋状群体"。② 因此，尽管这些民族都起源于西藏，却没有形成共同的藏人认同。中部山地地区如主要生活在中部山地的达曼人，1854 年，尼泊尔政府将来自西藏的 12 个藏人分支统一划为达曼民族。达曼意为贩马者，而在追忆民族源起的时候，达曼人通常表示，自己起源于西藏，是藏人后裔。（2）特莱平原。特莱本土民族同样生活在靠近印度的地区，但其语言和通婚圈却并非跨国式的，其与印度的联系并不如马德西人一般紧密。这类民族通常以特莱为祖居地，其传统的生计方式和劳动分工也是与特莱地区的生态环境相互适应的。以特莱地区人口比例较高的塔鲁人为例，这一民族使用塔鲁语，且有比民族单位更小的分支通婚圈存在，他们被认为拥有对疟疾免疫的体质，因而能在 20 世纪中期以前疟疾肆虐的特莱地区开展生计活动。塔鲁人由具有文化差异的部落分支组成，但像其他本土民族一样，这一共同体主要起源、分布和生活于尼泊尔境内。不符合这一条件的民族，便会被排斥在共同体之外。如在印度比哈尔邦和北方邦都有分布，且在语言和文化上都与塔鲁人十分接近的达来人（Darai），便因不符合"仅分布于尼泊尔"这一族性评判标准，而被严格地与塔鲁民族相互区分。③

综上，从事农林牧渔业的本土民族传统上拥有自己的生态小生境，这些小生境是他们过去的主要活动范围，也是这些民族族性的形成基础。此外，专门从事或辅助从事商贸的本土民族以祖居地和尼泊尔境内的商贸中心为主要流动路线。在商品的购买和出售上，一些长期从事跨国商贸的本土民族不限于国家之间诸地点的流动，但因文化和教育上的亲缘性，在其置业和土地投资的选择上，他们依然倾向于选择

---

① David Gellner, *Nationalism and Ethnicity in Nepal*, Kathmandu: Vajra Publication, 1997.

② ［美］拉铁摩尔：《中国的亚洲内陆边疆》，唐晓峰译，江苏人民出版社 2005 年版，第 137 页。

③ Arjun Guneratne, *Many Tongues, One People*, Ithaca and London: Cornell University Press, 2002, pp. 32 – 42.

回乡便利的国家级商贸中心——加德满都、境内区域商贸中心——博卡拉，或是祖居地附近的旅游集散中心——玛南、索伦昆布、纳加阔特等地。

（二）马德西人的流动性

广义的马德西概念常见于印度媒体和学者的言论，但尼泊尔学术界及民间更倾向于使用狭义的马德西人概念，以将其问题与本土民族区分。印度媒体通常将特莱地区的人统称为与印度关联密切的马德西人，在这一概念的指涉下，马德西人是地区性的而非民族性的，其中包括特莱起源的印度教种姓、达利特、本土民族和穆斯林。马德西权力论坛（MJF）就是以广大平原种姓和民族为群众基础的政党，其名下的罢工活动主要在特莱地区开展，反对的对象则主要针对国家政党中的山地高种姓。[①] 就狭义而言，马德西人仅指特莱地区的印度教种姓，他们是过去150年内由印度北部迁来的移民后裔，通常在印度有亲属，其通婚圈也跨越了边境。[②] 换言之，马德西人的流动性与山地高种姓和本土民族相比，存在着较大的差异。

马德西人的文化与山地高种姓的文化呈现出更多的相似点，且许多属马德西人之下的民族确实起源于特莱平原范围内。然而，其人口流动所表现出的特征却与国族整合中单一国家的概念相悖。事实上，据笔者的观察，在加德满都谷地，马德西人常常被当作印度人而受到区别性待遇。马瑟麻认为，对于马德西人的歧视主要来自特莱地区历史书写的缺失。[③] 这种缺失实际上源于马德西人流动中心与山地人的区别。由于在文化和经济上都以印度北部为中心，马德西人的流动不一定经过加德满都谷地。进一步而言，这种流动也增强了他们与山地民族的差异性，使他们保持着与北印文化的交融，却在以尼泊尔语优先的国家政治生活中处于下风。20世纪50年代后对山地移民潮的评论也表现了这种流动性的差异。1971年，特莱的山地移民占当年移民总数的15.5%，同年，来自印度的移民占到总数的

---

① Deepak Chaudhary, *Tarai/Madhesh of Nepal*, Kathmandu: Ratna Pustak Bhandar, 2011.

② 就其狭义而言，马德西人并不包括少数民族和穆斯林，而是专指源于特莱的印度教种姓。

③ Kalyan Bhakta Mathema, *Madheshi Uprising*, Kathmandu: Mandala book point, 2011, p. 47.

7.7%。马德西政党和印度学者通常认为山地移民是由尼泊尔政府所驱使的，目的是冲淡马德西人在特莱平原的比例。这一具有争议性的历史事件反映出山地—特莱地区流动性的区别，即对于马德西人而言，印度—特莱方向的流动更符合该地区的传统人口流动方式，而山地—特莱方向的流动则与他们长期的生活经验不符，是山地民族对平原民族的侵略和剥削。[①]

三　小结

南亚国家往往呈现出多民族、多语言及多宗教的复杂构成，内部多元成员的社会地位也极度不平等。在民族融合的战略方面，这些国家普遍缺乏一个有力的核心，以将人们统一在政治共同体之下。[②] 尼泊尔的国家认同就处于这样的困境中。现代意义上的尼泊尔王国始于 1768 年，在南北两个强大的邻邦之间，普利特维·纳拉杨·沙阿统一了尼泊尔。在沙阿王朝及拉纳家族封闭政策的持续性影响下，尼泊尔成为真正意义上的内陆国家，同时，以印度莫卧儿王朝为蓝本的国家也被建立起来。[③] 1854 年尼泊尔法典记载了种姓相关秩序与惩罚措施。1962 年，马亨德拉国王颁布的宪法中将尼泊尔定为印度教国家，并将尼泊尔语作为官方语言。随着君主制到共和制的政权更迭，以政府为中心的梵化政策成为历史。在自由平等观念的普及下，非优势民族权利意识也逐渐觉醒，诸多民族运动及女性主义运动随之兴起，给新一轮的国族整合带来了新的挑战。[④] 因此，可以说，不管在任何一个阶段，尼泊尔的国族整合都面临着极大的现实困难。

---

① Kalyan Bhakta Mathema, *Madheshi Uprising*, Kathmandu：Mandala book point, 2011, p. 51.

② B. C. Upreti, "Nationalism in South Asia：Trends and Interpretations", *The Indian Journal of Political Science*, Vol. 67, No. 3, July-Sept. , 2006, pp. 535 – 544.

③ John Whelpton, *A History of Nepal*, Cambridge：Cambridge University Press, 2005, p. 49.

④ 整体而言，不同尼泊尔民族的国家概念是可解构的，其基本秩序形成于 18 世纪中期廓尔喀人在尼泊尔发动的统一战争。国家本身自廓尔喀王国脱胎而来，起源于山地的高种姓民族对其有较强烈的认同感，而受统治的种姓与民族的认同度较低。这种认同以山地高种姓为中心，到纽瓦尔人、少数民族，直至非优势民族的马德西人、穆斯林和达利特，呈现出由认同到相对疏离的分布。李静玮、包有鹏：《尼泊尔女性主义的缘起与进程》，《湖南科技大学学报》（社会科学版）2015 年第 2 期。

对尼泊尔而言，族性整合首先需要面临民族流动性的差异问题。[①] 由于传统观念的淡化与现代生活中外来文化的渗透，对于熟悉历史的学者们而言，小规模社会的整体性和易操作性正逐渐被都市与乡镇的碎片化和人群的流动性所割裂。尼泊尔国土面积较小，但因地处藏文化、梵文化与伊斯兰文化的交汇处，其境内民族极端多元化，且存在许多也分布于中国、印度等国的跨境民族。在 1950 年尼泊尔对外开放前，境内各地区的人口流动多处于停滞的状态，相互间的接触与交流较少，不同区域的文化差异相对较大，成为现代尼泊尔族性形成的文化基础。在南部边境对印度开放，北部边境实施严格管理的情况下，尼泊尔诸民族的族性开始受到流动性的进一步影响。典型的例子来自南部的跨境民族马德西人。2015 年 9 月，尼泊尔出台新宪法，由于宪法未能满足马德西人独立成邦的政治要求，南部特莱平原一带的民族矛盾升级，边境持续发生暴力和示威事件。[②]

在其他国家和地区，单一标准的民族同化曾在国族整合上取得过较好的效果，收效甚佳的例子来自巴西、墨西哥等拉丁美洲国家，这些国家由殖民者后裔和印第安人等当地主要民族构成，通过政策管制和血缘混合，这些国家有力地淡化了其他民族在文化上所呈现出的差异性，并大体达成了理想中的国家—民族一体化。不过，单一标准的中心典范也可能导向单一民族主义及其恶果，如法国、德国等国在历史上经历过的种族清洗和屠杀等事件。

对山地高种姓—本土民族—马德西人各占人口总数约 1/3 的尼泊尔而言，三种流动模式带来的族性差异很难被整合政策完全消除。比较之下，山地高种姓和本土民族之间的冲突和矛盾相对较少。首先，山地高种姓的流动以境内的各级行政中心为据点，其长期存在的政治优势使其

---

① 流动性（Mobility）是全球化的一个基本特点，也是人类学理论和方法转型的重要动因。据费孝通先生在《经济全球化和中国"三级两跳"中的文化思考》一文中的观点，全球化主要指经济全球化，表现为全球市场的形成和分工合作的经济体系。基于尼泊尔的情况，笔者认为，流动性既包括这一背景下各族人口的流动方式及特点，也包括前全球化时代各族人口传统的流动模式。

② 左宏愿：《选举民主与族群冲突：断裂性多族群国家的民主化困局》，《民族研究》2015 年第 2 期。

能够参与各级行政机构的管理，其在民族融合中的中心地位也使之更容易响应国家政策的动员，在境内各地区与其他民族混居共生。其次，尽管经常作为境内弱势民族的代表发起抗议活动，但对两个世纪前便被纳入国家法典治理范围内的本土民族而言，过去的族性整合依然影响深远。由于北部边境对跨境流动的限制，加上长期以加德满都谷地为政治、经济、文化的重心，这些信仰佛教、基拉特教和萨满教的民族已经较好地融入了山地高种姓所营造的中心典范文化，并能在这种中心典范和各自文化的差异性对立下，找到一个合适的平衡点（例如纽瓦尔人种姓内部的印度教、佛教双系统，以及达曼人对其藏传佛教神祇的印度教解释）。因此，其在族性整合进程中所表现出的反中心作用，已经在很大程度上被淡化。此外，本土民族和山地种姓对马德西人的刻板印象也常常表现出一致性。这两类民族可能会将那些文化差异不明显的山地民族弄错，比如认为达曼人是夏尔巴人，或认为古隆人是塔卡利人，但当面对马德西人（不包括特莱本土民族）的时候，他们通常将对方归入印度人的范畴。

根据前文可知，尼泊尔的族性整合基本经历了成型—等级化—同化—多元一体化四个阶段。在多元一体化时期，尼泊尔内部长期被政府压制的民族差异迅速转换为政党分化和政治斗争的动力，并演变为以反山地高种姓、争取本民族利益为目标的民族主义。在尼泊尔的案例中，境内的民族、族性及其内部关系，既是历史上诸阶段族性整合政策的反映，也是对境内民族流动性的集中反映。

因此，流动性意味着：（1）族性的相互认同和结盟有了地理、文化和经济向度的依据，那些不符合标准的族群将被排除在民族共同体之外；（2）流动性也引入了地缘政治的影响，即在兼具开放性和邻邦人口流动中心的地区，民族矛盾并不仅是国家之下的子单位，其体现的是国家—民族—民族—国家之间的博弈与对垒。在民主化的语境之下，流动性使族性整合面临更大的困难。族性整合将需要面对国家—民族之间存在的离心力。流动性的差异使不同的民族脱离了国家—民族的单向影响，在经济、文化诸方面都保持和延续着多元性，却未能实现理想状态中的一体化。

第六章

结　论

第一节　回顾

从人类学的角度来看，泰美尔是个糟糕的研究地。由于多元的民族、商业事务的存在，它显得庸俗而不切实际。然而，它又像是尼泊尔的一个缩影。在这里，人们可以找到境内几乎所有的民族；也能从主人与客人的交往中，判断出不同国家之间的历史和当下的关系。

泰美尔的空间通常是人们首先观察到的问题。由于缺乏有力的政府监管，加之民间自发的投资行为，这里的空间常常显得杂乱无章。当对这些空间进行划分的时候，神圣—世俗、公共—私人以及主人—客人的维度可以帮助人们对其进行进一步的了解。出于其在商业和旅游业上的中心属性，神圣—公共—主人的空间被大量地压缩，呈现出世俗—私人—客人的单一空间感。另外，在这三类属性组合排列的马赛克空间中，民族的小规模聚落也诞生了。此外，区内集聚的便利设施使得它不同于那些中心之外的地方。通过不同人群在空间内外的活动，这一静止的场所与谷地、全国乃至世界相连，成为民族、商品和信息的一个重要集散点。

在此，时间的错位、并行和冲突也是时常能观察到的事象。由于人群的多元，单一的时间观和地方性知识已不适用于区域内的日常和节日作息。在全球化的背景下，都市生活中的时间显示出多元化的特征。以年与月为时间单位的节日体系中，人们的节日观念受到本民族文化的影响，同时通过假期和统一的历法，被统一在国家时间秩序之中。不同的民族、本地人和游客之间存在着普遍的时间断裂。为了解决临时性

（temporality）带来的麻烦，本地经营者需要转换自己的作息时间，甚至牺牲节庆期间的回家时间。因此，在游客时间的影响下，泰美尔的日常和节日秩序呈现出"全日无休"和"全年无休"的无序倾向。但在三重时间的角力中，日常与节日秩序的交集依然会导向"回家"，即符合日常及节日生活逻辑的传统日常。在日常和节日两个方面，朝着均质的时间观努力，做到"全日无休"和"全年无休"。

回到现代性的问题上，假设沿着吉登斯的思路，将全球化视为现代性的后果，泰美尔也表现出了这种世界范围内的不平衡。在西方主导的旅游热到来之际，泰美尔的空间被改造成游客的乐土，但西方的概念并不是单向和静止的，如同在城市中不断发展和衰落的各个区域，世界上相互依赖的国家内部在不断地产生变化，而地方对此做出的回应也在持续地超越着现代性中均质化的一面，而不是跟随现代性内部的循环，被碎片化和消解。①

在此，表面上极度混乱的多元民族，事实上具有不同层级的流动模式。从房东、本地商户、外国商户到游客，每一类人群都表现出不同的结构和流动特点。原住民是泰美尔经济中受益最广的人群，本地商户的结构代表着近年来国内不同民族在旅游经济中的受益程度，外国商户明显受到国家政策、来源国商品和市场经济的影响和制约，而游客的比例和数量则一直处于变动的状态。多重的流动模式使泰美尔表现出极为复杂的民族特征，当人们试图通过这些人去了解尼泊尔，就像是转动一只由不同层级构成的万花筒，花样繁多的组合和排列常常令观者眼花缭乱，却不得要领。

透过泰美尔，还可以观察到许多商品的流动。由于承载了外国游客的喜好，这里的商品通常与本地市场相互区别。其所连接的地域，也因其在区域内的中心位置而更为广大。当一类主要顾客的品味发生改变，商品的评价标准、表现形式和价格都会随之改变。通过菩提子的案例可知，中国境内的文玩热影响到尼泊尔的菩提业。和加德满都的其他区域相比，泰美尔对这种品味迎合的力度是最大的。在全球化的市场中，这一类商品的走俏不仅使掌握一手资源的达曼人获得了大量财富，也造福

① ［英］安东尼·吉登斯：《现代性的后果》，田禾译，黄平校，译林出版社2000年版。

了那些菩提经营者，甚至于在文玩热持续的情况下，许多中国商人也陆续入驻泰美尔。

除了具体的时间与空间、人员与商品，泰美尔的现代性和流动性也体现了市场中的观念和更大场景中的民族问题。其一，通过对泰美尔的观察可知，现代性引入了民族主义和资本主义的双重特点。作为区域内民族边界的投影，同属尼泊尔籍的诸民族通过生活及商业实践，形成跨越族际的合作关系，并强化了其内部的国家认同。同时现代性又使资本主义精神在此得以获得区别于传统社区的合法性。其二，在泰美尔的调查数据显示，现今尼泊尔的几类主要民族存在流动性上的差异。在对民族多元性的处理上，尼泊尔的国族整合经历了成型—等级化—同一化—多元一体化四个阶段。当国族整合模式进入第四个阶段，过去被中心典范文化压制的民族差异使民族主义迅速产生，并以人口结构为基础，形成山地精英—山地本土民族—马德西民族的三元模式。20 世纪 50 年代后，由于在经济和文化上流动性的民族差异，马德西民族的国族整合程度趋弱，其与其他民族之间的矛盾被进一步激化，形成民族—国家—国家—民族式的民族矛盾。

现代性和流动性已经成为都市研究中难以避免的话题，但那些固执的原生性依然存在于假期、食物、商品乃至电子产品中。霍布斯鲍姆用"传统的发明"表现社会变迁带来的变化，这一概念既有阿帕杜莱"全球文化景观"所表现的碎片感，同时也具有时间上的连续性，被用来连接过去与当下之间断裂的时间。① 然而，比对旅游市场所提供的例子，"传统的发明"并不能将周边乃至更大区域的变化纳入理论范畴。传统的区域市场研究提供了一种以流动性和现代性为媒的解释视角，即通过人员以及物品的流动，社会与文化变迁的变量被频繁而有序地引入，在此背景下，资本的现代性又增加了变化的向度与可能性，使族性有选择地保留了地方性，并表现出不完全的全球化特点。在对这一组概念进行总结的时候，它们所呈现的性质如表 6 - 1 所示。

---

① ［日］吉野耕作：《民族理论的展开与课题——面对"民族复活"》，载朱伦、陈玉瑶编《民族主义，当代西方学者的观点》，社会科学文献出版社 2013 年版，第38—52 页。

表 6 - 1　　　　　　　　　　族性的三类动力特征

原生性	现代性	流动性
传统	反传统	变化
回溯的	向前的	不稳定的
历史的	未来的	新旧交替的
不理性	理性	视场景而定
结构的	反结构的	跨结构的
区域的	全球的	网络的
严格的边界	松散的边界	灵活的边界
文化的原生态	时空错位	人物流动

第二节　结论

在亚当·斯密的（Adam Smith）《国富论》中，那些理性的企业家会超越国家的边界，在世界市场中追求利润的最大化，因此，国家政策对国民经济的干预将阻碍自由经济和自由市场的发展。假设将企业家的概念偷换成民族，似乎也可以将亚当·斯密的观点视作一种自由主义民族经济学，然而，他没有将民族视作分析单位。[①] 而在那些以民族为分析单位的自由主义经济学者眼中，民族却是理性人的演绎，倘若将这种观点推到最为极端的假设，那么民族形成之前的人类历史，是经济利益的分化，以及相应的人群中不同的民族的形成。与此相连，那些单一民族的国家，将因内部共同的经济利益，产生极大的经济效益。[②] 尽管自由主义者对民族经济的假设有着许多可取之处，但他们没能解释，在世界各地崛起的经济体为何是英国、法国、西班牙这样的多民族国家。实际上，民族和国家的单位总是相互错开的——民族国家常常是多民族国家的简称，而在小国寡民、鸡犬相闻的前工业社会中，民族所依附的国家认同尚未被稳固，更不用说混居在同一区域、不知自己将被后来的国

[①]　［英］亚当·斯密：《国富论》，唐日松译，华夏出版社 2004 年版。

[②]　［英］埃里克·霍布斯鲍姆：《民族与民族主义》，李金梅译，上海人民出版社 2000 年版，第 30 页。

境线错开的人们。

如果可以将尼泊尔比作浓缩的印度，泰美尔就像一个浓缩的尼泊尔。但比起尼泊尔的多数其他地方，这里的世俗化程度更高，全球化特征也更明显。生活在此的多元民族使其具有开放包容的特点。通过市场中频繁发生的经济活动，尼泊尔人的族性摆脱了单一民族身份的束缚，得以向以国家为单位的认同发展。其区内的现代性也是随处可见的，它不仅加速了等级观念的瓦解和平等主义观念的增强，也不断重复着尼泊尔人的共性，使东道主之间的内部差异得以淡化。同时，亦应该注意到现代性和流动性在强化差异上存在的作用。泰美尔仅是一个特殊的案例，而在区域之外，民族政治运动空前激烈的大背景下，现代性会在尼泊尔各民族内部形成相应的利益集团，流动性也并不总是使人们的民族意识淡化。另外，在资源垄断的情况下，以民族为单位的商品经济更有利于贫困民族从市场中获利。

即便存在全球化层面的流动，流动性也还是有迹可循的，就像泰美尔区内看似杂乱无章的民族结构，实质上体现着喜马拉雅地区一带数百年以来的商贸活动历史。通过国家的民族识别，这种族性被记录下来，又在流动的过程中，被广泛地操纵和运用。回到南部边境马德西人的问题上。经济上，山地和平原两类民族的活动范围也处于分化状态。其中，在前者的贸易线路中，加德满都谷地通常是经济活动的关键点；但于后者而言，谷地却可以被北印其他城市所取代。政治与经济上的双重原因，使马德西人在尼泊尔历史上的存在感如此之弱，久居北部的山地民族甚至分不清他们与印度人之间的区别。即便在泰美尔，这种中心的分化也是清晰可见的。从对商户的统计数据中可知，在总人口比例中大约1/3的马德西人仅仅占了很小的一部分，而特莱平原人口总数最大，占到尼泊尔人口总数6.5%的原住民塔鲁人，在总样本中仅有一例。

综上，泰美尔的族性可被视为以上三类概念相互作用的结果。第一，尽管前文并未在原生性的问题上做过多的探讨，但原生性依然在人们的活动中设定了边界，是其他概念发生作用的背景。第二，现代性通过区域内的时空交错得以体现，并在主—客的二元模式下，强化了东道主群体内部的国家认同，使民族矛盾得以消减。但区域的现代性并不仅限于此，当考察对象转移到更大的背景之下，如国家命运的动荡与变迁，可以看到，恰好是现代性引入了原本并不强烈的民族认同和多元主义运动。第三，流动性的动力来自生产与消费之间的互动，其不仅体现着全球范围的跨越式流动，也表现在区域内具有地域网络特征的人群与商品上。此外，流动性也是族性动力机制发生作用的条件，它导入了民族接触中的各种变量，并使认同采取融合、同化或是敌对的生存策略，以适应新的环境（见图6-1）。

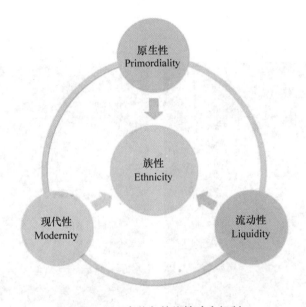

图6-1 泰美尔的族性动力机制

这三个概念和族性之间的关系还可以通过一个二元坐标来理解——原生性是族性的原点，但在泰美尔，族性通常不会永远停留在此，相反，它会顺着现代性消解其内部的矛盾，或是在人与物的流动中变得理性与包容。同时，它并不是固定不变，而是随着具体情境点变化，在原生与工具、理性与不理性、次种姓与国家之间不断地摇摆，以适应区域内的无数种可能。

附　　录

图附 -1　2015 年 3 月 17 日，
普拉丹神庙

图附 -2　2015 年 3 月 18 日，
印度穆斯林的珠宝店

图附-3　2015 年 4 月 2 日，
换汇店的店主在更新汇率

图附-4　2015 年 3 月 25 日，
中国人的商铺

图附-5　2015 年 3 月 27 日，纽瓦尔人的圣歌集会

图附－6 2015 年 3 月 20 日，主庙

图附－7 2015 年 3 月 25 日，一家书店出售的菩提手串

图附-8　2014 年 8 月 28 日，苏纳阔提的尼泊尔女人节（中间为笔者）

图附-9　2015 年 4 月 21 日，巴德岗唐卡学校

图附 - 10   2015 年 4 月 27 日，大地震之后的泰美尔区

参考文献

一 中文文献

（一）专著

费孝通：《江村经济》，江苏人民出版社 1986 年版。

［法］路易·加迪等：《文化与时间》，郑乐平、胡建平译，浙江人民出版社 1988 年版。

王宏纬、鲁正华：《尼泊尔民族志》，中国藏学出版社 1989 年版。

高丙中：《民俗文化与民俗生活》，中国社会科学出版社 1994 年版。

黄应贵：《空间、力与社会》，中央研究院民族学研究所 1996 年版。

［日］栗本慎一郎：《经济人类学》，王名等译，商务印书馆 1997 年版。

［美］施坚雅：《中国农村的市场和社会结构》，史建云等译，虞和平校，中国社会科学出版社 1998 年版。

［英］安东尼·吉登斯：《社会的构成》，李康、李猛译，生活·读书·新知三联书店 1998 年版。

［美］伊曼纽尔·沃勒斯坦：《现代世界体系·第一卷》，高等教育出版社 1998 年版。

［美］施坚雅：《中国农村的市场和社会结构》，史建云、徐秀丽译，中国社会科学出版社 1998 年版。

［美］克利福德·格尔茨：《文化的解释》，纳日碧力戈译，上海人民出版社 1999 年版。

［英］埃里克·霍布斯鲍姆：《民族与民族主义》，李金梅译，上海人民出版社 2000 年版。

［德］贡德·弗兰克：《白银资本——重视经济全球化中的东方》，中央编译出版社 2000 年版。

［英］安东尼·吉登斯：《现代性的后果》，田禾译，黄平校，译林出版社2000年版。

［英］莫里斯·弗里德曼：《中国东南的宗族组织》，刘晓春译，上海人民出版社2000年版。

［法］列维－斯特劳斯：《忧郁的热带》，王志明译，生活·读书·新知三联书店2000年版。

［英］埃文斯·普理查德：《努尔人》，华夏出版社2001年版。

［美］杨懋春：《一个中国村庄：山东台头》，张雄等译，江苏人民出版社2001年版。

［美］詹姆斯·斯科特：《农民的道义经济学：东南亚的反叛与生存》，程立显、刘建等译，译林出版社2001年版。

［英］厄内斯特·盖尔纳：《民族与民族主义》，韩红译，中央编译出版社2002年版。

［英］齐格蒙特·鲍曼：《流动的现代性》，欧阳景根译，上海三联书店2002年版。

庄孔韶：《人类学通论》，山西教育出版社2002年版。

包亚明主编：《现代性与空间的生产》，上海教育出版社2003年版。

［美］菲利克斯·格罗斯：《公民与国家——民族、部族与族属身份》，王建娥、魏强译，新华出版社2003年版。

［美］爱德华·W.苏贾：《后现代地理学——重申批判社会理论中的空间》，王文斌译，商务印书馆2004年版。

［美］丹尼逊·纳什：《旅游人类学》，宗晓莲译，云南大学出版社2004年版。

［德］马克思：《资本论：政治经济学批判》第一卷，人民出版社2004年版。

［法］布迪厄、［美］华康德：《实践与反思》，李猛、李康译，中央编译出版社2004年版

［英］亚当·斯密：《国富论》，唐日松译，华夏出版社2004年版。

［美］本尼迪克特·安德森：《想象的共同体：民族主义的起源与散布》，吴叡人译，上海人民出版社2005年版。

［德］马克斯·韦伯：《印度的宗教》，康乐、简惠美译，广西师范大学

出版社 2005 年版。

［美］拉铁摩尔：《中国的亚洲内陆边疆》，唐晓峰译，江苏人民出版社 2005 年版。

［美］维克多·特纳：《仪式过程：结构与反结构》，黄剑波、刘博赟译，中国人民大学出版社 2006 年版。

［德］埃尔蒙德·胡塞尔：《生活世界的现象学》，上海译文出版社 2006 年版。

［以色列］科恩：《旅游社会学纵论》，巫宁、马聪玲、陈立平主译，南开大学出版社 2007 年版。

［英］维克多·特纳：《象征之林——恩登布人仪式散论》，商务印书馆 2006 年版。

［美］埃里克·沃尔夫：《欧洲与没有历史的人民》，赵丙祥、刘玉珠、杨玉静译，上海人民出版社 2006 年版。

王宏纬：《尼泊尔：人民和文化》，解放军出版社 2007 年版。

［美］麦肯奈尔：《旅游者：休闲阶层新论》，张晓萍等译，广西师范大学出版社 2008 年版。

贾春增主编：《外国社会学史》，中国人民大学出版社 2008 年版。

［美］米格代尔：《强社会与弱国家》，张长东、朱海雷、隋春波、陈玲译，江苏人民出版社 2009 年版。

［英］布罗尼斯拉夫·马林诺夫斯基：《西太平洋上的航海者》，张云江译，中国社会科学出版社 2009 年版。

［英］尤瑞：《游客凝视》，杨慧等译，广西师范大学出版社 2009 年版。

［美］马歇尔·萨林斯：《石器时代经济学》，张经纬、郑少雄、张帆译，生活·读书·新知三联书店 2009 年版。

［美］西敏司：《甜与权力：糖在近代历史上的地位》，朱健刚、王超译，商务印书馆 2010 年版。

［法］阿诺尔德·范热内普：《过渡礼仪》，张举文译，商务印书馆 2010 年版。

［德］马克斯·韦伯：《经济与社会》，阎克文译，上海人民出版社 2010 年版。

陈波：《山水之间：尼泊尔洛域民族志》，巴蜀出版社 2011 年版。

［美］阿尔君·阿帕杜莱：《消散的现代性：全球化的维度》，刘冉译，上海三联书店 2012 年版。

［美］麦高登：《世界中心的贫民窟：香港重庆大厦》，Nicole Yang 译，青森文化 2013 年版。

澳大利亚 Lonely Planet 公司编：《尼泊尔》，郭翔等译，中国地图出版社 2013 年版。

朱伦、陈玉瑶编：《民族主义：当代西方学者的观点》，社会科学文献出版社 2013 年版。

［美］雷德菲尔德：《农民社会与文化》，王莹译，中国社会科学出版社 2013 年版。

［匈］卡尔·波兰尼：《巨变：当代政治与经济的起源》，黄树民译，社会科学文献出版社 2013 年版。

［美］克利福德·格尔茨：《文化的解释》，韩莉译，译林出版社 2014 年版。

［美］詹姆斯·华生主编：《金拱向东：麦当劳在东亚》，祝鹏程译，浙江大学出版社 2015 年版。

王宏纬：《尼泊尔》，社会科学文献出版社 2015 年版。

　　（二）论文

［印度］戈帕拉·沙拉纳、达尔尼·辛哈：《印度社会文化人类学的状况》，李培茱译，《民族译丛》1980 年第 3 期。

王宏纬：《谈尼泊尔的民族》，《南亚研究》1983 年第 1 期。

费孝通：《中华民族的多元一体格局》，《北京大学学报》（哲学与社会科学版）1989 年第 4 期。

满莹：《尼泊尔和喜马拉雅人类学评介》，《南亚研究季刊》1995 年第 2 期。

［挪］弗里德里克·巴特：《族群与边界》，高崇译，《广西民族学院学报》（哲学与社会科学版）1999 年第 1 期。

郝时远：《20 世纪世界民族问题的消长及其对新世纪的影响》，《世界民族》2000 年第 1 期。

陈志明：《民族认同与国家认同：以马来西亚为例》（上），罗左毅译，《广西民族学院学报》（哲学社会科学版）2002 年第 5 期。

彭兆荣：《"东道主"与"游客"：一种现代性悖论的危险》，《思想战
　　线》2002 年第 6 期。

王希恩：《全球化与族性认同》，《西北师范大学学报》（社会科学版）
　　2002 年第 5 期。

王希恩：《族性及族性张扬——当代世界民族现象和民族过程试解》，
　　《世界民族》2005 年第 4 期。

胡仕胜：《尼泊尔民族宗教概况》，《国际资料信息》2003 年第 3 期。

周宁：《另一种东方主义：超越后殖民主义文化批判》，《厦门大学学
　　报》（哲学社会科学版）2004 年第 6 期。

龚浩群：《民族国家的历史时间——简析当代泰国的节日体系》，《开放
　　时代》2005 年第 3 期。

高丙中：《民族国家的时间管理——中国节假日的问题及其解决之道》，
　　《开放时代》2005 年第 1 期。

刘晓春：《殖民主义时代的时间观：以进化论、民族志、结构主义为研
　　究对象》，《哲学研究》2006 年第 5 期。

付俊文、赵红：《利益相关者理论综述》，《首都经济贸易大学学报》
　　2006 年第 2 期。

严庆：《解读"整合"与"民族整合"》，《民族研究》2006 年第 4 期。

庞金友：《民族身份与国家认同：多元文化主义与自由主义的当代论
　　争》，《浙江社会科学》2007 年第 4 期。

马戎：《当前中国民族问题研究的选题与思路》，《中央民族大学学报》
　　（哲学社会科学版）2007 年第 3 期。

贡纳·哈兰德：《跨国人口流动与族群认同——以东南亚的尼泊尔移民
　　为例》，徐大慰译，《中南民族大学学报》（人文社会科学版）2007
　　年第 2 期。

王云、洲塔：《对印度、尼泊尔藏人聚居区的人类学调查——以措班玛
　　和保达纳斯为例》，《南亚研究》2009 年第 2 期。

苏发祥：《论海外藏人社区的文化人类学研究及其特点》，《西北民族大
　　学学报》（哲学社会科学版）2009 年第 6 期。

彭正德：《土改中的诉苦，农民政治认同形成的一种心理机制——以湖
　　南醴陵县为例》，《中共党史研究》2009 年第 6 期。

卡拉扬·拉吉·夏尔马：《中国—尼泊尔贸易现状、影响及发展路径研究》，《生产力研究》2009 年第 21 期。

尤小菊：《略论人类学研究的空间转向》，《西南民族大学学报》（人文社会科学版）2010 年第 8 期。

雷克斯：《尼泊尔林布族的社会变迁——喜马拉雅山地文化的女性视角》，周云水译，《西藏民族学院学报》（哲学社会科学版）2010 年第 1 期。

［法］莱昂内尔·奥巴迪亚：《人类学知识的"后殖民"争论中的信仰、科学主义、地方主义及模仿：以尼泊尔的人类学为例》，陈晋译，《学术研究》2011 年第 9 期。

周建新、杨静：《族群离散与认同重构——以中尼边境地区达曼人为例》，《广西民族大学学报》（哲学社会科学版）2012 年第 5 期。

刘志扬：《作为人类学的藏学研究——人类学（民族学）的藏族及周边民族研究述略》，《青海民族研究》2012 年第 2 期。

郑震：《论日常生活》，《社会学研究》2013 年第 1 期。

陈庆英：《关于"藏边社会"的思考》，《青海民族研究》2013 年第 1 期。

丁瑶：《"族性"一词在中国的运用》，《民族论坛》2013 年第 9 期。

严庆：《族性与族性政治动员——族类政治行为发生的内在机理管窥》，《黑龙江民族丛刊》2013 年第 6 期。

王敏：《"巴扎"（集市）里的族性认同与认同变形》，《新疆大学学报》（哲学人文社会科学版）2012 年第 11 期。

张娜、吴良全：《费尔干纳盆地的飞地问题——对 20 世纪 20—30 年代中亚地区民族—国家划界的反思》，《世界民族》2013 年第 1 期。

段颖：《Diaspora（离散）：概念演变与理论解析》，《民族研究》2013 年第 2 期。

杨鹍飞：《民族互嵌型社区：涵义、分类与研究展望》，《广西民族研究》2014 年第 5 期。

陈修岭：《民族旅游中的文化中心主义与族群认同研究——基于大理双廊白族村的田野调查与研究》，《广西民族研究》2014 年第 5 期。

周大鸣、杨小柳：《浅层融入与深度区隔：广州韩国人的文化适应》，

《民族研究》2014 年第 2 期。

刘志扬：《谢丽·奥特纳与〈珠穆朗玛峰上的生与死：夏尔巴人与喜马拉雅登山运动〉》，《西藏民族学院学报》（哲学社会科学版）2014 年第 2 期。

张少春：《"做家"：一个技术移民群体的家庭策略与跨国实践》，《开放时代》2014 年第 3 期。

［意］马力罗：《时间与民族志：权威、授权与作者》，吴晓黎编译，《民族研究》2014 年第 5 期。

高丙中：《海外民族志与世界性社会》，《世界民族》2014 年第 1 期。

何健：《帕森斯社会理论的时间维度》，《社会学研究》2015 年第 2 期。

孙九霞、张皙：《民族旅游社区交往空间研究——以西双版纳傣族园景区为例》，《青海民族研究》2015 年第 1 期。

李静玮：《仪式如何再造传统：读〈仪式视角下的夏尔巴人〉》，《世界宗教文化》2015 年第 3 期。

李静玮、包有鹏：《尼泊尔女性主义的缘起与进程》，《湖南科技大学学报》（社会科学版）2015 年第 2 期。

吴晓黎：《国族整合的未竟之旅：从印度东北部到印度本部》，《中央民族大学学报》（哲学社会科学版）2015 年第 4 期。

左宏愿：《选举民主与族群冲突：断裂性多族群国家的民主化困局》，《民族研究》2015 年第 2 期。

周大鸣、詹虚致：《人类学区域研究的脉络与反思》，《民族研究》2015 年第 1 期。

郝亚明：《西方群际接触理论及启示》，《民族研究》2015 年第 3 期。

胡兆义：《双重认同的整合：多民族国家认同建构的政策评析》，《广西民族研究》2015 年第 5 期。

王思元：《夏尔巴人"骨系"认同下的亲属网络与社会组织》，《广西民族大学学报》（哲学社会科学版）2015 年第 2 期。

沈海梅：《西方人类学领域的喜马拉雅研究学术史》，《西南民族大学学报》（人文社会科学版）2015 年第 8 期。

刘勇、纳森：《藏尼走廊吉隆沟达曼村人的族际交往与身份认同关系调查》，《中国藏学》2015 年第 3 期。

（三）网络资料

《尼泊尔打工者自马来西亚汇回劳务收入 629 亿卢比》，2014 年 12 月 10
日，凤凰网（http：//finance. ifeng. com/a/20131120/11126725 _ 0.
shtml）。

《大量青壮年离乡谋生尼泊尔灾后重建乏力》，2015 年 7 月 13 日，人民
网（http：//world. people. com. cn/n/2015/0506/c157278 - 26957082.
html）。

国际在线专稿，2015 年 10 月 28 日（http：//gb. cri. cn/42071/2013/07/
29/6931s4199089. htm）。

《本财年前十月尼泊尔对中国贸易逆差巨大，达约 6. 8 亿美元》，2014
年 12 月 30 日，国际在线（http：//gb. cri. cn/42071/2014/06/25/
6071s4590592. htm）。

（四）古籍

《通典》卷一百九十《泥婆罗》。

二　英文文献

（一）专著

Allport, G. , Gordon W. , *The Nature of Prejudice*, New York：Perseus
　Books, 1979, 1958, 1954.

Ahearn, Laura M. , *Invitation to Love：Literacy, Love Letters, & Social Chan-
　ges in Nepal*, New Delhi：Adarsh Books, 2004.

Bernstorff, Dagmar, Hubertus Von Welck, *Exile as Challenge：The Tibetan
　Diaspora*, New Delhi：Orient Longman, 2004.

Beckert, Jens and Patrik Aspers, *The Worth of Goods：Valuation and Pricing
　in the Economy*, Oxford university press.

Bista, Dor Bahadur, *People of Nepal*, Kathmandu：Ratna Pustak Bhandar,
　1967.

Bista, Dor Bahadur, *Fatalism and Development：Nepal's Struggle for Morde-
　rnization*, Kolkata：Orient Longman, 1991.

Carrier, James G. , *A Handbook of Anthropology*, Edward Elgar Publishing
　Limited, 2005.

Caplan, Lionel, *Warrior Gentlemen: Gurkhas in the Western Imagination*, Kathmandu: Himal Books, 1995.

Chand, Diwaker, *Nepal's Tourism: Uncensored Facts*, Varanasi/Kathmandu: Pilgrims Publishing, 2000.

Chaudhary, Deepak, *Tarai/Madhesh of Nepal*, Kathmandu: Ratna Pustak Bhandar, 2011.

Cohen, Colleen Ballerino, *Take Me to My Paradise: Tourism and Nationalism in the British Virgin Islands*, NJ: Rutgers University Press, 2010.

Dumount, Louis, *Homo Hierarchicus*, Delhi: Oxford University Press, 1988.

Duara, Prasenjit, *Rescuing History from the Nation*, Chicago: University of Chicago Press, 1997.

Furer-Haimendorf, Christoph von, *The Sherpas of Nepal*, New Delhi: Sterling Publishers, 1972.

Furer-Haimendorf, Christoph von ed. , *Caste and Kin in Nepal*, India and Ceylon, London: Asia Publishing House, 1966.

Forbes, H. D. , *Ethnic Conflict: Commerce, Culture and the Contact Hypothesis*, New Haven, C. T. : Yale University Press, 1997.

Furer-Haimendorf, Christoph von, *Himalayan Traders*, New York: St. Martin's, 1975.

Fabian, Johannes, *Time & The Other: How Anthropology Makes its Object*, New York: Columbia University Press, 2014, 2002, 1983.

Fisher, James F. , *Trans-Himalayan Traders: Economy, Society, and Culture in Northwest Nepal*, Berkeley and Los Angeles: University of California Press, 1986.

Fisher, James F. ed. , *Himalayan Anthropology: The Indo-Tibetan Inter-face*, The Hague: Mouton, 1978.

Glazer, Nathan, *Ethnicity*, Harvard University Press, 1995.

Guneratne, Arjun, *Many Tongues, One People*, Ithaca and London: Cornell University Press, 2002.

Gellner, Ernest, *Nation and Nationalism*, Oxford: Basil Backwell, 1983.

Gellner, David N. , *Monk, Householder and Tantric Priest*, New Delhi: Cambridge University Press, 1992.

Gellner, David N. , Declan Quigley, *Contested Hierarchies*, Delhi: Oxford University Press, 1995.

Hagen, Joshua, *Preservation, Tourism and Nationalism: The Jewel of the German Past*, Aldershot: Ashgate, 2006.

Hutt, Michael, ed. , *Nepal in the Nineties*, Delhi: Oxford University Press, 1994.

Holmberg, David H. , *Order in Paradox: Myth, Ritual, and Exchange among Nepal's Tamang*, Ithaca and London: Cornell University Press, 1989.

Hooper, Antony ed. , *Culture and Sustainable Development in the Pacific*, Canberra: Australian National University Press, 2000.

Ho, Karen, *Liquidated: An Ethnography of Wall Street*, Durham & London: Duke University Press, 2009.

Hofer, Andras, *The Caste Hierarchy and the State in Nepal*, Lalitpur: Himal Books, 2004.

Hitchcock, J. T. , *The Magars of Banyan Hill*, New York: Holt, Rinehart and Winston, 1966.

Kritz, Mary M. , Charles B. Keely and Sylvano M. Tomasi eds. , *Global Trends in Migration*, Staten Island, NY: CMS Press, 1981.

K. C, Raju, *An Introduction to Nepali Society & Culture*, Kathmandu: K. P Pustak Bhandar, 2007.

Kawakita, J. , *The Hill Magars and Their Neighbours*, Tokyo: Takai University Press, 1974.

Sakya, Karna, *Paradise in Our Backyard*, New Delhi: Penguin Books, 2009.

Lawoti, Mahendra and Susan Hangen, *Nationalism and Ethnic Conflict in Nepal*, Oxon: Routledge, 2013.

Liechty, Mark, *Out Here in Kathmandu: Modernity on the Global Periphery*, Kathmandu: Martin Chautari, 2010.

Liechty, Mark, *Suitably Modern*, Kathmandu: Martin Chautari, 2008.

Mathema, Kalyan Bhakta, *Madheshi Uprising*, Kathmandu: Mandala Book Point, 2011.

Mueggler, Erick, *The Age of Wild Ghosts: Memory, Violence, and Place in Southwest China*, Berkeley: University of California Press, 2011.

Mary M. Kritz, Charles B. Keely, and Sylvano M. Tomasi, *Global Trends in Migration*, Staten Island, NY: CMS Press, 1981.

March, Kathryn S. , *"If Each Comes Halfway": Meeting Tamang Woman in Nepal*, New York: Cornell University, 2002.

Mathews, Gordon, Gustavo Lins Ribeiro and Carlos Alba Vega, *Globalization from Below: The World's Other Economy*, London & New York: Routledge, 2012.

Michaels, Niels, Gutschow-Axel, *The Dynamics of Death and Ancestor Rituals Among the Newars of Bhaktapur, Nepal*, Wiesbaden: Harrassowitz Verlag, 2005.

Niels, Gutschow, Axel Michaels, *Getting Married: Hindu and Buddhist Marriage Rituals among the Newars of Bhaktapur and Patan, Nepal*, Wiesbaden: Harrassowitz Verlag, 2012.

Ortner, Sherry B. , *Sherpas through Their Rituals*, New Delhi: Vikas Publishing House Pvt Ltd. , 1978.

Ortner, Sherry B. , *Making Gender: The Politics and Erotics of Culture*, Boston: Beacon Press, 1996.

Ortner, Sherry B. , *High Religion: A Cultural and Political History of Sherpa Buddhism*, Princeton: Princeton University Press, 1989.

Parish, Steven M. , *Hierachy and Its Discontents*, New Delhi: Oxford Press, 1993.

Gordon Mathew eds. , *Globalization from Below*, New York: Routledge, 2012.

Singh, Nepali, Gopal, *The Newars*, Bombay: United Asia Publications, 1965.

Rothchild, Jennifer, *Gender Trouble Makers: Education and Empowerment in Nepal*, New York & London: Routledge, 2006.

Waterhouse, Davi, *The Origins of Himalayan Studies: Brian Houghton Hodgson in Nepal and Darjeeling*, Oxon: Routledge Curzon, 2005.

Chand, Diwaker, *Nepal's Tourism Uncensored Facts*, Varanasi/Kathmandu: Pilgrims Publishing, 2000.

Satyal, Yajna Raj, Tourism in Nepal, New Delhi: Adroit Publishers, 1999.

Raj, Prakash, A *Kathmandu & the Kingdom of Nepal*, Melbourne: Lonely Planet Publication, 1978.

Slusser, Mary Shepherd, *Nepal Mandala: A Culture Study of Kathmandu, Volume 2: Plates*, Kathmandu: Mandala Book Point, 1998.

Toffin, Gérard, *From Monarchy to Republic: Essays on Changing Nepal*, Kathmandu: Vajra Books, 2013.

Toffin, Gérard, *Newar Society: City Village and Periphery*, Lalitpur: Himal Books, 2007.

Wheeler, Tony, *Nepal: A Travel Survival Kit*, Melbourne: Lonely Planet Publication, 1993.

Upreti, B. C., *Indians in Nepal: A Study of Indian Migration to Kathmandu*, Delhi: Kalinga Publication, 1999.

Wong, Winnie Won Yin, *Van Gogh on Demand: China and the Readymade*, Chicago: University of Chicago Press, 2014.

Whelpton, John, *A History of Nepal*, Cambridge: Cambridge University Press, 2005.

Slusser, Mary Shepherd, *Nepal Mandala: A Culture Study of Kathmandu, Volume 1: Text*, Kathmandu: Mandala Book Point, 1998.

（二）期刊

Aase, Tor H. , Geografiska Annaler, "Symbolic Space: Representations of Space in Geography and Anthropology", *Human Geography*, Series B, Vol. 76, No. 1, 1994.

Allport, Gordon W. , "The Religious Context of Prejudice", *Journal for the Scientific Study of Religion*, Vol. 5, No. 3, 1966.

Balibar, Etienne and Erin M. Williams, "World Borders, Political Borders", *PMLA*, Vol. 117, No. 1, Jan. , 2002.

Byers, Alton, "Contemporary Human Impacts on Alpine Ecosystems in the Sagarmatha (Mt. Everest) National Park, Khumbu, Nepal", *Annals of the Association of American Geographers*, Vol. 95, No. 1, 2005.

B. C. Upreti, "Nationalism in South Asia: Trends and Interpretations", *The Indian Journal of Political Science*, Vol. 67, No. 3, July-Sept. , 2006.

Caplan, Lionel, "Cash and Kind: Two Media of 'Bribery' in Nepal", *Man*, New Series, Vol. 6, No. 2, Jun. , 1971.

Cohen, Ronald, "Ethnicity: Problem and Focus in Anthropology", *Annual Review of Anthropology*, Vol. 7, 1978.

Dawdy, Shannon Lee, "Clockpunk Anthropology and the Ruins of Modernity", *Current Anthropology*, Vol. 51, No. 6, Dec. , 2010.

Harrell-Bond, B. E. and E. Voutira, "Anthropology and the Study of Refugees", *Anthropology Today*, Vol. 8, No. 4, Aug. , 1992.

Furer-Haimendorf, Christoph von, "Elements of Newar Social Structure", *Journal of the Royal Anthropological Institute*, 1956.

Fricke, Thomas E. Arland Thornton and Dilli R. Dahal, "Family Organization and the Wage Labor Transition in a Tamang Community of Nepal", *Human Ecology*, Vol. 18, No. 3, Sep. , 1990.

Fisher, James F. , "The Historical Development of Himalayan Anthropology", *Mountain Research and Development*, Vol. 5, No. 1, Convergences and Differences in Mountain Economies and Societies: A Comparison of the Andes and Himalaya, Feb. , 1985.

Fisher, James F. , "An Interview with Dor Bahadur Bista", *Current Anthropology*, Vol. 37, No. 2, Apr. , 1996.

Gellner. David N. , "Caste, Ethnicity and Inequality in Nepal", *Economic and Political Weekly*, Vol. 42, No. 20, May. 19 – 25, 2007.

Gingrich, Andre, Elinor Ochs, and Alan Swedlund, "Repertoires of Time-keeping in Anthropology", *Current Anthropology*, Vol. 43, No. S4, August/October. , 2002.

Gross, David, "Temporality and the Modern State", *Theory and Society*, Vol. 14, No. 1, Jan. , 1985.

Gérard, Toffin, "The Janajati/Adivasi Movement in Nepal: Myths and Realities of Indigeneity", *Sociological Bulletin*, Vol. 58, No. 1, Special Issue on Development of Democratic Routesin the Himalayan "Borderlands", January-April. , 2009.

Gellner, David N. , "Language, Caste, Religion and Territory: Newar Identity Ancient and Modern", *European Journal of Sociology*, Vol. 27, No. 1, 1986.

Guillet, David, Godoy, Ricardo A. , Guksch, Christian E. , "Toward a Cultural Ecology of Mountains: The Central Andes and the Himalayas Compared and Comments and Reply", *Current Anthropology*, Vol. 24, No. 5, Dec. , 1983.

Hachhethu. Krishna, "Social Sciences Research in Nepal", *Economic and Political Weekly*, Vol. 37, No. 35, Aug. 31 – Sep. 6, 2002.

Jutkowitz, Joel M. , Hans Spielmann, Ulrich Koehler, Jagdish Lohani and Anil Pande, "Drug Use in Nepal: The View from the Street", *Substance Use & Misuse*, 1997, Vol. 32, No. 7 – 8.

Jenks, Hillary, "Urban Space, Ethnic Community, and National Belonging: the Political Landscape of Memory in Little Tokyo", *Geo Journal*, Vol. 73, No. 3, 2008.

Kanhaya L. Sharma, "Is there Today Caste System or there is only Caste in India?" *Polish Sociological Review*, No. 178, 2012.

Levine, Nancy E. , "Caste, State, and Ethnic Boundaries in Nepal", *The Journal of Asian Studies*, Vol. 46, No. 1, Feb. , 1987.

Lam, Lai Ming, Land, "Livelihood and RanaTharu Identity: Transformations In Far-Western Nepal", *Himalaya*, Vol. 31, 2012.

Luk, Chiu M. and Mai B. Phan. , "Ethnic enclave reconfiguration: A 'new' Chinatown in the Making", *Geo Journal*, Vol. 64, No. 1, 2005.

Levine, Hal B. , "Reconstructing Ethnicity", *The Journal of the Royal Anthropological Institute*, Vol. 5, No. 2, Jun. , 1999.

Levine, Nancy E. , "Women's Work and Infant Feeding: A Case from Rural Nepal", *Ethnology*, Vol. 27, No. 3, Jul. , 1988.

Malla, Y. B. , "Changing Policies and the Persistence of Patron-Client Relations in Nepal: Stakeholders' Responses to Changes in Forest Policies", *Environmental History*, Vol. 6, No. 2, Special Issue, Apr. , 2001.

Mbaiwa, Joseph E. , "Enclave tourism and its socio-economic impacts in the Okavango Delta, Botswana", *Tourism Management*, 2005.

Marcus, George E. , "Review", *American Anthropologist*, New Series, Vol. 86, No. 4, Dec. , 1984.

Model, Suzanne, " A Comparative Perspective on the Ethnic Enclave: Blacks, Italians, and Jews in New York City", *International Migration Review*, Vol. 19, No. 1, 1985.

Pandian, J. , "Political Emblems of Caste Identity: An Interpretation of Tamil Caste Titles", *Anthropological Quarterly*, Vol. 56, No. 4, Oct. , 1983.

Panter-Brick, C. , "Motherhood and Subsistence Work: The Tamang of Rural Nepal", *Human Ecology*, Vol. 17, No. 2, Jun. , 1989.

Portes, Alejandro and Leif Jensen. , "Disproving the Enclave Hypothesis: Reply", *American Sociological Review*, Vol. 57, No. 3, Jun. , 1992.

Quigley, Declan, "Ethnicity without Nationalism: The Newars of Nepal", *European Journal of Sociology*, Vol. 28, No. 1, 1987.

Verkuyten, Maykel, " Accounting for Ethnic Discrimination: Adiscursive Study among Minority and Majority Group Members", *Journal of Language and Social Psychology*, Vol. 24, No. 1, 2005.

Ratanapruck, Prista, "Kinship and Religious Practices as Institutionalization of Trade Networks: Manangi Trade, Communities in South and Southeast Asia", *Journal of the Economic and Social History of the Orient*, Vol. 50, No. 2/3, 2007.

Robert F. Schroeder, "Himalayan Subsistence Systems: Indigenous Agriculture in Rural Nepal", *Mountain Research and Development*, Vol. 5, No. 1, Feb. , 1985.

Sanjay K. Nepal, "Tourism in protected areas: The Nepalese Himalaya", *Annals of Tourism Research*, Vol. 27, Issue 3, July, 2000.

Shah, A. M. , "Caste in the 21st Century: From System to Elements", *Eco-*

nomic and Political Weekly, Vol. 42, No. 44, Nov. 3 – 9, 2007.

Waldinger, Roger, "The ethnic enclave debate revisited", *International Journal of Urban and Regional Research*, Vol. 17, Issue 3, 1993.

Wall, Diana di Zerega, Nan A. Rothschild and Cynthia, "Copeland Seneca Village and Little Africa: Two African American Communities in Antebellum New York City", *Historical Archaeology*, Vol. 42, No. 1, 2008.

（三）报告

Government of Nepal, *National Population and Housing Census*, 2011.

Central Department of Sociology /Anthropology, Tribhuwan University, *Social Inclusion Atlas of Nepal: Ethnic and Caste Group*, 2014.

UNESCO, *Kathmandu Valley World Heritage Site*, 1999.

Government of Nepal, Ministry of Culture, Tourism & Civil Aviation, Planning & Evaluation Division, Statistical Section, *NEPAL TOURISM STATISTICS* 2013, Singha Durbar, Kathmandu, July, 2014.

Ministry of Culture, Government of Nepal, *Nepal Tourism Statistics*, 1997.

Ministry of Culture, Government of Nepal, *Nepal Tourism Stasistics*, 2013, 2014.

National Planning Commission Secretariat Central Bureau of Statistics, Government of Nepal, *National Population and Housing Census* 2011 (*National Report*), Kathmandu, Nepal, November, 2012.

Central Department of Sociology /Anthropology, Tribhuwan University, *Social Inclusion Atlas of Nepal: Ethnic and Caste Group*, 2014.

（四）其他资料

Abup Ojha, "Thamel Shopkeepers Shooing Flies as Business Dries up", *Ekantipur*, 09/06/2015.

Merriam-Webster, *The Merriam-Webster Dictionary*, Merriam Webster, 2004.

后记 走进泰美尔

旅行改变生活。

在这本书里，或许可以这么说，旅行改变旅行者，也改变了当地人。

在泰美尔，我先是天真的游客，之后在旅舍当义工，教商店老板们汉语，也为了获取信息，一边学习本地语言，一边消费着这里的各种商品与服务。从 2012 年到 2015 年，三个不同民族的尼泊尔家庭接受了我，在他们如家人一般的指导下，我逐渐开始明白尼泊尔的民间规矩以及其间的差别。最终，我结束了为期 12 个月的人类学田野调查，并完成了这本书。

一 族性

这项研究主要探讨泰美尔内尼泊尔人的民族性。就民族一题而言，泰美尔是一个特殊的区域，在这个发展程度远超周边地区的地方，生活着来自境内不同地区的民族，而尼泊尔人与外国人之间，也每天都在发生频繁的跨文化互动。

研究主题的确定一波三折——一开始，我计划做一个旅游人类学的研究，通过这里的游客和主人各自的生活，探讨游客对泰美尔的认知和东道主的社区参与。然而，我发现，微妙的主客关系似乎是更有趣的题目。于是我删掉了最初的论文大纲，开始转向对主客交往的研究。好景不长，当资料积累到一定程度，我发现尼泊尔的民族结构极为复杂，这种复杂性对前两个问题的影响如此之大，使我不得不停下来，去系统地了解这些知识，并做一个详尽的文献梳理。而在完成关于尼泊尔的文献综述之后，我再次删掉了论文大纲和已经完成的几万字论文——在经历了数次兴趣转向后，我找到了一个对尼泊尔人、尼泊尔学学者和对尼泊尔的情况有些许了解的人而言都极具争议的问题：什么是尼泊尔性（Nepaliness），什么是尼泊尔民族？

之所以以族性为题目，缘起于我搬离泰美尔后的一个夜晚。在巴德岗神牛节的游行队伍后面，我和房东大哥聊起了民族身份的问题，他告诉我，在他看来，他首先是纽瓦尔人，然后才是尼泊尔人。而在我看来，我首先是中国人，然后才是汉族人。这时，我意识到两个问题：首先，泰美尔的生活让我忽略了人们在民族身份背后的差异，或者说，在泰美尔，这种差异本身是统一在国民身份之后的，人们通常躲在这个更为包容的身份之后，使得他们之间的差别被最小化。其次，这种差异并没有在泰美尔之外完全消解，人们的族性依然随着国家和个人命运的变迁而发生着变化，而不是随着市场的经济理性随风而去。

在泰美尔，那些历史上的后来者——南部的印度人、北边的西藏难民，还有数量上不怎么占优势的中国人和巴基斯坦人，他们与其他人的差别，因为语言和认同的缘故，被相应地放大了。正因为这种外部的差异，尼泊尔内部的差异显得微不足道。即便许多小型商户主要以核心家庭为单位，但频繁的合作与竞争促使了族群之间的交流与融合。哥哥弟弟姐姐妹妹，不仅是邻居，同时也是供货商、中介商、翻译、前台、清洁工和工匠。在这种交往中，阶序性被现代性消解——在受访的店铺中，那些做银匠工作的婆罗门和纽瓦尔祭司并不罕见，少数民族靠着各自的资源自给自足，而穆斯林的店铺又常常生意兴旺。因此，假设要将泰美尔的生意按族群所掌握的财富量排序，过去1854年的国家法典并不能与之对应，从这一点上来看，泰美尔更像是阶级的温床，而非种姓制度的避难所。

事实上，尼泊尔的民族矛盾比泰美尔所表现出来的要严重得多。在尼泊尔的民主进程中，多元民族之间不断地发生着政治冲突。随着外来移民的增多，境内官方承认的民族增长到126个，那些处于边缘的族群已经以族类为单位形成了各自的组织与政党，并在各级选举中相互竞争。

2015年11月6日的北京，尼泊尔旅行摄影师（Jay Poudey）对前来观展的人们复述了一位老人在地震后的感慨："说到底，我们都是尼泊尔人。我们都是血脉同胞。地震是不长眼的。不管你信什么教，属于什么种姓，穷还是富，是国王还是乞丐，既然我们在大自然面前都是平等的，为什么要自己和自己过不去呢？”这段感慨的政治背景，是2015年4月20日的尼泊尔大地震后发生的一系列事件——8月20日，尼泊尔新宪法诞生，南部马德西人独立成邦的诉求未获采纳，以及紧随其后，印度政府为支持马德西人，对尼泊尔南部边境进行的能源封锁。

前述事件间接导致了我作为一个旁观者的民族主义启蒙——以这一事件为题，我与一位印度学者进行了争论。他坚持支持马德西人，认为尼泊尔政府应该满足他们的政治诉求。而我像一个正苦苦挣扎于油气危机中的尼泊尔人一样，不断追问他，为什么印度要无视尼泊尔民众的利益，让他们在震后无暖可取，无车可乘？难道满足了亲印民族的要求，小国的政局便会就此稳定下来？等到冷静下来，我才意识到，作为一个长期与山地种姓和民族打交道的中国籍人类学学生，自己竟在过去一年的生活经验中，生出了山地人民式的民族主义愤怒——即便是在泰美尔这个金钱至上的地方，民族主义也无处不在，它逸散在招揽声、议价声和民族音乐中，却从来没有离开过。

二 困难

在泰美尔，种种便利唾手可得，可生活并不足够令人愉悦。夜晚，舞厅和酒吧的噪音会持续到凌晨，而人们也对他们的顾客极为宽容与随性。结果，我不仅很难正常作息，尼泊尔语也常常得不到纠正——听者常常有意忽略这些糟糕的部分，并不指出来。在泰美尔居住了一段时间之后，我开始深陷这里的无秩序，并感到混乱。这时，我意识到，作为一个初学者，自己需要离开这里，去乡野间寻找那些传统且重要的文化事实。于是，在2014年的秋天，我带上换洗衣物去往帕坦郊区的朋友家，在那里度过了这一年的得胜节。比起泰美尔，帕坦和巴德岗的乡村好得太多，在这里，我总能获得香甜的睡眠，发现那些被这种混乱秩序所掩盖的传统秩序，以及将我视为不合规矩者的“尼泊尔态度”。

然而，我发现，自己似乎永远都摆脱不了泰美尔——作为一个还不能好好消化尼泊尔知识的外国人，我需要这里的书籍、食物、厕纸和各种多元的可能性。我总是定期回到泰美尔，在那里看看我的老朋友们，在他们的店里买上各种各样的商品，询问这些东西的来龙去脉，又根据这些线索找到更多的关键报道人。这里是获取信息最方便的地方，我甚至可以通过这里的书店，找到我想要联系的学者或知识分子，不管他们是尼泊尔人、英国人还是日本人。

2015 年的克利须那诞辰日，我的护照、身份证、银行卡和现金都被小偷扒走。我沮丧极了，却又无能为力。为了补办证件并拿到一些现金，我只好从巴德岗回到泰美尔，向生活在泰美尔的同胞们求助。和对我抱以同情的尼泊尔人不同，同胞们常常对这一事件表示惊讶，因为他们生活在泰美尔，也并没有在这里观察到我所说的那些偷盗行为。除了安全和便利，这里还是我能说母语的地方，朋友们甚至在这里开了中文学校，以传播中国文化。

基于这些充满张力的体验，在前文的论述中，大概会很少看到抒情式的女性人类学表达。这一点是我在阅读麦琪的作品时感受到的，因为作者充满深情地记录了达曼女人的歌与文化，但我却常常因为讨价还价被达曼女人们回以冷嘲热讽。更糟糕的是，在这个市场中，我所能触及的人情关系常常不如主客关系来得频繁久远。因此，我有过很多抱怨，但在处理材料的时候，依然需要除去这些负面的情绪，让事件回归客观，让客观回归理论。整体而言，我依然庆幸自己选择了尼泊尔作为研究对象，人类学家们常常谈起"他们的"人民，我也很乐于谈论"我的"尼泊尔，在发展夹缝中的，友好而热情的尼泊尔。

三　身份

我的国籍成了一把双刃剑。虽然这里的中国顾客为数不少，但近年来中国商人也开始大量进入，使本地商人开始提防他们带来的竞争。对于中国人来说，我是易于被接受的，但对其他人来说，我问出的一些问题显得敏感。由于在首版问卷中采用了一些中文，参与调查的尼泊尔学生甚至受到了本地商户的非难——他们认为这项调查服务于中国商人，而他们则是受雇于中国人的尼泊尔人。不过，更常见的是视我为客户的那些人们，他们踩着三轮车，开着出租，坐在铺面的门口对我招手，或是按着计算器，告诉我应该为这项服务或这些食物花费多少钱。

当与他们相熟一些，他们倒也不会询问我的名字，而是用尼泊尔语管我叫中国姐姐、中国妹妹，像极了他们称呼尼泊尔女性，只是多了一个前缀。"喂！中国人！"在最糟糕的时候，也有人这样简单粗暴地叫我。"中国人……"在结束访谈后，拒绝回答问题的商人意味深长地看了我一眼。在泰美尔之外的地方，人们也对中国人有着相应的认识，在卡布莱调查期间，我的向导一直提醒我不要带太多现金，因为村里并不太平，近年来大量中国商人前来收购菩提子，"会有人抢中国人的钱"。

虽然不想过于强调性别，但在田野中，性别依然给我带来很多麻烦。有时候，这种麻烦来自边界模糊的文化禁忌；有时候，又来自泰美尔语境下的性别本身。禁忌的例子有二：一是我前后四次前往周边的清真寺，希望访谈伊玛目，但其中两次都被警卫或是信徒训斥而返。二是在月经的时候，男性向导问我为何不适，我隐晦地称自己进入了不适的周期，但他竟觉得月经是不洁且污秽的，以致回避了我好几天。同时，我也很难和未婚的男性保持长期联系，因为对方常常会将我的问候理解成情感上的需求，进而做出一些令我感到尴尬的反应。在此，女性是一个令人头疼的属性，她赋予我参与的资格，又更大程度上限制着我的活动，使我不能参与特定的集会，进入特定的场所，也时常被男性的话语挤压，并保持"应有"的沉默。

回过头来，我的身份也影响着我的认知与结论。我在中国内地出生并成长，及至进入中国社会科学院民族学与人类学所学习，在四川大学西部边疆中心工作，我的经历一直是中国的，且以中国的变化为导向。如在分析尼泊尔民族关系的时候，我常不自觉地求助于中国在这一方面的经验。在民族识别、民族划分和民族认同上，两者的政策与状况相去甚远，但对于二者来说，中心和边缘依然存在着相通性。汉族在构成上的主体性，以及山地高种姓在政治生活中的优势地位都是既成事实，但二者又存在着极大不同——汉族是千百年来民族融合的结果，而山地高种姓则通过梵化政策将自身划入种姓制度的顶端。因此，我总是将两国的情况进行对比，也时常需要将印度纳入对比的体系之中。

在这种从中国到尼泊尔，从尼泊尔回到中国，未来又将不断反复的经验中，我不敢妄言现有的文本已臻完善。于我而言，身处两大文明古国的罅隙之中，这一阶段的尝试与反复应是个体学术生涯中成年礼式的开端。唯愿在这一起点之后，自己还能像海外民族志的前辈们一样，继续探索另一个国度的奥秘与新知。

四　致谢

这篇论文并非我一人可以独立完成。中央民族大学世界民族学与人类学研究中心的海外民族志研究基金和中国国家地理杂志为调查提供了资助，在中国社会科学院研究生院就读期间，我所获得的国家奖学金和院一等奖学金为后续的回访工作提供了经费，而本书的出版则得到四川大学一流学科"区域历史与边疆学"等项目的支持。

在写作本论文的过程中，我的导师色音研究员一直在对我的大方向进行指导，同时，他也不遗余力地将他的知识分享给我，每一次我前去求教，他总是会从他丰富的藏书中拿出许多与我研究相关的书籍，并把相关信息和电子资料用邮件发送给我。我们的交谈常常长达一两个小时，他总能准确地找到我的问题之所在，也会给我一些温和而具有操作性的建议。在尼泊尔大地震发生后，他很快给我发送了信息，建议我尽快回国，以避免后续余震的危险。我的另一位导师，张继焦研究员的指导风格则是犀利型的。他总是一针见血地点破我论文里的逻辑漏洞，也常常站在社会学和科学主义的角度，批评我在理论和方法论上的人文主义和后现代倾向。但他并不只是指出我的错误之处，也时常与我探讨改进的方法。对我而言，这些建议都极为有益。

其他师友也为本项研究提供了许多帮助。包智明教授领导的世界民族学与人类学研究中心不仅在教学和科研上成果丰硕，也在活动组织上惠及中心之外的广大同仁与后辈。张海洋教授邀请我在中心进行了一场田野分享会，龚浩群老师在田野和论文写作期间为我提供了许多方法论的指导。梁捷博士帮助完成了论文中部分图表，雷雯博士在美国搜集了一些加德满都的老版旅行指南和珍贵的学术书籍。开题期间，高丙中、苏日娜、祁进玉老师为论文提纲和结构提供了修改意见。此外，在论文写作的过程中，王宏纬研究员、David Gellner 教授、吴晓黎博士、刘雨龙博士、殷鹏博士、赵志伟先生、叶凉先生给了我许多建议、线索和资料。没有各位师友的提点，我很难完成这一项写作工程。

需要感谢的还有热情的尼泊尔人。在特里布万大学，Binod Pokharel

教授帮助我与学院建立起联系，并为本文的写作提供了宝贵的建议和意见。学院的人类学硕士 Ramesh Khadka、Srijana Ghimire、Sunil Pandey 协助完成了问卷的修订和数据收集，而 Dinersh Khadka、Januka Shrestha、Ram Gopal Chaguthi 三位分别接纳我成为他们家庭的一员，并帮助我渡过种种难关，Kunda Dixit、Sangeeta Thapa、Jaydev Poudyal 等尼泊尔文化精英令我对这个国家有了更多的了解。

最后，还应该感谢我的家人，他们使我得以见识到这个世界，并容许我从事一项在旁人看来并不好理解的研究。我的丈夫给了我很多鼓励，在 2014 年的暑假，他还在百忙之中抽出 3 个月，到尼泊尔协助我进行偏远地区的调研。如果没有他在生活和学术上的包容与支持，这一项研究将遇到成倍的困难。在此，我将这本书献给他，以及我们的未来。

李静玮

2018 年 6 月